나는 해외구매대행으로 한 달에 월급을 두 번 받는다

개정판

똑똑한 해외구매대행으로 쏠쏠한 N잡러 되기
나는 해외구매대행으로
한 달에 월급을 두 번 받는다

지은이 제노(고범준)

펴낸이 박찬규 **엮은이** 윤가희, 전이주 **디자인** 북누리 **표지디자인** Arowa & Arowana

펴낸곳 위키북스 **전화** 031-955-3658, 3659 **팩스** 031-955-3660

주소 경기도 파주시 문발로 115, 311호 (파주출판도시, 세종출판벤처타운)

가격 24,000 **페이지** 324 **책규격** 175 x 235mm

개정판 1쇄 발행 2024년 11월 12일
ISBN 979-11-5839-552-0 (13000)

등록번호 제406-2006-000036호 등록일자 2006년 05월 19일
홈페이지 wikibook.co.kr 전자우편 wikibook@wikibook.co.kr

Copyright © 2024 by 제노(고범준)
All rights reserved.
First published in Korea in 2024 by WIKIBOOKS

이 책의 한국어판 저작권은 저작권자와 독점 계약한 위키북스에 있습니다.
신저작권법에 의해 한국 내에서 보호를 받는 저작물이므로 무단 전재와 복제를 금합니다.
이 책의 내용에 대한 추가 지원과 문의는 위키북스 출판사 홈페이지 wikibook.co.kr이나
이메일 wikibook@wikibook.co.kr을 이용해 주세요.

나는 해외구매대행으로 한 달에 월급을 두 번 받는다

개정판

똑똑한 해외구매대행으로 쏠쏠한 N잡러 되기

제노(고범준) 지음

위키북스

서·문

20세기에 접어들면서 누구나 해외 사이트에 접속해서 상품을 구매할 수 있는 시대가 되었기에 한 번쯤은 해외 직구로 물건을 저렴하게 구매하고 싶다는 로망을 가지고 있다. 한국에서 구매하는 것보다 해외에서 구매하는 것이 저렴하다는 사실을 알기 때문이다. 그러나 실제 제품을 구입하려면 사이트에 접속하고, 결제하고, 배송까지 해야 하는 작업이 남아있다 보니 직접 모든 제품을 구매하는 것은 어렵다. 또한 전 세계에 판매 중인 모든 제품을 알지는 못하기에 내가 원하는 제품을 찾기도 어렵다.

그런 고객들의 니즈를 파고든 것이 바로 해외구매대행이다. 고객들이 원하는 물건을 해외에서 찾아서 합리적인 가격에 대신 구매해주고 이윤을 남기는 시스템이다. 새로운 사업 형태이기에 많은 사람이 생각하지 못한 직업이지만, 요즘엔 이런 사실이 유튜브나 SNS를 통해 알려지면서 수많은 판매자가 해외구매대행 시장에 뛰어들고 있다.

필자는 2018년부터 오프라인으로 해외구매대행 강의를 진행하면서 이제 막 해외구매대행을 시작하려는 초보 셀러들을 많이 만나고 그들에게 지식과 노하우를 전달했다. 그 과정에서 초보 셀러들이 가장 어려워하는 부분이 해외구매대행 사업을 하는 기본적인 프로세스였다. 내가 지금 어느 단계에 있고, 앞으로 어떤 일을 해야 하는지 모르기 때문에 답답해하는 모습을 많이 봐왔다.

이 책은 구매대행 사업을 이제 막 시작했거나 시작하려는 분들을 위해서 해외구매대행 사업을 하는 과정에서 꼭 해야 하는 것들을 빠짐없이 따라서 진행할 수 있게 하는 데 집중했다.

첫째, 사업자를 등록하는 방법부터 스토어를 개설하고, 상품을 찾고 업로드하는 과정까지 순서대로 따라 하기만 하면 스토어를 오픈하고 상품까지 등록된 스토어를 스스로 만들 수 있도록 준비했다.

둘째, 해외구매대행 사업을 하면서 절대 판매하면 안 되는 상품들에 대해서 알아보고 어떤 상품을 판매해야 하는지에 대해서 자세하게 준비했다.

서·문

셋째, 셀러들이 가장 어려워하는 구매대행의 부가가치세에 대해서 설명해 놓았다. 실제 상품을 판매면서 어떤 자료를 미리 준비해야 다음에 문제가 생겼을 때 쉽게 대응할 수 있는지에 대하여 준비했다.

해외구매대행 사업에 대해서 많은 사람이 너무나 쉬우니 당장 시작하라고 말하지만, 결코 만만하게 생각할 사업은 아니다. 알아야 하는 내용도 많고, 준비해야 하는 것도 많은 사업이기에 꼼꼼히 준비하는 과정에서 이 책을 통해 시행착오를 줄이고 성공적인 스토어를 운영할 수 있기를 바란다.

들·어·가·며

구매자 특전 (구매대행 엑셀 양식 3종 세트)

책을 구매한 분들에게는 다음과 같이 세 가지 자료를 제공합니다.

- 구매대행 내역서
- 상품 주소 리스트
- 상품소싱 원가 분석표

위 자료는 책에서도 설명하는 구매대행 엑셀 양식 3종 세트입니다. 일반인에게는 유료로 제공하는 자료인데, 책을 구매한 독자분들을 위해 특별히 무료로 제공하겠습니다.

1. 저자가 직접 운영하는 네이버 카페에 가입한 후 [제노 책 구매인증] 게시판에 구매인증을 해주세요.

   https://cafe.naver.com/travelceo

   제노 이야기
   - 제노의 창업 칼럼
   - 제노 책 구매/리뷰
   - 제노 매출UP 컨설팅
   - 제노 유튜브 바로가기
   - 제노 인스타 바로가기

2. 인증 후에 '월천클럽' 등급이 되면 [월천클럽 전용자료]게시판에서 해당 자료를 무료로 내려받을 수 있습니다. 또한, 기존 월천클럽 멤버의 다양한 혜택도 동일하게 누릴 수 있습니다.

월천클럽 멤버전용
- 월천클럽 모임
- 파워/빅파워 인증
- 월천클럽 추천상품 N
- 월천이상 판매인증

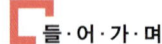

책 사용 설명서

본문 내용을 시작하기에 앞서 이 책의 도서 홈페이지 및 책과 함께 살펴보면 좋을 유튜브 채널, 네이버 카페를 소개하겠습니다.

도서 홈페이지

이 책의 홈페이지 URL은 다음과 같습니다.

- **책 홈페이지**: https://wikibook.co.kr/opa/

유튜브 채널, 네이버 카페

저자의 유튜브 채널에는 글로벌 셀러 무료 강의를 비롯해 해외구매대행과 관련한 다양한 자료를 살펴볼 수 있습니다. 유튜브 채널 및 네이버 카페에서 저자와 소통해보세요!

- **유튜브 채널**: https://www.youtube.com/c/일하며여행하는CEO제노
- **네이버 카페**: https://cafe.naver.com/travelceo

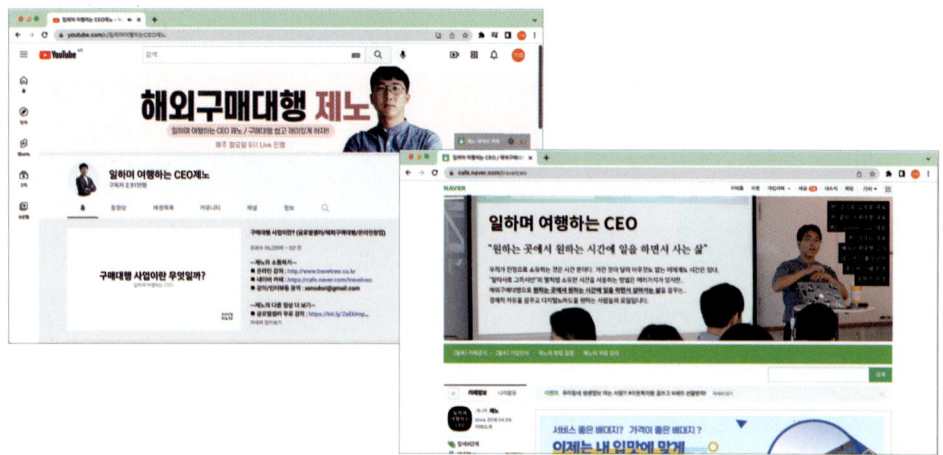

목 · 차

PART 01
해외구매대행으로 돈을 버는 사람들

해외구매대행 사업이란?	2
해외구매대행 사업의 수익 구조	3
구매대행 수수료 수익	4
백마진을 통한 수익	4
카드 포인트를 통한 수익	5
해외구매대행 vs. 병행수입 vs. 위탁판매, 뭘 해야 할까?	5
해외구매대행 사업을 해야 하는 이유	8
재고가 필요 없다	8
자본금이 적게 필요하다	8
경쟁률이 상대적으로 낮다	9
마진율이 상대적으로 높다	9
해외구매대행 하면 미국 아니야? – 나라별 비교	9
지금 당장 중국 구매대행을 해야 하는 이유	12
접근성이 떨어진다	12
경쟁 강도가 낮다	12
마진율이 좋다	13
해외구매대행 사업의 3단계 테크트리	14
해외구매대행 단계	14
수입 판매 단계	15
브랜딩 단계	16

목 · 차

PART 02

구매대행 사업을 준비해보자

사업자등록증 신고 방법	19
사업자 구분	19
사업자등록 방법 2가지	20
홈택스에서 사업자 등록하기	20

통신판매업 신고증 신청 방법	26

판매율을 높이기 위한 2가지 라이선스	29
구매대행 수입식품 영업 등록증	30
화장품 책임 판매업 등록필증	30

KC인증이 뭔가요?	31
KC인증을 꼭 받아야 하나요?	31
이런 상품은 절대 판매하면 안 돼요!	31
KC인증 확인을 하자	32

구매대행에서 알아야 하는 법규	33
전안법에 대하여	33
상표권 확인하기	34
이미지 저작권에 대하여	38
특허권에 대하여	38

구매대행 필수 엑셀 양식 3종 세트	39
상품 소싱 원가 분석표	39
구매대행 내역서	39
상품 주소 리스트	40

신용카드를 준비하자	41
신용카드가 필요한 이유	41
추천하는 신용카드 2종	42

PART 03 타오바오 사이트를 알아보자

타오바오 사이트를 사용하는 절대적인 이유	45
타오바오 가입하기	45
타오바오 로그인하기	52
앱에서 타오바오 로그인하기	52
웹에서 타오바오 로그인하기	54
타오바오 수취인 주소 넣기	57
주소는 하나만 있으면 안 되나요?	59
여러 개의 주소가 필요한 특별한 이유	60
타오바오 판매 상품 찾기	61
상품명으로 상품 찾기	61
타오바오 어플을 이용한 상품 찾기	63
타오바오 상품 구매하기	64
신용카드로 구매하기	65
구매대행을 활용하여 구매하기	68
타오바오 환불/반품/교환 신청하기	68
구매한 물건 배송 상황 확인하기	72
주문/배송 상황 확인하기	72
트레킹넘버를 활용한 주문 상품 추적하기	74
배송이 완료되면 꼭 해야 하는 한 가지	76
타오바오 판매자와 대화하는 방법	78
알리왕왕 설치하기	78
대화할 때 이용하는 번역기 2종	80
판매자와 대화 가능 여부 알아보기	81
물건 가격 흥정하고 구매하기	82

PART 04 스마트스토어 운영하기

스마트스토어 기본 세팅하기	88
해외 상품 판매 권한 신청	88
톡톡상담관리 세팅하기	89
고객과의 약속, 공지사항	93
공지사항이란?	93
구매대행 필수 공지사항 4가지	94
공지사항 설정하기	97
노출이 잘 되는 상품 등록 비법	102
꼭 확인할 필수 양식	102
상품 카테고리 설정하기	103
판매할 상품의 이름 정하기	107
실수하기 쉬운 옵션 세팅하기	109
상품 상세설명 작성하기	111
KC인증 설정하기	112
상품정보 제공고시	113
배송비 설정하기	113
반품/교환	115
노출 채널	117
배송 처리 프로세스	118
주문이 들어오면 제일 먼저 해야 할 일	118
발주 확인하기	118
발송 지연 처리하기	120

반품 처리 프로세스	122
단순 변심에 의한 반품 처리 프로세스	122
상품 파손에 의한 반품 처리 프로세스	124
반품 받은 상품을 처리하는 3가지 방법	125
판매 후 CS 관리	126
제품은 언제쯤 오나요?	126
제품의 A/S는 어떻게 받나요?	126
A/S를 제공하는 한 가지 방법	127

PART 05 경쟁력 있는 아이템 찾기

아이템 소싱의 기본 익히기	130
쇼핑도 트렌드가 있다	130
잘 나가는 스토어 분석	135
잘나가는 상품 추천 사이트	136
적절한 상품의 가격이란	137
상품 가격의 비밀	137
적절한 상품 가격 정하기	138
상품 가격에 관부가세를 포함하나요?	141

목·차

PART 06 스마트스토어 파헤치기

스마트스토어의 구조를 알아보자 … 144
    스마트스토어 구조 파악하기 … 144
    베스트 상품 확인하기 … 147
    베스트 상품 이해하기 … 149
    베스트 상품 활용하기 … 150

상품 상위 노출 전략 … 150
    아무리 따라해도 상위 노출이 안 되는 이유 … 151
    상위 노출 5가지 전략 … 152

키워드 경쟁 강도로 알아보는 상위 노출 전략 … 159
    키워드 경쟁 강도 알아보기 … 159
    키워드 경쟁 강도의 함정 … 163

PART 07 배송대행지에 대하여

배송대행지란 … 166

배송대행지의 기본 역할 … 166

좋은 배대지를 선정하는 3가지 노하우 … 168
    신생 배대지는 피하자 … 168
    고객 서비스가 잘 되는지 확인하자 … 168
    보상 규정이 있는지 확인하자 … 169

다양한 배송대행지 활용법 … 170
    구매대행 서비스 … 170
    현지 반품 서비스 … 171

포장 보완 서비스	171
통관 서류 작성 서비스	171
추천 배송대행지 2곳	**172**
원클릭차이나 배송대행지	172
타플 배송대행지	176

PART 08 SEO를 알아야 돈이 보인다

SEO란 무엇인가?	**178**
SEO에서 가장 중요한 2가지	**178**
다량의 IP 수집	179
체류시간 늘리기	179
네이버 상품 등록 SEO 가이드	**180**
카테고리	180
제품명	181
이미지	182
상품 속성	184
상품 태그	185
네이버쇼핑의 쇼핑 검색 알고리즘	**186**
쇼핑 검색 알고리즘이란?	186
쇼핑 검색 랭킹 3가지 구성요소	187
적합도/ 인기도/ 신뢰도 알아보기	187

목·차

PART 09

마케팅 도구를 활용한 스토어 전략 구성

통계로 접근하는 스토어 전략		191
네이버 애널리틱스 분석		191
판매자 센터의 통계 분석		193
통계를 활용한 스토어 전략		195
활용하기 좋은 키워드 도구 3가지		198
트렌드를 알아보기 좋은 툴 3가지		201
네이버 데이터랩		201
카카오 트렌드		203
Google 트렌드		205

PART 10

구매대행 세금 알아보기

구매대행만의 특별한 세금 계산법		208
구매대행의 세금은 소명으로 끝난다		210
소명에 꼭 필요한 구매대행 내역서 작성 방법		211

PART 11 한국으로의 배송/통관에 대하여

기본적인 배송 프로세스	216
목록 통관 vs. 일반 통관	217
목록 통관	217
일반 통관	218
관부가세 측정 방법	219
네이버 관부가세 계산기로 계산하기	220
품목별 관부가세 표를 보고 직접 계산하기	221
관부가세는 누가 내나요?	222
구매자 납부 방식	222
판매자 납부 방식	223

PART 12 구매대행에 도움되는 다양한 꿀팁 대방출

구매대행에 도움되는 브라우저 2가지	226
구글 크롬 브라우저	226
네이버 웨일 브라우저	229
이미지 속 중국어 번역하기	230
모바일을 이용한 중국어 번역	231
PC를 이용한 중국어 번역	234
중국어 번역 꿀팁	238
ChatGPT를 활용한 중국어 번역	241
타오바오 이미지 쉽게 다운로드 받기	246
확장 프로그램 다운로드 방법	246
Image downloader 활용하기	250
Fatkun 활용하기	252
웨일 브라우저 활용하기	256
타오바오 동영상 다운로드 방법	259

목·차

PART	상세 페이지의 기본 구조	266
13	상세 페이지 제작 포토샵 꿀팁	268
	이미지 속 중국어 지우는 팁	269
상세 페이지	중국어를 지울 수 없을 때의 팁	273
제작 노하우	생성형 AI를 이용한 이미지 속 중국어 지우는 팁	278
	생성형 채우기로 AI 이미지 만들기	284
	무료 사이트를 이용한 상세 페이지 제작	288

APPENDIX	구매대행에서 많이 사용하는 중국어 문장 모음	294
	상품 구매 전 문의하는 상황	294
부록	판매자와 가격을 흥정하는 상황	295
	상품 배송을 독촉하는 상황	296
	판매자와 일반 대화하는 상황	296
	상품 교환 및 환불하는 상황	298
	송장 오류 및 배송지연 상황	299
	배송 및 입고 관련 상황	301
	구매대행 초보들이 가장 많이 하는 질문 모음	303

01

해외구매대행으로 돈을 버는 사람들

해외구매대행 사업이란?
해외구매대행 사업의 수익 구조
해외구매대행 vs. 병행수입 vs. 위탁판매, 뭘 해야 할까?
해외구매대행 사업을 해야 하는 이유
해외구매대행 하면 미국 아니야? – 나라별 비교
지금 당장 중국 구매대행을 해야 하는 이유
해외구매대행 사업의 3단계 테크트리

'지금 해외구매대행을 시작해도 돈을 벌 수 있을까요?'라는 질문을 받으면 지금 시작해도 충분히 돈을 벌 수 있다고 답한다. 늦었다고 생각할 때가 가장 빠른 것이라는 말이 있다. 2022년 현재, 해외구매대행 시장으로의 진입이 빠르진 않더라도 늦은 시점은 아니라고 말하고 싶다.

해외구매대행을 하고자 하는 사람들에게 2018년도부터 해외구매대행으로 물건을 판매하는 방법을 가르쳐왔고 현재도 많은 사람이 온라인 수업을 들으며 구매대행의 길로 접어들고 있다. 그들 중 많은 사람이 스마트스토어에 입점해서 판매하면서 파워 스토어를 만들고 빅파워 스토어를 만들어내고 있다. 이 글을 읽고 있는 순간에도 새로운 셀러들이 생겨나고 해외구매대행으로 수익을 창출하고 있다.

누군가는 한 달에 30만 원의 부수익을 얻기 위해 부업으로 시작을 하고, 누군가는 한 달에 몇백만 원의 수익을 얻기 위해 주업으로 해외구매대행의 문을 두드린다. 각각의 목표만 다를 뿐 실제 해외구매대행을 통해서 돈을 버는 사람들이 있다.

이번 장에서는 해외구매대행 사업이 도대체 어떤 건지 알아보고, 다른 사업과는 어떻게 다르고 어떤 단계로 발전할 수 있는지에 대한 내용까지 알아보려고 한다.

해외구매대행 사업이란?

해외구매대행은 이렇게 시작되었다.

해외를 자주 오가는 사람들이 주변 지인을 위해 한국에는 없는 물건을 선물하거나, 한국에서도 판매하지만 현지보다 비싸게 판매하는 물건을 조금이라도 저렴한 가격에 구매해서 전해주던 시절이 있었다.

그러던 중 온라인 쇼핑몰이라는 시장이 생겨났고 그 규모가 커지면서 위와 같은 중계인을 통하지 않고도 물건을 저렴하게 구매할 수 있는 경로가 나타났다. 해외에 거주하거나 해외 사이트에서 물건을 구매할 수 있는 사람들이 생겨난 것이다. 이때부터 '해외 직구'라는 개념이 생겨났다. 해외 구매의 특성상 언어의 장벽이나 결제, 배송의 어려움 때문에 직구를 하지 못하는 사람들이 직구를 할 수 있는 사람들에게 구매를 부탁하기 시작한 것이다.

물론 처음에는 별다른 비용을 받지 않고 지인들이 대신 구매해서 보내줬다. 그러다가 어떤 물건을 원하는 사람이 많아지자 약간의 이익을 보면서 물건을 대신 구매해주기 시작했고, 이것이 해외구매대행 사업의 시작이 됐다.

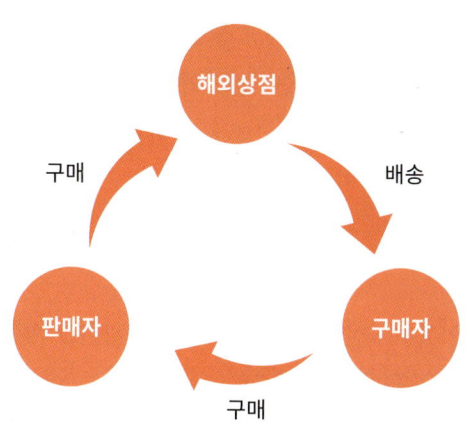

그림 1-1 해외구매대행 프로세스

실제 해외구매대행 사업은 위 그림처럼 해외에 있는 물건을 국내의 쇼핑몰에 올려두고 누군가 해당 상품을 구매하면 대신 구매해서 보내주는 과정을 거친다. 보다시피 프로세스는 너무도 간단하다. 위와 같은 과정을 거치면서 수수료를 받는 사업 구조가 해외구매대행 사업이다.

해외구매대행 사업의 수익 구조

해외구매대행을 하면 어떻게 수익을 낼까?

단순하게 생각하면, 해외구매대행 사업의 수익을 물건을 대신 구매해준 데 대한 수수료 한 가지라고 생각하기 쉽다. 하지만 해외구매대행의 수익 구조는 그렇게 간단하지 않다. 최소로 생각한다고 하더라도 3가지 이상의 수익 구조를 갖는다.

구매대행 수수료 수익

우리가 가장 생각하기 쉬운 항목이다. 앞서 말한 것처럼 해외에 있는 물건을 대신 구매해주는 사업이기 때문에 해당 서비스를 제공하고 수수료를 받는 것이다.

예를 들어 해외에서 구매해서 한국에서 해당 물건을 받는 데 2만 원의 비용이 발생한다고 했을 때 이 제품을 스토어에 3만 원에 올려놓고 약 1만 원의 수익을 내는 방식이다. 스토어의 수수료나 세금까지 생각하면 수익 금액은 차이가 나지만 기본적인 수익 구조는 동일하다.

해외구매대행 수익 공식은 '판매가 - 해외 구매 원가 = 수익'이다.

이런 과정을 통해 일정 이상의 수익을 책정해서 상품의 가격을 정한 후 스토어에 진열하고 판매하면 책정한 금액만큼 수익을 낼 수 있다.

백마진을 통한 수익

백마진이라는 항목은 여러 가지로 설명을 할 수 있다. 그중 가장 대표적인 두 가지를 설명하겠다.

- **캐시백 사이트를 통한 수익 (미국, 유럽, 일본 등에서 사용하는 방법)**

    미스터리베이츠(www.mrrebates.com), 탑캐시백(www.topcashback.com) 등의 사이트를 통해서 원하는 마켓에 접속한 후 물건을 구매하고 일정 %에 해당하는 금액을 캐시백으로 적립 받은 후에 해당 금액을 페이팔(Paypal)을 이용해서 돌려받는 방법이다.

    적게는 0.1%에서 많게는 10% 이상의 금액도 캐시백을 받을 수 있어서 캐시백 사이트의 적립률에 따라 상당한 금액을 적립할 수 있다.

    미국, 유럽, 일본 등지에서 캐시백 사이트가 있다면 캐시백을 이용한 수익을 볼 수 있다.

- **페이백을 통한 수익 (중국에서 사용하는 방법)**

    중국 타오바오보다는 티몰(www.tmall.com)에서 주로 사용하는 방법이다. 물건을 정가로 구매한 후 상품을 받고 나서 판매자와 협의한 일정 금액을 알리페이(Alipay)로 돌려받는 방법이다.

중국은 캐시백 사이트가 정상적으로 작동하지 않거나 적립이 잘 이루어지지 않는 등의 문제가 많기 때문에 판매자와 협의하여 페이백으로 진행하는 경우가 많다. 이렇게 페이백으로 받는 금액으로도 일정 수익을 낼 수 있다.

카드 포인트를 통한 수익

해외 사이트에서 결제할 때 거의 모든 쇼핑몰에서 신용카드를 통해 결제하게 된다. 이때 사용하는 신용카드의 혜택에 따라서 일정 금액을 카드 포인트로 적립해준다.

포인트 적립액의 경우 카드마다 다르기 때문에 일률적으로 계산할 수가 없다. 그래서 해외구매대행 사업을 하는 사람들은 조금이라도 혜택이 좋은 카드를 찾기 위해 새로 출시되는 카드 혜택을 자주 비교해본다.

카드 포인트로는 평균적으로 1~2% 정도의 금액을 적립 받는데, 10,000원의 금액을 구매했을 때 100~200점의 포인트를 적립 받기 때문에 금액이 작다고 생각하는 사람이 많지만 구매대행 사업을 하면서 실적이 좋은 판매자의 경우 한 달에 구매하는 비용이 기본으로 수천만 원에서 수억 원대에 이르기 때문에 포인트 또한 수십만 점에서 수백만 점까지 쌓인다.

예를 들어 한 달에 1억 원을 결제하고 100만 점의 포인트를 받았다면 1년이면 1,200만 점의 포인트를 받는다. 또한 카드 포인트는 사용한 카드의 대금을 결제하는 데도 사용이 가능하고 항공사 마일리지로 변경하는 등 여러 가지로 사용 가능하기 때문에 매우 유용한 수입원인 셈이다.

이 외에도 유럽지역에서 구매대행을 하는 경우 해당 국가의 부가세를 환급받는 등의 다른 수익구조가 있지만, 여기서는 중국 구매대행을 다루기 때문에 이 부분에 관해서는 설명하지 않겠다.

해외구매대행 vs. 병행수입 vs. 위탁판매, 뭘 해야 할까?

해외구매대행/병행수입/위탁판매 모두 상품을 판매한다는 것에서는 같은 사업이라고 할 수 있지만, 배송 방식, 재고 유무 등 여러 가지 다른 점이 있다. 각 사업 방식이 어떤 차이가 있고 사업을 진행하는 데 있어서 어떤 방식이 접근하기 쉬운지 알아보자.

	재고유무	발송지역	결제방식	자본금	경쟁	마진	배송일자
해외 구매대행	없음	해외발송	1건씩 결제 (카드 Only)	소자본	낮음	높음	느림
병행수입	있음	국내발송	다량 수입 (송금 결제)	재고자본	낮음	높음	빠름
위탁판매	없음	국내발송	1건씩 결제 (대부분 현금)	소자본	높음	낮음	빠름

기본적으로 간단한 차이점은 위 표와 같다.

저마다 장단점이 있지만, 가장 리스크가 적고 온라인 쇼핑몰 운영을 맛보기로 한 번 경험해 보고 싶다면 우선순위를 생각해볼 필요가 있다. 위 표를 토대로 가장 추천하는 사업 방식은 **1. 해외구매대행, 2. 위탁판매, 3. 병행수입**의 순서다. 이렇게 추천하는 이유는 다음과 같다.

온라인 쇼핑몰을 시작한다고 하면 가장 먼저 떠올리는 방식이 병행수입이다. 이 점은 온라인 쇼핑몰을 10년 넘게 해온 사람으로서 굉장히 신선한 사실이다. 가장 어려운 사업 방식이 병행수입 형태인데, 일반인들은 이를 가장 쉽게 생각한다.

실제로 구매대행 교육을 들으러 오는 많은 분이 집에 일정량 이상의 재고를 수입해서 가지고 있는 경우가 많다. 소량으로 10여 개, 많게는 1,000여 개까지 상품을 구매해서 판매하지 못하고 악성 재고로 가지고 있었다.

이쯤이면 병행수입을 왜 가장 추천하지 않는지 눈치챈 사람도 있을 것 같다.

가장 큰 이유는 바로 재고를 보유하고 있어야 한다는 점이다. 이게 뭐 그렇게 큰 문제인가 하고 생각하는 사람도 있겠지만, 재고를 보유한다는 말은 내 돈으로 재고를 구매했다는 말이고, 판매하지 못했을 경우 재고를 구매하는 데 들어간 자본금이 손해로 남는다는 말이다.

다음으로, 위탁판매는 우리가 아는 도매 사이트(도매꾹, 오너클랜 등)에서 상품을 골라서 스토어에 등록하는 방식이다. 누구나 쉽게 접근할 수 있고 자본금이 크게 필요하지 않다는 장점이 있지만, 어마어마한 경쟁 속에 뛰어들어야 한다.

경쟁이 치열한 만큼 동일한 제품을 판매하는 판매자들이 서로 눈치를 보며 하나라도 더 판매하기 위해 가격을 조금씩 낮추는 최저가 경쟁을 한다. 네이버에서 한두 가지 제품만 찾아봐도 그 경쟁 강도를 잘 알 수 있다.

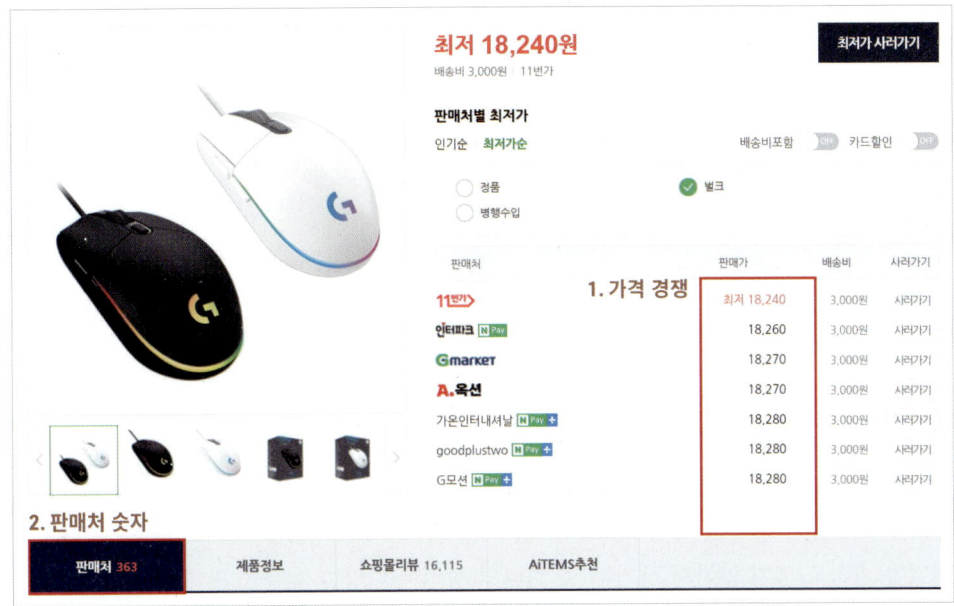

그림 1-2 쇼핑몰 경쟁 강도

1. **가격 경쟁:** 위 그림은 최저가 순으로 정렬한 가격 경쟁 화면이다. 1위부터 7위까지 스토어를 보면 배송비는 동일하지만 상품의 가격이 40원 차이가 난다. 서로 10원씩 가격을 낮춰가면서 하나라도 더 판매하기 위해 경쟁하는 중이다.

2. **판매처 숫자:** 동일한 제품을 판매하는 스토어의 숫자를 나타낸다. 363이라고 표기된 것은 363개의 스토어에서 화면에 보이는 마우스 제품을 판매하고 있다는 것이다. 내가 저 제품과 동일한 제품을 판매하려고 한다면 기존에 판매하고 있는 363개의 스토어와 싸워서 이겨야 한다. 그래서 1번에서 말한 가격 경쟁을 통해서 판매를 만들어내는 것이다.

이렇게 위탁판매의 경우 접근이 쉬워서 동일한 제품을 판매하는 판매자가 많다. 그렇기 때문에 판매를 내기도 쉬운 일이 아니지만 1개의 상품을 판매했을 때 남는 마진 자체가 너무 적다. 그래서 추천하는 사업 방식이 아니다. 하지만 병행수입과 비교했을 때 자본금이 마이너스로 묶이는 단점은 없다는 장점이 있다.

그럼 다른 사업 방식과는 다르게 해외구매대행을 추천하는 이유를 알아보자.

해외구매대행 사업을 해야 하는 이유

해외구매대행 사업도 모든 면에서 다른 사업 방식보다 좋은 것은 아니다. 그렇다고 다른 사업 방식에 비해서 특별히 나쁜 면도 없다. 병행수입과 위탁판매의 단점을 적절히 커버하고 있는 사업 방식이 바로 해외구매대행이다. 그럼 해외구매대행을 추천하는 정확한 이유를 알아보자.

재고가 필요 없다

해외구매대행은 해외에 있는 제품을 대신 구매해서 보내주는 방식으로 판매하다 보니 실제로 제품을 내가 가지고 있을 필요가 없다. 해외구매대행 사업에서 재고를 가지고 판매하면 해외구매대행 판매로 인정받지 못한다. 이때 세금 소명 시 문제될 소지가 많다. 이 부분은 해외구매대행 세금 부분에서 자세히 다루겠다.

재고를 가지고 있지 않아서 생기는 또 하나의 장점은 다양한 제품을 판매할 수 있다는 점이다. 1개라도 재고를 가지고 있어야 하는 방식이라면 100개의 제품을 판매하기 위해서는 100개의 제품 모두 1개씩이라도 구매해서 가지고 있어야 하지만, 해외구매대행 사업은 그렇지 않다.

상품을 1개도 가지고 있지 않으면서도 300개, 500개의 상품을 판매할 수 있다.

자본금이 적게 필요하다

위에서 말한 재고가 필요 없다는 부분과 상통하는 부분이다. 재고를 가지고 있지 않기 때문에 재고를 구매하는 데 들어가는 비용도 필요 없다. 재고를 보관할 공간이 없어도 되므로 공간적으로도 병행수입보다 자유롭다.

또한 해외구매대행은 제품의 구매를 신용카드로 진행한다. 많은 위탁 사이트의 경우 결제 시스템으로 현금을 많이 사용한다. 그래서 위탁판매보다도 더 소자본으로 사업을 진행할 수 있다.

경쟁률이 상대적으로 낮다

위탁판매의 경우 경쟁률이 매우 높다. 심한 경우에는 같은 제품을 판매하는 스토어가 1,000곳을 넘을 만큼 많다. 그에 비해서 해외구매대행은 판매자들 간의 경쟁 자체가 심하지 않다.

이 점은 위탁판매를 진행하는 셀러의 숫자와 해외구매대행을 진행하는 셀러의 숫자에서도 많은 차이가 있기 때문인데, 일반적으로 2가지 사업에 대한 접근성을 보자면 위탁판매>해외구매대행의 순서로 위탁판매의 접근성이 월등히 좋다. 접근성이 좋은 만큼 셀러가 더 많이 존재하고 그것은 곧 판매 경쟁으로 이어진다. 그렇다 보니 비교적 낮은 경쟁 속에서 판매할 수 있는 사업이 바로 해외구매대행 사업이다.

마진율이 상대적으로 높다

위탁판매의 마진율은 1~5% 정도로 책정한다. 일부 상품의 경우 1개를 판매했을 경우 100~200원의 마진을 보는 경우도 있다. 이에 비해 해외구매대행의 경우 평균적으로 20~30% 정도의 마진을 보고 판매한다.

같은 10만 원짜리 제품을 판매했다고 가정하더라도 위탁판매는 5천 원 정도의 마진을 남기지만, 해외구매대행은 2만 원에서 3만 원 정도의 마진을 남기고 판매한다. 같은 수량, 같은 금액을 판매했어도 해외구매대행의 마진율이 훨씬 높다. 이처럼 해외구매대행 사업은 위탁판매나 병행수입에서 발생하는 단점이 조금씩 보완된 사업 방식이다.

그러면 미국, 유럽, 일본, 중국 등 수많은 선택지가 있는데, 어떤 지역을 해외구매대행을 시작할 대상지로 선택하면 좋을지 알아보자.

해외구매대행 하면 미국 아니야? - 나라별 비교

해외구매대행을 한다고 하면 가장 많이 생각하는 나라가 바로 미국이다. 이미 미국 구매대행은 10년 넘게 운영되고 있다. 그래서인지 가장 인지도가 높은 것도 사실이다. 그만큼 경쟁이 심한 것도 단점이라고 할 수 있지만, 단지 그 이유만으로 미국을 추천하지 않는 것은 아니다.

미국, 유럽, 일본, 중국 이렇게 4개 지역의 구매대행을 직간접적으로 모두 경험해본 입장에서 각 지역의 특색을 설명해보겠다.

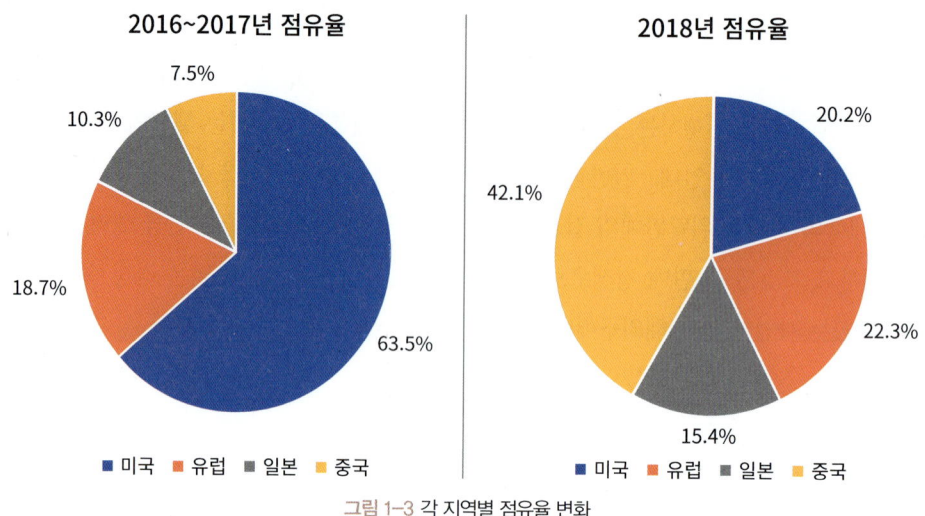

그림 1-3 각 지역별 점유율 변화

위 표는 필자가 2016년부터 2018년까지 해외구매대행을 진행하면서 정리한 지역별 판매량을 바탕으로 점유율 변화를 나타낸 것이다.

2016년~2017년의 경우 해외구매대행 비중을 보면 미국>유럽>일본>중국 순으로 판매량이 많았지만, 2018년을 보면 중국>유럽>미국>일본 순서로 바뀐 것을 볼 수 있다.

이 표는 실제 스토어에서 상품을 판매하며 얻어낸 데이터로, 중국 상품의 판매량이 두드러지게 변화하면서 미국 상품의 판매량을 압도하는 결과를 보여준다. 이런 변화는 통계청에서 조사한 다음 자료를 통해서도 알아볼 수 있다. 다음의 통계청 자료를 살펴보자.

그림 1-4 국가별 직구 점유율 변화 – 통계청

위 표는 통계청에서 2019년에 조사한 해외 직구 시장의 성장을 보여주는 표다. 성장세를 보면 미국 시장의 점유율 변화는 12.2%에 머물지만, 유럽과 중국의 성장세는 각각 39.1%, 28.9%로 미국을 압도하는 것으로 나타난다. 필자가 판매하면서 직접 얻은 통계치에서도 미국의 점유율보다 중국, 유럽이 크게 성장한 모습을 보였는데, 그와 비슷한 결과라 할 수 있다. 실제 구매대행을 진행하는 사업자들은 미국 구매대행의 비중을 줄이고 유럽과 중국의 비중을 높이는 중이다.

해외구매대행을 떠올리면 가장 먼저 생각나는 나라가 미국이기도 하지만, 미국, 유럽, 중국을 놓고 봤을 때 언어 장벽이라는 시장 진입의 허들이 미국 시장이 가장 낮다. 미국 구매대행을 시작하는 셀러가 중국이나 유럽 상품을 판매하는 셀러보다 많아지면서 셀러 간의 경쟁은 높아졌지만, 새로 생겨난 셀러의 숫자만큼 미국 상품의 판매량은 크게 성장하지 않았다. 이를 기반으로 판단컨대, 미국 구매대행은 경쟁률만 높아진 것이다. 이것이 미국 구매대행을 추천하지 않는 가장 큰 이유다.

그러면 중국 구매대행을 추천하는 이유를 알아보자.

지금 당장 중국 구매대행을 해야 하는 이유

미국, 유럽, 일본, 중국의 구매대행 시장에서 중국을 추천하는 이유는 여러 가지가 있다. 그 중에서 여기서는 가장 핵심적인 3가지만 설명하겠다.

접근성이 떨어진다

접근성이 떨어지는데 왜 추천을 할까? 영어, 일본어, 중국어 중에서 가장 접근하기 어려운 언어가 무엇일까 생각해보면 당연히 중국어를 꼽을 것이다. 다른 두 언어의 경우는 요즘 번역기(구글 번역기, 네이버 파파고 등)가 너무 잘 나와있기 때문에 번역기의 도움을 받아서 접근하는 것 자체가 어렵지 않다.

하지만 중국어는 번역기로 정확한 번역을 할 수 없어서 상품을 찾거나 판매자와의 빠른 소통에 어려움이 있다. 그런 의미에서 초보자에게는 접근성이 떨어진다. 그래서 많은 사람이 쉽게 접근하지 못한다.

쉽게 접근하지 못한다는 말은 다음에서 이야기할 경쟁 강도가 낮다는 말로 해석할 수 있다.

경쟁 강도가 낮다

경쟁 강도는 앞서 해외구매대행을 해야 하는 이유에서 다른 사업 방식과의 차이점을 설명하면서도 언급했다. 다른 사업에 비해 경쟁 강도가 낮아서 해외구매대행을 해야 한다고 했다. 더불어 구매대행 시장에서 중국의 경쟁 강도는 낮은 편에 속한다.

각 지역별로 구매대행을 하는 스토어의 숫자를 보면 미국>중국>유럽>일본의 순서다. 그렇다면 중국이 두 번째로 많은 경쟁을 하는데, 왜 경쟁 강도가 낮을까?

현재 중국 구매대행을 시작하는 사람 중 상당수는 소위 '대량 등록 프로그램'을 사용해서 사업을 한다. 해외구매대행은 판매 가능성이 있는 제품을 찾아서 등록하는 것이 기본이다. 일반 수기 등록 판매자들은 제품의 인기도와 계절, 지난 판매 데이터를 바탕으로 상품을 올려놓고 판매하는 반면, 대량 등록 프로그램을 사용하는 판매자들은 몇 가지 카테고리에 무조건 많은 양의 상품을 올려놓고 판매되기를 기다리는 방식을 취한다.

또한 프로그램의 특성상 마진을 일률적으로 계산해서 상품이 자동 등록되다 보니, 가격 책정 방식에서도 수기 등록 판매자와는 다른 방식을 취한다. 그렇기에 대량 등록 프로그램 사용자는 수기로 상품을 등록하는 판매자와는 경쟁자라고 할 수가 없다. 그에 따라 실제 중국 구매대행 사업을 운영하는 셀러의 수는 통계치보다 적기 때문에 경쟁 강도가 낮아진다.

마진율이 좋다

위에서 경쟁 강도의 지역별 순위는 미국>중국>유럽>일본이라고 했다. 그러면 마진율의 지역별 순위는 어떻게 될까? 중국>유럽>일본>미국 순서다.

이런 차이를 보이는 이유는 한 가지다. 미국, 유럽, 일본의 경우 대부분 제품이 브랜드사가 직접 들어가거나 총판 등을 통해서 판매하고 있다. 그런 제품의 경우 일반인도 쉽게 해당 상품의 가격을 알 수가 있다. 현지에서 100불에 판매되는 것을 누구나 쉽게 아는데, 무리한 마진 100불을 붙여서 200불에 판매한다면 판매가 안 될 것이다.

반면, 중국에서 생산되는 제품은 브랜드가 없거나 중국 현지 브랜드가 많다. 일반인 기준에서 해당 상품의 판매가, 즉 원가를 알아내기 쉽지가 않다. 원가 공개가 안 되는 제품은 아무래도 마진을 책정함에 있어 자유롭고, 이는 높은 마진율 설정으로 이어진다.

예를 들어, 50불짜리 제품을 200불에 판매한다고 했을 때 소비자는 50불이라는 원가를 모른 채 200불이라는 판매가를 보고 제품을 구매하기 때문에 구매 후 200불의 금액만큼 만족할 수 있으면 실제 제품의 원가가 50불이라도 아무런 문제가 되지 않는다. 이런 이유로 전체적인 마진율을 보면 중국이 가장 높다.

이런 장점 외에도 배송비, 배송 일정, 결제의 편리함 등 여러 가지 이점이 있어서 해외구매대행 사업을 하려는 사람이라면 중국 구매대행을 강력하게 추천한다.

해외구매대행 사업의 3단계 테크트리

모든 사업은 성장하다 보면 다음 단계로 나아가야 할 때가 온다. 이때 무리하게 관련 없는 분야로 영역을 확장하기보다 관련 방향으로 확장한다면 조금은 더 안정적으로 사업을 확장할 수 있을 것이다.

해외구매대행 사업도 다른 사업과 마찬가지로 매출 성장이 이루어지고 나면 사업의 규모를 키우기 위해서 다음 단계로 나아가야 하는데, 이때 어떤 방향으로 나가면 좋을지 해외구매대행 사업의 3단계 테크트리에 대해 알아보자.

그림 1–5 해외 구매대행 3단계 테크트리

해외구매대행 단계

어떤 일이든 첫 단추를 잘 끼우는 것이 중요하다. 해외구매대행은 온라인 사업을 시작함에 있어서 가장 자본이 적게 들고 리스크가 적은 사업이다.

미리 물건을 사서 보유해야 하는 재고의 부담이 없어서 자본금이 많이 필요 없는 사업이다. 또한 판매가 이루어진 물건을 해외에서 구매해서 보내주는 시스템이라서 판매 금액이 정산되어 통장으로 들어오는 날짜가 조금 늦을 뿐 확실히 정산되기 때문에 큰 틀에서 보면 리스크도 적은 사업이라고 볼 수 있다.

물론 해외구매대행만 진행하면서 돈을 버는 셀러도 많고 더 크게 성장하기를 원하지 않거나 필요하지 않은 셀러도 있겠지만, 다양한 상품을 스토어에 진열해 놓고 판매하다 보면 잘 팔리는 제품과 그렇지 않은 제품이 보이기 시작할 것이다.

원래 해외구매대행은 제품을 보는 눈을 키우는 데 가장 적합한 사업의 형태다. 따라서 자연스럽게 스킬이 향상되는데, 이때 자연스럽게 잘 팔리는 제품 리스트를 만들어 둬야 한다.

또한 광고 및 홍보 등의 마케팅을 통해서 상품을 널리 알리고 판매하면서 제품의 완성도와 판매 가능성 등 여러 가지 측면에서 데이터를 얻을 수 있다. 해외구매대행 사업은 이런 데이터를 쌓아가는 단계다. 여기서 쌓은 데이터를 바탕으로 다음 단계인 수입 판매 단계로 갈 수 있다.

수입 판매 단계

수입 판매 단계는 그야말로 상품을 수입해서 판매하는 형태다. 해외에 있는 제품 중에서 해외구매대행을 진행하면서 쌓은 데이터를 바탕으로 수입할 제품을 고를 수 있다.

수입 판매 단계를 구매대행 다음에 놓은 이유는 간단하다. 해외구매대행을 하지 않고 수입 판매를 바로 시작하면 여러 가지 문제에 봉착해서 실패하는 비율이 아주 높다.

대부분 온라인 창업을 하려는 많은 사람이 본인의 안목으로 자신이 원하거나 좋아 보이는 제품을 일단 사와서 판매하려고 한다. 그런데 여기서 한 가지 문제가 있다. 잘 팔리는 제품에 대한 데이터가 있는 것도 아니고, 상품을 고르는 눈 자체가 없는데, 단순하게 좋아 보인다는 이유, 예뻐 보인다는 이유, 사람들이 좋아할 거라는 근거 없는 자신감으로 물건을 사 온다는 점이다.

그렇게 사온 물건은 극히 소수를 제외하고는 대부분 판매가 잘 되지 않는다. 판매가 안 돼서 방 한 켠에 쌓여 있는 경우가 대부분이다. 이렇게 사온 물건이 왜 안 팔리는지에 대해서는 뒤에서 자세히 다루겠다.

해외구매대행 판매를 하면서 상품을 보는 눈을 기르고 상품을 고르는 능력이 생겼을 때 그동안 판매해왔던 데이터를 바탕으로 수입을 진행해도 될 상품을 골라서 진행해야 한다. 그렇게 해서 사업의 규모를 키우거나 다음 스텝을 밟아 나갈 때 리스크를 최대한으로 줄이고 성공할 확률을 높여야 한다. 그런 의미에서 해외구매대행 다음 단계의 사업은 수입 판매를 추천한다.

브랜딩 단계

브랜딩이라고 해서 거창한 것은 아니다. 그저 제품에 내가 원하는 브랜드 네임을 붙이고 생산해와서 판매하는 것이다. 이미 제작되어 있는 제품을 해외에서 구매해서 판매하다가 다음 단계로 해당 제품에 내 브랜드 네임이나 로고를 넣어서 제작해 판매하는 단계가 브랜딩 단계다.

그런데 브랜딩 단계에는 여러 가지 광고나 홍보가 반드시 수반돼야 한다. 그렇다 보니 일정 이상의 자본금이 필요하다. 위에서 말한 제품을 생산해서 수입해오는 비용과 광고나 홍보에 자금이 들어가기 때문이다. 그럼에도 불구하고, 수입 판매 다음으로 브랜딩 단계를 추천하는 이유는 사업을 조금 더 안정적으로 오래 유지하고 수익을 극대화하기 위해서다.

브랜드가 없는 제품을 판매하는 많은 판매자가 가장 걱정하는 부분이 언제 내 제품이 안 팔리는 일이 일어나도 이상하지 않다는 것이다. 특별히 브랜드가 없는 제품이기 때문에 소비자들의 기억에 남기도 어렵고 다른 제품으로의 대체가 너무 쉽기 때문이다.

반면, 브랜딩을 해서 제품을 판매하기 시작하면 제품의 종류에 대한 각인보다는 브랜드에 대한 각인을 소비자에게 새길 수 있다. 그렇게 되면 소비자들은 자신도 모르는 사이 한 번 사용했던 브랜드를 다시 사고자하는 심리가 작용하고, 다른 비슷한 제품보다 내가 아는 브랜드를 구매하고 싶어 한다. 그렇게 한 번 구매했던 소비자로 하여금 재구매를 만들어 내고, 재구매를 통해 판매량 면에서도 안정적이고 지속적인 성과를 얻어 더욱 오래 사업을 영위할 수 있게 된다.

또한 완제품을 구매해서 판매하는 경우와 제품을 생산해서 판매하는 경우, 소량이라면 완제품을 구매해오는 비용이 더 적을지 몰라도 대량이 되면 생산단가가 완성품을 구매하는 단가보다 훨씬 낮게 책정된다. 동일한 가격으로 제품을 판매한다고 가정해보면, 낮아진 단가만큼 수익률을 높일 수 있는 것이다. 더 낮은 가격으로 제품을 생산해와서 꾸준히 오랫동안 판매할 수 있고 수익률까지 높일 수 있는 방식이 바로 브랜딩이다.

해외구매대행의 테크트리 3단계를 살펴봤다. 해외구매대행/수입 판매/브랜딩이라는 사업 형태가 각기 다른 것처럼 보이지만, 많은 부분 유기적으로 연결되어 있고, 순서를 잘 따라간다면 조금 더 수월하게 사업을 확장해 나갈 수 있을 것이다.

그럼 이제 해외구매대행 사업을 시작하기 위해 어떤 것을 준비해야 하는지 알아보자.

02

구매대행 사업을 준비해보자

사업자등록증 신고 방법
통신판매업 신고증 신청 방법
판매율을 높이기 위한 2가지 라이선스
KC인증이 뭔가요?
구매대행에서 알아야 하는 법규
구매대행 필수 엑셀 양식 3종 세트
신용카드를 준비하자

이 장에서는 구매대행을 시작하려는 사람이라면 가장 먼저 해야 하는 사업자등록증 신청 방법부터 KC인증 관련 내용과 전안법, 이미지 저작권 등 법적인 내용을 알아보고 구매대행에서 필수로 사용해야 하는 신용카드 추천까지 다룬다.

사업자등록증 신고 방법

사업자등록증은 새로 사업을 시작하는 사업장이 그 사실을 관할 세무서에 알려 등록했음을 증명하는 문서다. 먼저 사업자의 구분과 사업자등록증 신청 방법을 알아보자.

사업자 구분

사업자등록증 신고 전에 알아야 할 사항이 한 가지 있다. 바로 간이사업자와 일반사업자의 구분이다.

- **간이사업자**: 연 매출 8,000만 원 이하
- **일반사업자**: 연 매출 8,000만 원 이상

이처럼 연매출을 기준으로 간이사업자/일반사업자 구분이 달라진다. 사업자등록을 처음 하는 경우라면 무조건 간이사업자로 등록하는 게 좋다. 간이사업자와 일반사업자의 세금 부과율이 다른데, 간이사업자가 일반사업자보다 세금이 적게 부과된다. 세금의 종류와 차이에 대해서는 10장 구매대행 세금 신고하기 편에서 자세히 설명한다.

이런 이유로 간이사업자로 사업자등록증 신고를 하는 게 일반적이지만, 간이사업자를 발급받을 수 없는 경우가 있다. 기존에 일반사업자로 등록된 사업체가 있다면 새로운 사업자를 등록할 때 무조건 일반사업자로 개설된다.

사업자등록증을 신고할 때 업태와 업종을 선택하게 되는데, 기존에 구매대행의 업태와 업종은 [서비스/해외구매대행]으로 업종코드 749609번으로 사업자 등록을 했다면, 새로 신설된 업태와 업종은 [소매업/해외직구대행]이고 업종코드 525105번이다. 기존에 이미 749609번으로 해외구매대행업을 등록해 놓은 사람이라면 기존 코드를 525105번으로 수정해야 한다.

사업자등록 방법 2가지

사업자등록증은 2가지 방법으로 신청할 수 있다. 세무서 방문을 통한 등록과 홈택스를 통한 등록이다.

- 세무서 방문을 통한 사업자등록 방법은 준비물을 지참해서 사업장의 관할 세무서에 방문해서 신청하면 된다. 필요 서류는 다음과 같으며, 신청하면 당일에 발급받을 수 있다.

    ① 대표자 본인의 신분증

    ② 사업자등록 신청서

    ③ 임대차 계약서

    ④ 공동사업자인 경우 동업계약서

- 홈택스(https://hometax.go.kr/)를 통한 방법은 다음 그림을 보면서 따라하면 된다.

홈텍스에서 사업자 등록하기

01. 홈택스 사이트 접속

홈택스 사이트에 접속해서 [사업자등록] 버튼을 누른다.

그림 2-1 홈택스 접속 화면

02. 사업자등록 신청

[사업자등록]을 누르면 나오는 화면에서 [(개인)사업자등록 신청] 버튼을 누른다.

그림 2-2 사업자등록 신청

03. 사업자 정보 입력

상호명과 전화번호, 사업장 주소지를 입력한다. 이때 사업장 주소지가 자택이라면 주소지 입력란에 자택 주소를 기입한다.

그림 2-3 사업자 정보 입력

[업종 입력/수정] 버튼을 누른다.

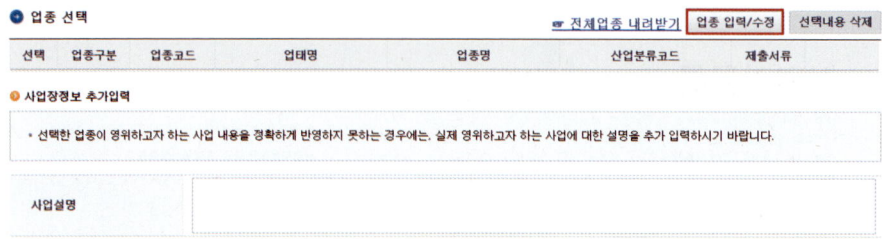

그림 2-4 업종 선택

이때 화면에 표시된 (업종 입력 방법)에 따라 진행해야 한다. [검색] 버튼을 누른다.

그림 2-5 업종 선택 화면

'소매업/해외직구대행'의 업종코드는 '525105'이므로 업종코드 란에 525105를 입력하고 [조회하기] 버튼을 클릭한다. 그다음 조회된 내역을 확인하고 더블 클릭한다.

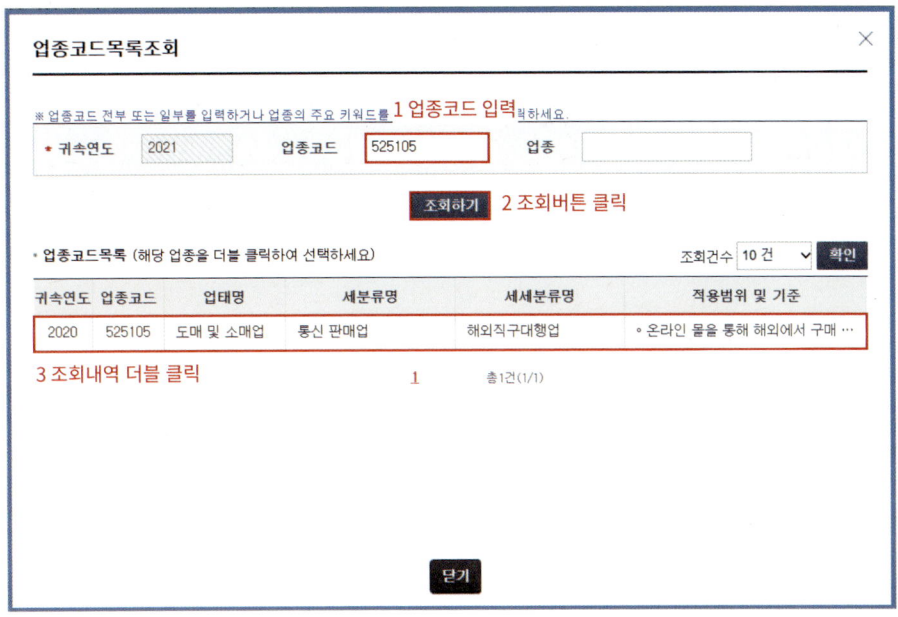

그림 2-6 [업종코드목록조회] 화면

주업종이 해외직구대행 사업이기 때문에 주업종을 선택하고 [업종 등록] 버튼을 클릭한다.

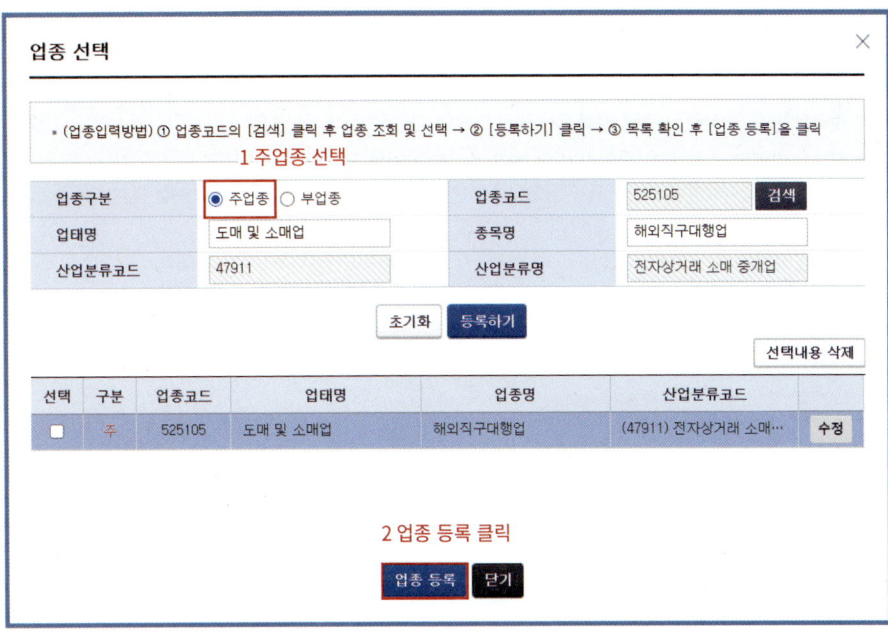

그림 2-7 [업종 선택] 화면

다음은 사업장 정보입력 창이다. 개업일자를 사업자등록증 신청일로 설정하고 사업장 구분을 입력하는데, [본인소유/타인소유] 중 해당되는 것을 고른 후 사업장의 면적을 입력한다. 그리고 마지막으로 사업자 유형에서는 간이사업자 신청이 가능하다면 되도록 간이를 선택한다.

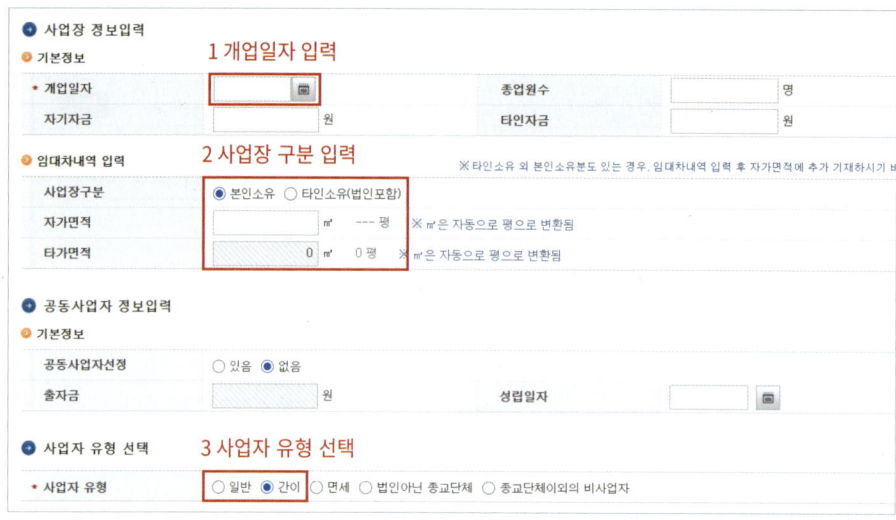

그림 2-8 사업장 정보 입력

04. 첨부서류 등록

다음 그림에 표시된 6가지 서류 중에서 일반적으로 필요한 서류는 한 가지다. 사업장을 임대했을 경우에 필요한 임대차 계약서인데, 위 사업장 구분 입력에서 본인 소유의 사업장이 아니라면 임대차 계약서를 미리 스캔하거나 사진을 찍어서 파일로 준비하고, [파일찾기]를 눌러 준비한 파일을 첨부한다.

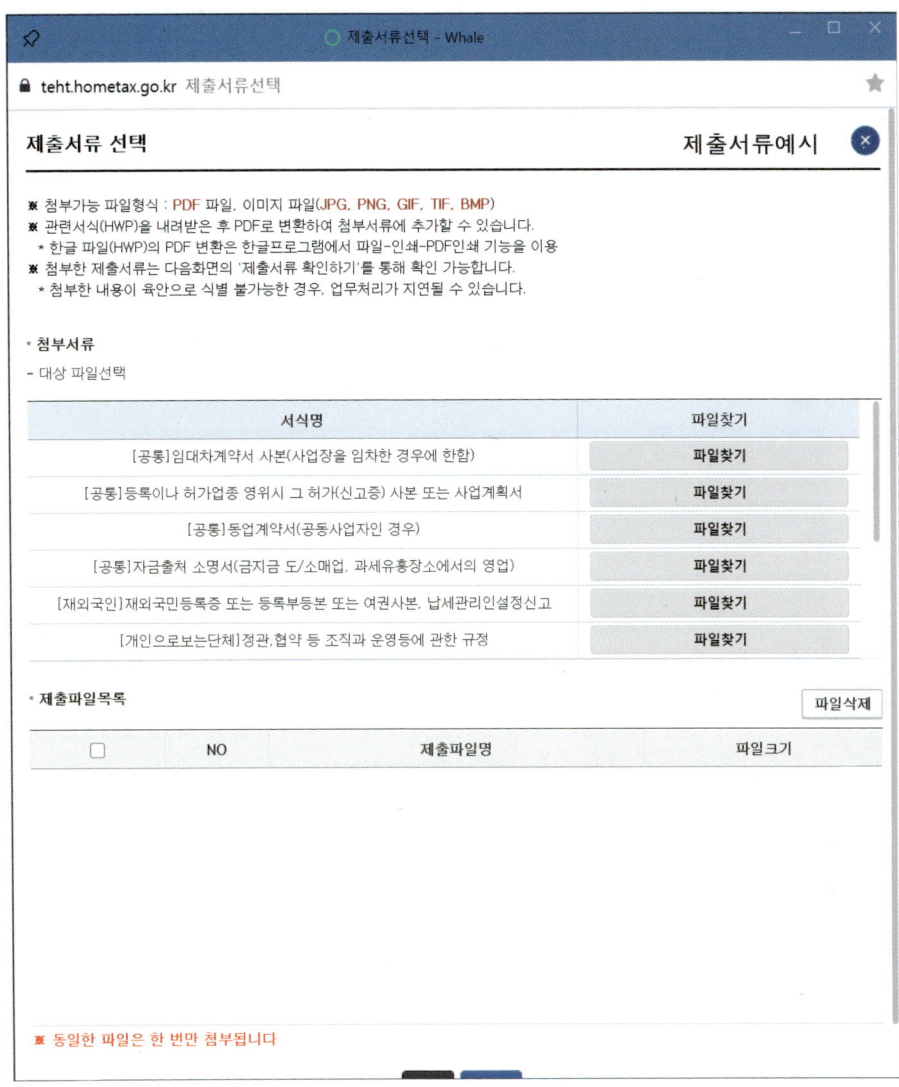

그림 2-9 첨부서류 추가 화면

위 방법으로 홈택스를 이용해서 사업자등록증을 신청할 수 있다. 다음으로는 통신판매업 신고 방법에 대해서 알아보자.

통신판매업 신고증 신청 방법

통신판매업 신고증은 광고물, 전기 통신 매체 등을 통해서 소비자와의 직접적인 상거래가 이루어지는 통신판매업을 하려고 하는 경우에는 꼭 신고해야 한다. 쉽게 말해, 온라인 쇼핑몰에서 물건을 판매하려면 통신판매업 신고를 해야 한다.

01. 정부24 홈페이지[1]에 접속한 후 '통신판매업신고' 검색

그림 2-10 '정부24' 홈페이지 접속 화면

02. 통신판매업신고 [신청] 버튼 클릭

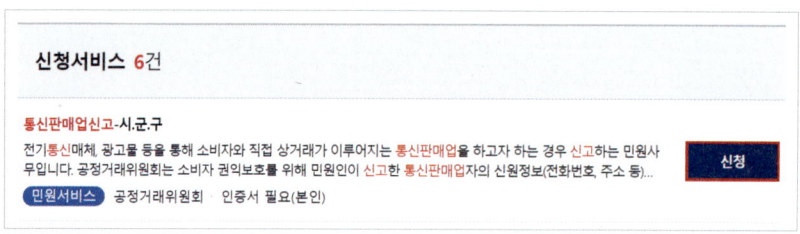

그림 2-11 통신판매업신고 신청

03. 업체 정보 입력하기

업체 정보는 사업자등록증을 신청한 결과를 바탕으로 입력한다. 사업자등록증 상의 상호명과 사업자등록번호, 연락처, 소재지를 입력한다.

---

[1] https://www.gov.kr/portal/main

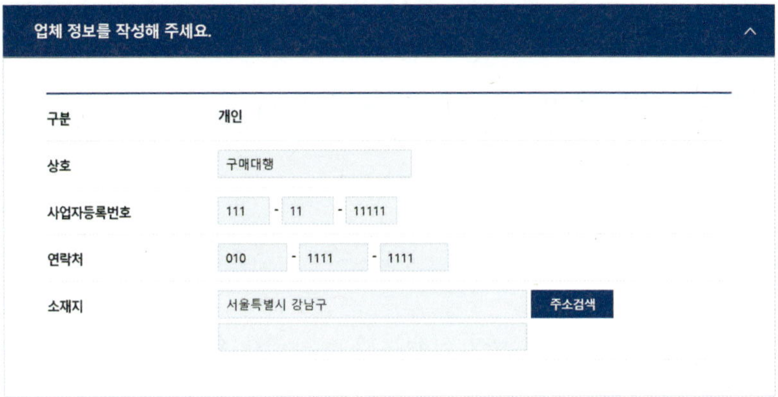

그림 2-12 업체 정보 입력

04. 대표자 정보 입력하기

대표자 정보는 실제 사용하는 대표자의 정보를 입력하는 곳이다. 본인의 휴대폰 번호나 사무실의 연락처를 넣으면 된다. 주소 또한 사업자 주소나 주민등록상 주소지를 입력하면 된다. 마지막으로 이메일 주소는 본인이 사업용으로 사용하는 이메일 주소를 입력한다.

그림 2-13 대표자 정보 입력

05. 판매정보 입력하기

해외구매대행의 판매 방식은 인터넷을 선택한다. 또한 판매가 가능한 모든 품목을 판매할 예정이기 때문에 [취급품목]으로 '종합몰'을 선택한다.

인터넷 도메인 이름은 스마트스토어를 입력하고 호스트 서버 소재지의 경우 네이버 서버 주소를 넣어야 하는데, '경기도 성남시 분당구 불정로 6 네이버 그린팩토리 13561'을 입력하면 된다.

그림 2-14 판매정보 입력

06. 구비서류 첨부하기

첨부서류는 스마트스토어에서 발행해주는 '**구매안전서비스 이용 확인증**'을 다운로드해서 첨부하면 된다.

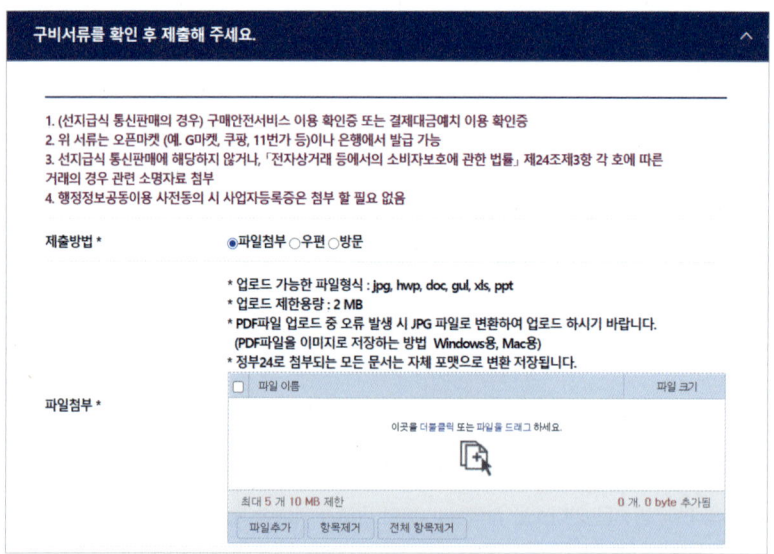

그림 2-15 구비서류 첨부

28

07. 신고증 수령 방법 선택 후 민원신청하기

수령 방법은 통신판매업의 경우 직접 수령하고 [행정정보공동이용 사전동의]에서 [사업자등록증명]을 체크한 후 [민원신청하기] 버튼을 클릭한다.

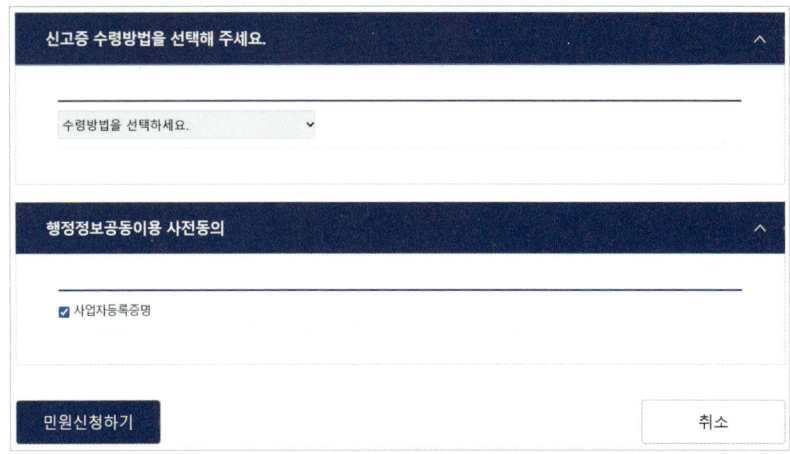

그림 2-16 민원신청하기

위 방법대로 신청하면 온라인 신청 기준 3~4일 정도면 통신판매업 신고증이 발급되었다는 연락을 받을 수 있다. 다만 신청이 완료되는 시점은 신청하는 시기에 따라 최대 일주일까지 소요될 수 있으니 여유를 갖고 기다리기 바란다.

판매율을 높이기 위한 2가지 라이선스

해외구매대행을 하면서 판매율을 높이기 위한 방법이 여러 가지가 있지만, 그중 가장 큰 효과를 볼 수 있는 방법은 판매 품목을 늘리는 것이다. 예를 들어 3가지 카테고리의 상품을 판매하다가 5가지 카테고리의 상품을 판매한다면 판매할 수 있는 상품의 수가 많아지는 것이고, 당연히 판매율을 높일 수 있기 때문이다.

판매율을 높이기 위해 카테고리를 늘릴 때 어떤 카테고리를 선택하는 것이 좋을지 고민될 텐데, 이때 도움이 될 만한 추천 카테고리 2가지를 소개하겠다. 바로 수입 식품과 화장품 카테고리다.

별로 특별해 보이지 않을지도 모르지만, 식품과 화장품은 일반 구매대행 사업자가 판매할 수 없는 품목이다. 이 물품을 구매대행으로 판매하기 위해서는 나라에서 인정라는 라이선스가 필요하다. 식품 구매대행을 위해서는 구매대행 수입식품 영업 등록증, 화장품 판매를 위해서는 화장품 책임 판매업 등록증이 필요하다. 이 2가지 라이선스를 발급받는 방법을 알아보자.

구매대행 수입식품 영업 등록증

요즘 구매대행 사업에서는 단순히 가전, 가구만 판매하는 것이 아니라 일반식품, 건강식품, 식기류까지 다양한 상품을 판매한다. 구매대행으로 식품이나 식기류를 판매하고자 할 때는 수입식품 영업 등록증을 발급받아서 스토어에 등록해야 판매가 가능하다. 수입식품 영업 등록증은 다음의 순서로 발급받을 수 있다.

1. 한국식품산업협회[2]에서 온라인 교육 신청
2. 온라인 교육 수료 후 수료증 출력
3. 식품안전나라[3]에서 영업증 신청
4. 민원 처리 후 영업증 출력

화장품 책임 판매업 등록필증

한국의 화장품 제품이 세계를 누비고 있다고 하지만, 아직도 미국이나 유럽에서 구매해서 판매하는 경우가 많다. 그뿐 아니라 화장품에 관련된 용품도 판매하는 경우가 늘어나서 화장품 책임 판매업 등록을 해야 판매할 수 있는 상품의 종류가 많아졌다. 화장품 책임 판매업 등록은 다음 순서로 진행한다.

1. 의약품안전나라[4] 접속
2. 민원신청에서 화장품책임판매업등록 서식을 등록한다.
3. 면허세를 내고 화장품책임판매등록증을 출력한다.

---

[2] http://www.kafribusan.re.kr/
[3] https://www.foodsafetykorea.go.kr/
[4] https://nedrug.mfds.go.kr/index

KC인증이 뭔가요?

구매대행에 관심이 있는 사람이라면 KC인증이라는 말을 한 번쯤은 들어봤을 것이다. 그런데 정확히 KC인증이 무엇인지에 대해서는 아는 사람이 별로 없는 것 같다.

KC인증이란 안전, 보건, 환경, 품질 등의 법정 강제 인증제도를 단일화한 국가 인증 통합마크를 말한다. 영어로 Korea Certification mark로 표기하는데, 통상 KC마크라고 표현한다. 이 KC인증 통합제도는 2009년 7월 1일부터 시행됐다. 각 부처별 인증기관이 다른 번거로움을 없애고 국제 신뢰도를 높이려는 목적도 있다.

국가에서 인증하는 이 마크를 꼭 받아야 하는 제품과 받지 않아도 되는 제품이 있다. 이번 절에서는 KC인증을 받아야 하는 이유와 KC인증 유무로 상품의 판매를 결정하는 방법을 알아보고 구매대행으로 절대 판매하면 안 되는 제품까지 알아보자.

KC인증을 꼭 받아야 하나요?

KC인증을 꼭 받아야 하냐는 질문은 국내에서 제품을 판매하는 판매자라면 꼭 알아야 한다. 모든 제품이 KC인증을 받아야 하는 것은 아니고, 인증을 필수로 받아야 하는 제품과 그렇지 않은 제품으로 나뉜다. 생각보다 많은 제품이 KC인증을 받아야만 판매할 수 있다.

하지만 구매대행 사업은 인증 문제로부터 비교적 자유롭다. 대부분 제품을 KC인증 없이 판매할 수 있다. 해외에 있는 제품을 구매만 대신해주는 서비스를 제공하는 사업 형태이기 때문이다. 그래서 구매대행 업자가 따로 KC인증을 받아서 판매하는 경우는 드물다.

간단히 말하면, 우리가 아는 거의 모든 제품을 KC인증 없이 판매할 수 있다. 국내에서는 일반 가전을 판매한다고 할 때 제품이 KC인증을 받지 않으면 판매할 수 없지만, 해외에 있는 가전은 KC인증을 받지 않아도 구매대행으로 판매할 수 있다.

이런 상품은 절대 판매하면 안 돼요!

해외구매대행 사업에서는 많은 제품을 KC인증과 상관없이 판매할 수 있지만, 절대 판매하면 안 되는 제품도 있다. 물론 이런 제품은 개인적으로 KC인증을 받으면 판매가 가능하지만, 비용 측면에서도 그렇고 인증을 받지 못하는 경우도 있어 리스크가 있다. 그럼 어떤 제품을 절대 판매하면 안 되는지 알아보자.

- **유아동 제품**: 유아동이 사용하는 제품은 KC인증 필수 품목이다. 내가 해당 제품을 샘플로 구매해서 KC인증을 받고 판매하는 것이 아니라면 어떠한 경우에도 구매대행으로 판매하면 안 된다. 현재 온라인 상에서 많은 판매자가 유아동 제품을 판매하지만, 해당 규정을 모르고 판매하는 경우가 많아 추후 문제의 소지가 있으니 절대로 따라서 판매하는 일은 하지 말자.
- **전안법 불가 제품**: 국가기술표준원[5]에서 배포하는 '전기용품 및 생활용품 안전관리법 가이드북'에는 구매대행 불가 제품이 명확하게 구별되어 있다. 다음 이미지에 표기된 제품들은 구매대행으로 판매가 불가능한 품목이다.

첨부 3	KC마크 없이 구매대행이 허용되지 않는 품목	
구분	전기용품	생활용품
안전인증 대상 (23개 품목)	전선·케이블 및 코드류, 스위치, 전자개폐기, 커패시터 및 전원필터, 전기설비용 부속품 및 연결부품, 퓨즈, 차단기, 전기충전기, AC전기찜질기 및 발보온기, 전기욕조, 유체펌프, 램프홀더, 일반조명기구, 안정기 및 램프제어장치	승강기부품 6종(조속기, 비상정지장치, 완충기, 상승과속 방지장치용 브레이크, 승강장문 잠금장치, 에스컬레이터용 역주행 방지장치), 자동차용 재생타이어, 가스라이터, 비비탄총
안전확인 대상 (12개 품목)	전기기기용 제어소자, 컴프레서(compressor), 폐열회수환기장치, 에너지저장장치, 기포발생기, 전기온수매트, 수도동결방지기, 전기정수기, 전기헬스기구, 물수건 마는 기기 및 포장기기, 컴퓨터용 전원공급장치, 전지(충전지만 해당)	-

그림 2-17. '전기용품 및 생활용품 안전 관리법 가이드북'의 내용

- **라이선스 신청 상품**: 앞에서 언급한 식품과 화장품은 각각 라이선스를 발급받아야만 상품을 판매할 수 있다. 라이선스를 받지 않고 해당 상품을 판매하는 것은 불법이다.

KC인증 확인을 하자

앞서 말했듯이 KC인증 유무는 구매대행 사업에서 매우 중요하다. 그래서 어떠한 제품을 판매하든 필수로 KC인증 유무를 확인해야 한다. 이렇게 중요한 KC인증 확인은 2가지 방법으로 할 수 있다.

---

[5] https://www.kats.go.kr/content.do?cmsid=13&mode=view&cid=20174

01. 국가기술표준원 홈페이지

그림 2-18 국가기술표준원 홈페이지

국가기술표준원[6] 홈페이지에 접속해서 [KC제품안전정보]를 클릭해 들어가면 KC인증 여부를 확인할 수 있는 페이지가 나온다.

02. 인증표준센터 전화 연결

1381 번호로 인증표준센터에 전화해서 직접 내가 판매하고자 하는 제품을 설명한 후 해당 상품의 KC인증 여부를 확인할 수도 있다.

구매대행에서 알아야 하는 법규

구매대행을 진행할 때 알아야 하는 법규가 있다. 앞에서도 언급한 전안법도 중요하지만, 그 밖에 상표권, 이미지 저작권, 특허권 등에 대해서도 꼭 알고 넘어가야 한다. 이번 절에서는 각 법규에 따른 상품의 판매 가능 여부 구별법을 알아보자.

전안법에 대하여

전안법은 '전기용품 및 생활용품 안전관리법'을 말한다. 국민의 생명, 신체, 재산 등을 보호하고 소비자의 이익과 안전을 도모하기 위해 전기용품 및 생활용품의 안전관리에 대한 사항을 규정하는 법이다. 전안법에 따르면, 전기용품이나 생활용품을 제조, 수입하는 업자는 제3자에게 의뢰하거나 직접 제품의 안전성을 확인해야 한다고 명시되어 있다.

---

[6] https://www.kats.go.kr

하지만 여기에서 구매대행은 판매자가 직접 제품의 안전성을 확인해야 한다는 조항에 예외다. 따라서 전안법 가이드북에서 명시하는 [KC마크 없이 구매대행이 허용되지 않는 품목]을 제외한 거의 모든 제품을 판매할 수 있다.

실제 가이드북의 내용을 살펴보면 구매대행으로 판매할 수 있는 상품의 종류가 상당히 다양함을 알 수 있다.

상표권 확인하기

상표권이란 지정상품에 대하여 해당 상표를 사용하는 권리를 말한다. 흔히 브랜드 이름을 상표권이라고 생각하지만, 대부분 브랜드 이름과 상표명이 같아서 그렇게 생각하는 것일 뿐, 상표권에는 해당 상표를 붙여서 판매할 제품의 종류를 명시해야 한다. 기본적으론 상표권에 등록된 제품의 종류 이외의 제품을 판매할 때는 상표권에 위배되지 않는다.

그렇다면 상표권은 어디서 확인을 할 수 있을까? 바로 키프리스[7] 사이트를 통해 확인할 수 있다. 그럼 이제 상표를 확인하는 방법을 알아보자.

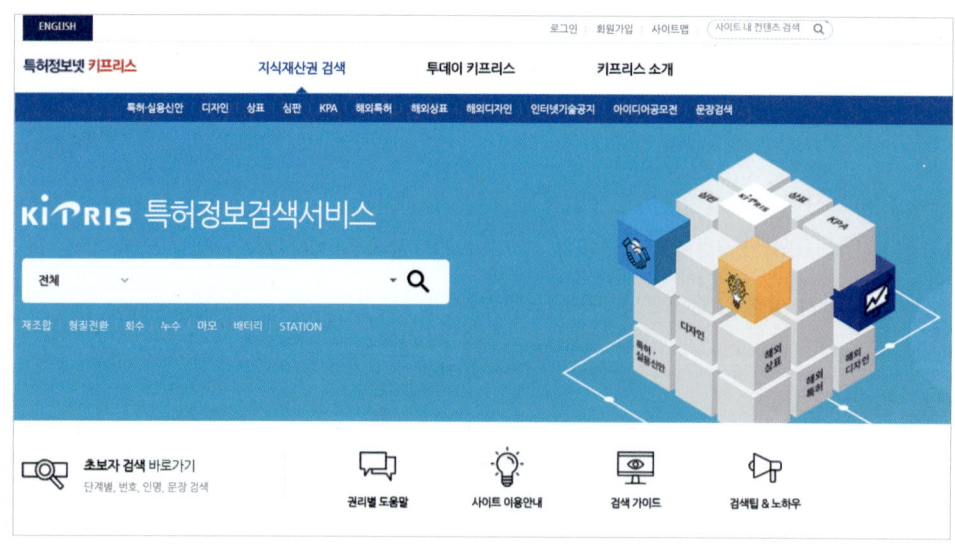

그림 2-19 키프리스 사이트

---

[7] http://www.kipris.or.kr/

이 사이트에서 상표권을 조회할 수 있다.

그림 2-20 키프리스 상표 조회

사이트에 접속한 후 메인 화면에서 [지식재산권 검색]→[상표]를 클릭한다. 그러면 그림 2-20처럼 메뉴 아래로 입력창이 나타난다. 입력창에 알아보고자 하는 상표 이름을 입력하고 검색하기 버튼을 누른다.

어떤 상표를 검색했을 때 등록된 내역이 나오지 않는다면 해당 상표는 상표권 등록이 되어 있지 않다는 말이다. 이럴 경우 해당 상표를 등록해서 사용할 수 있다. 물론 해당 상품을 판매하는 행위도 문제되지 않는다.

그럼 우리가 익히 알고 있는 'NIKE'라는 상표를 검색해서 결과를 보면서 설명해보겠다.

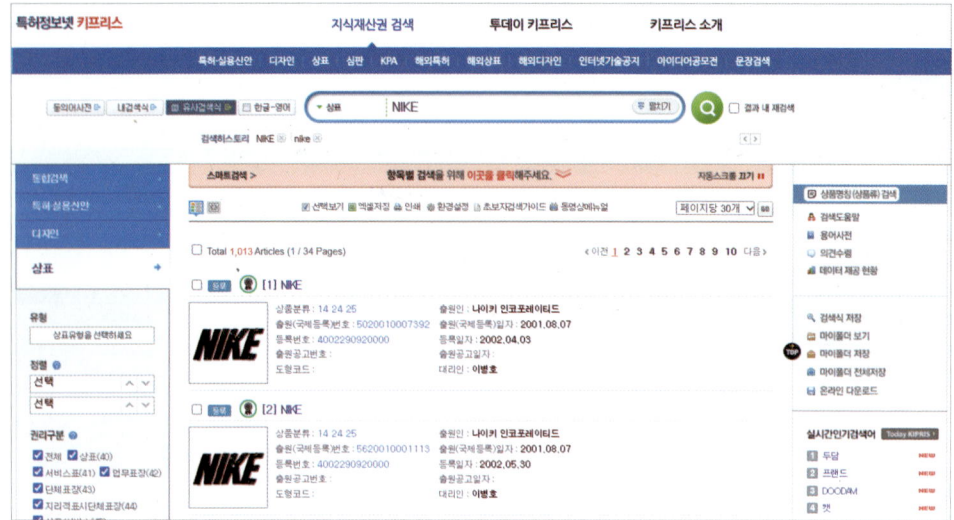

그림 2-21 키프리스에서 'NIKE' 조회

그림 2-21은 우리가 아는 'NIKE'라는 상표를 검색한 결과 화면이다. [NIKE]라는 이름으로 등록된 상표가 나열된 것을 볼 수 있다. 그중 아무거나 하나를 눌러 확인해 보자.

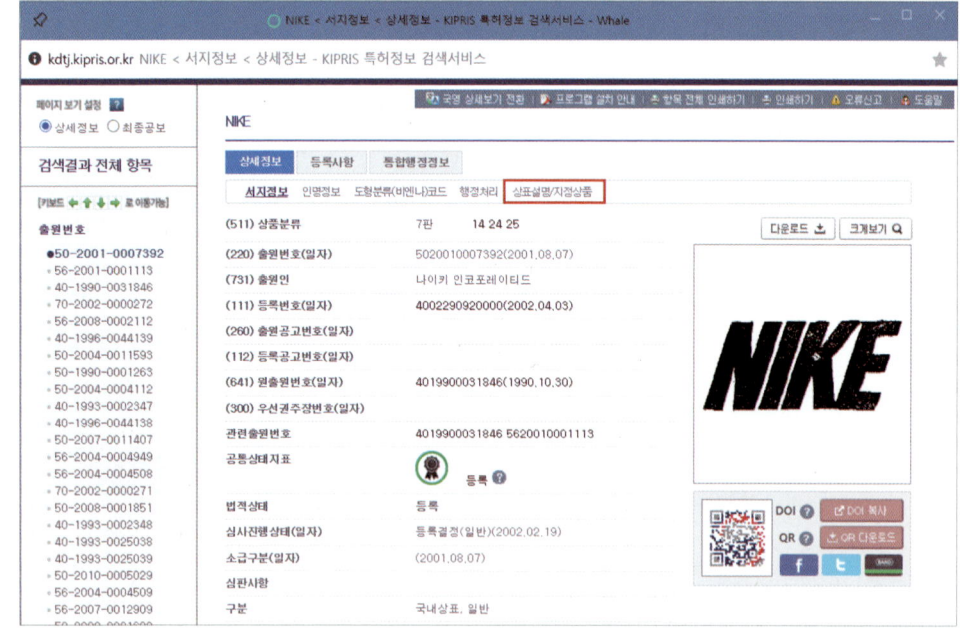

그림 2-22 키프리스 NIKE 상표등록 화면

상표를 누르면 그림 2-22와 같은 화면이 나오는데, 이곳에서 [상표설명/지정상품] 탭을 눌러보자.

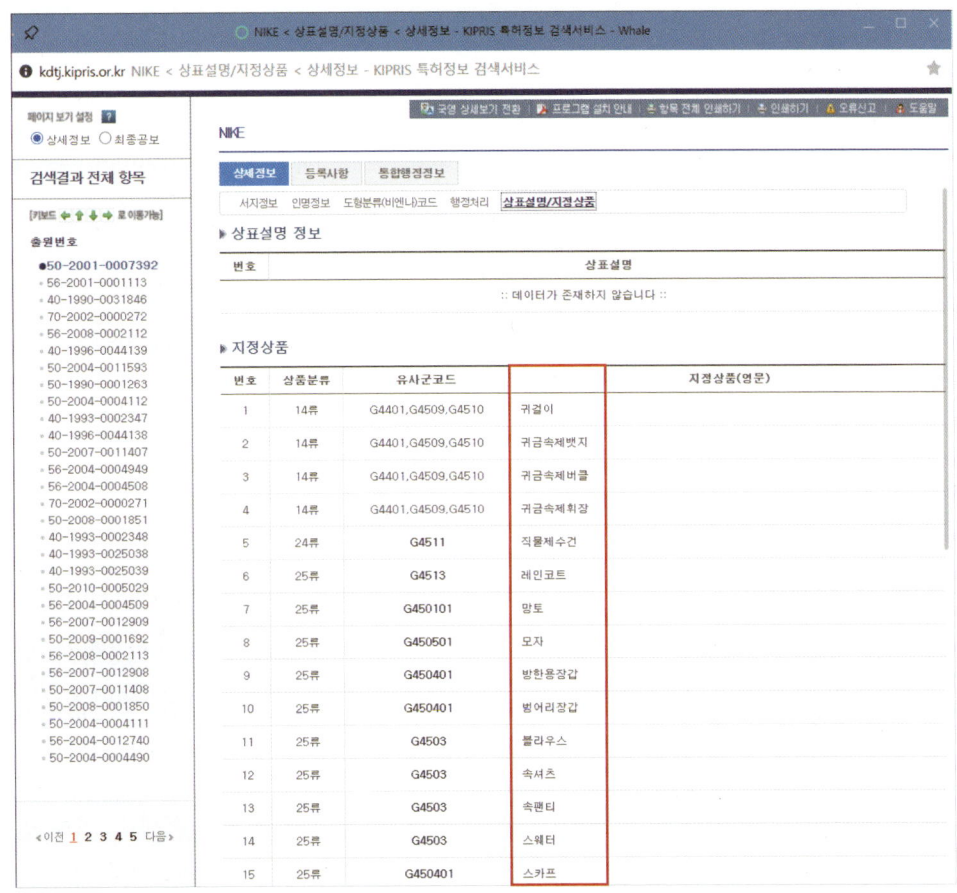

그림 2-23 키프리스 NIKE 상표 지정 상품

그림에서 NIKE라는 상표를 붙여서 판매하는 상품의 리스트를 확인할 수 있다. 목록에 해당하는 상품을 모두 NIKE라는 상표로 판매하겠다고 신고한 것이다.

자신이 판매하고자 하는 물품 종류가 검색한 상표의 지정상품 리스트에 없다면 이미 등록된 상표라고 해도 판매할 수 있다. 더 나아가 그 물품을 해당 상표로 등록할 수도 있다.

상표권이 등록되어 있는 제품은 기본으로 판매하지 않는 것이 좋다. 추후 해당 상표를 획득한 곳에서 상표권을 빌미로 민사적 손해배상을 요구할 수도 있기 때문이다.

이미지 저작권에 대하여

이미지 저작권은 창작자의 저작물을 보호하고 관리하기 위해 만들어진 것이다. 일반적으로 구매대행 쇼핑몰을 운영하는 경우 타오바오에 있는 상품 이미지를 그대로 가져와서 상품을 등록하기 때문에 해당 상품의 이미지나 상세 페이지를 이미지 저작물로 생각할 수 있다. 이때 이미지 저작권자에게 이미지 사용에 대한 허가를 받고 사용하는 것을 원칙으로 하지만, 중국의 제품은 이미지 저작권에 대한 개념이 우리와 다르기 때문에 상품 이미지를 누구나 사용한다.

여기서 한 가지 주의할 점은 해당 이미지가 중국 이미지인지 한국 이미지인지 구별해야 한다는 것이다. 간혹 중국 판매자들이 한국의 이미지를 무단으로 가져가서 사용하기도 하는데, 그 무단 도용된 이미지를 다시 가져와 쓸 경우 이미지 저작권법에 위배되기 때문에 민/형사상 책임을 져야 할 수도 있다. 이미지 속 글씨나 배경, 인물 등을 유심히 살펴보고 한국에서 만들어진 이미지라는 생각이 들면 사용하지 않을 것을 권한다.

특허권에 대하여

특허권은 기술적 사상의 창작물을 일정 기간 독점적·배타적으로 소유 또는 이용할 수 있는 권리를 말한다. 쉽게 말해 특허권이 등록된 제품은 일명 카피해서 판매하는 행위가 불법이라는 말이다.

그런데 특허권은 특허를 신청한 나라에서만 효과를 발휘하기 때문에 권리를 세계적으로 인정받고 싶을 경우 모든 나라에 특허권을 신청해야 한다. 그렇다 보니 국내에서 특허를 받은 제품을 중국에서 똑같이 카피해서 판매하는 경우가 있다. 이때 우리가 해당 제품을 한국으로 들여와서 판매한다면 특허에 등록된 제품을 판매하는 행위로 특허권에 위배되는 행위가 된다.

그런 의미에서 기능성이 가미된 제품, 예를 들어 접이식 의자나 접이식 침대 등 구조적인 부분이 특화된 제품이라면 한 번쯤 해당 기능이 포함되어 있는 국내 제품을 찾아서 확인해 볼 필요가 있다.

구매대행 필수 엑셀 양식 3종 세트

구매대행 사업을 진행하면서 상품을 소싱할 때나 판매 내역을 정리하고 상품의 리스트를 정리하는 등 사업을 함에 있어서 업무의 효율을 높이고 내 사업의 진행 방향을 한눈에 보기 위해서 꼭 정리해 놓으면 좋은 엑셀 양식 3종 세트가 있다.

이 절에서는 **상품 소싱 원가 분석표/ 구매대행 내역서/ 상품 주소 리스트**에 대해 알아보고 어떻게 작성하면 좋을지에 대해서 알아보자.

상품 소싱 원가 분석표

구매대행 사업은 해외에 있는 경쟁력 있는 상품을 찾아서 스토어에 올려놓고 판매하는 사업이다 보니 상품을 소싱하는 단계가 가장 중요하다.

상품을 소싱하는 과정에서 다른 것보다 중요한 것이 찾은 상품을 올려서 판매했을 때 얼마나 마진이 남을 것인지를 미리 알아보는 것이다. 실제로 필자의 오프라인 교육생 중에는 교육 전에 구매대행 상품을 판매했지만, 원가 분석을 제대로 하지 않아서 많은 물건이 마이너스로 판매되고 있다는 것을 알게 된 경우가 있다.

상품 소싱 원가 분석표는 해당 제품을 구매한 후 배송까지 완료했을 때 드는 금액, 즉 '중국 원가+중국 내 배송비+한국으로 보내는 배송비', 이렇게 3가지 항목에 적절한 마진을 붙여서 판매가를 정하는 역할을 한다.

구매대행 내역서

구매대행 내역서는 구매대행 사업으로 판매가 이루어졌을 때 판매 내역을 정리해 놓는 양식이다. 이 양식은 크게 2가지 기능을 한다.

01. 첫째, 장부 기능이다.

장부라고 하면 내가 언제 어떤 물건을 팔아서 얼마나 마진을 남겼는지를 정리하는 것이다. 즉, 사업을 진행하면서 언제 어떤 물건을 판매했고, 얼마나 많은 마진을 남겼는지 알아보기 위해서 작성하는 표다.

이 표에 작성된 매출 내용을 바탕으로 사업이 발전하고 있는지, 퇴보하고 있는지 판단할 수 있고 이 표를 지표 삼아 사업의 방향을 잡을 수 있다.

02. 둘째, 소명 기능이다.

사업자 등록 단계에서 설명했지만, 구매대행 사업은 서비스업의 형태를 띠고 있다. 해외에 있는 구매하기 어려운 물건을 대신 구매해주고 서비스 수수료를 받는다는 개념에서 사업이 시작되었기 때문이다. 그렇다 보니 세금을 계산하는 방식도 다르고 부가세 신고 시 소명해야 하는 경우도 빈번하게 발생한다. 이때 필요한 양식이 구매대행 내역서다.

부가세 신고 시 소명 요청이 오면 해당 년도에 판매한 모든 내역을 정리해서 제출해야 하는데, 구매대행 내역서에 소명에 필요한 내역이 다 정리되어 있다.

구매대행 내역서를 작성하는 방법은 10장에서 자세히 다룬다.

상품 주소 리스트

구매대행 상품은 판매가 이루어졌을 때 해당 상품을 결제해서 구매한 사람에게 보내줘야 한다. 그런데 우리가 상품을 올려놓기만 하고 어디서 구매하면 되는지 작성해 놓지 않을 경우 해당 제품을 찾는 과정부터 다시 해야 하는데, 이 과정을 간단히 하기 위해서 상품 주소 리스트라는 것을 작성한다.

내 스토어에 올린 상품은 모두 상품 주소 리스트에 작성해 놓아야 하는데, 어떤 내용을 어떻게 작성해야 하는지 다음 이미지를 보면서 알아보자.

판매 상품 주소 리스트		
상품번호	상품명	상품 URL
37462637	ex) 해외구매대행 강의	1번 타오바오 URL
		2번 타오바오 URL
		3번 타오바오 URL

그림 2-24 상품 주소 리스트 엑셀 양식

상품 주소 리스트에는 총 3가지 데이터를 기입해야 한다.

1. **상품 번호**: 내 스마트스토어의 상품 번호
2. **상품명**: 내 스마트스토어의 상품명
3. **상품 URL**: 해당 상품을 판매하는 타오바오 사이트 주소 3개

이렇게 3가지 데이터를 입력해야 하는데, 그 이유는 구매대행 사업을 하다 보면 수백, 수천 개의 상품을 스토어에 등록하게 되는데, 상품 주문이 들어왔을 때 해당 상품을 다시 타오바오에서 검색한 후 구매하는 불필요한 과정을 줄이고 보다 빠르게 업무를 처리하기 위해서다.

또한, 하나의 상품에 URL을 3개씩 적어 두는 이유는 제품 주문이 들어왔을 때 품절이나 판매 중지 등의 변수로 해당 상품을 주문하지 못하는 경우가 발생할 수 있기 때문이다. 이때 같은 상품을 판매하는 다른 판매자의 주소를 저장해 놓으면 이러한 예외 상황에 손쉽게 대응할 수 있다.

이렇게 양식을 작성해 두면 상품 주문이 들어왔을 때 이 양식에 있는 타오바오 URL을 통해서 보다 쉽고 간편하게 상품을 구매할 수 있다.

신용카드를 준비하자

해외구매대행 사업의 가장 큰 장점은 현금을 사용하지 않고 신용카드를 사용한다는 점이다. 초기 시작 단계에서 많은 현금을 가지고 있지 않아도 되기 때문에 창업 비용이 적게 든다. 신용카드 한두 장과 약간의 현금만 있으면 시작 단계에서 충분하기 때문이다.

신용카드가 필요한 이유

국내에서 물건을 구매할 때도 마찬가지지만, 해외구매는 현금 구매보다 신용카드로 많이 구매한다. 해외에서 물건을 구매할 때 해외 계좌로 송금해서 물건을 구매한다면 얼마나 귀찮고 복잡하겠는가?

미국이나 유럽 등에서는 페이팔 등의 결제수단을 통해서도 구매할 수 있지만, 타오바오 사이트의 경우 기본적으로 알리페이라는 결제 시스템을 사용해서 결제하는데, 이 알라페이에서는 계좌 연동과 신용카드 연동 2가지 방식으로 결제할 수 있다. 그런데 우리는 중국 계좌가 없기 때문에 신용카드 연동을 사용한 결제만 가능하다. 그래서 신용카드는 구매대행 사업을 시작할 때 반드시 있어야 하는 준비물이다.

물론 신용카드가 아닌 체크카드를 사용해서도 구매대행 사업을 시작할 수 있다. 해외에서 사용할 수 있는 마스터나 비자 카드면 가능하다. 하지만 체크카드의 경우 알리페이 결제 시 결제가 종종 막히기 때문에 체크카드보다는 신용카드를 사용할 것을 추천한다.

추천하는 신용카드 2종

해외구매대행 사업에서는 어떤 신용카드를 사용하는지도 중요하다. 카드의 종류에 따라 해외구매대행 사업에 도움이 되는 카드도 있고 그렇지 않은 카드도 있기 때문이다.

이번에 추천하는 카드 2가지는 개인 경험상 해외구매대행 사업에 도움이 되었고, 따라서 카드를 선택할 때 고려해 보기를 권한다.

01. 삼성카드 - 5v2 글로벌 신용카드

그림 2-25 삼성 글로벌쇼핑 5v2 카드

이 카드로 해외구매대행에서 받을 수 있는 혜택은 다음과 같다.

- 해외 직구 · 해외 이용금액의 1% 빅포인트 기본 적립
- 해외 직구 · 해외 이용금액의 1% 빅포인트 추가 적립
- 해외 직구 및 해외 이용 시 국제 브랜드 수수료(1%) 면제
- 아이포터 해외 직구 배송비 할인쿠폰 제공

02. 국민카드 - 가온 글로벌 신용카드

그림 2-26 국민 가온 글로벌 카드

이 카드로 해외구매대행에서 받을 수 있는 혜택은 다음과 같다.

- 해외 전 가맹점 기본 적립 1%
- 해외 전 가맹점 추가 적립 1% (금액 관계없이 총 2% 적립)
- 해외 전 가맹점 추가 적립 1% (50만 원까지는 추가 1%를 더해서 총 3% 적립, 그 이상은 총 2% 적립)

그럼 이제 구매대행에 사용하면 좋은 카드까지 준비를 마쳤으니 타오바오 사이트에 대해서 알아보자.

03

타오바오 사이트를 알아보자

타오바오 사이트를 사용하는 절대적인 이유
타오바오 가입하기
타오바오 로그인하기
타오바오 수취인 주소 넣기
타오바오 판매 상품 찾기
타오바오 상품 구매하기
타오바오 환불/반품/교환 신청하기
구매한 물건 배송 상황 확인하기
타오바오 판매자와 대화하는 방법

중국에서 가장 큰 소매 온라인 쇼핑몰은 단연 타오바오 사이트다.

그림 3-1 타오바오 접속 화면

타오바오 사이트는 해마다 상상하기 어려울 정도로 매출이 커지고 있다. 중국의 유명한 마윈 회장이 알리바바 그룹을 만들었고 타오바오 사이트를 만든 주인공이다. 중국 쇼핑몰에 관심이 없는 사람이라도 '광군제'라고 하는 미국의 블랙 프라이데이(BLACK FRIDAY)와 비슷한 행사를 들어봤을 것이다. 바로 '광군제'라는 행사를 진행하는 곳이 타오바오 사이트이고, 광군제 행사를 통해 타오바오는 매년 최고 매출을 갱신하고 있다.

이번 장에서는 타오바오 사이트가 어떤 사이트인지 알아보고, 해당 사이트를 어떻게 사용하는지 알아보자.

타오바오 사이트를 사용하는 절대적인 이유

타오바오 사이트를 사용하는 이유는 여러 가지로 생각해볼 수 있지만, 가장 큰 이유는 다양한 상품, 편리한 사용성 이렇게 2가지를 꼽을 수 있을 것이다.

첫째, 다양한 상품. 중국에서도 가장 큰 쇼핑몰이기에 그만큼 많은 상품이 있다고 볼 수 있다. 우리나라에서는 네이버에서 운영하는 네이버쇼핑에 가장 많은 상품이 올라와 있듯이, 중국에는 단연 타오바오 사이트에 가장 많은 상품이 있다. 상품이 많다는 것은 판매하기 위해 올려놓을 상품도 많다는 것을 뜻한다. 그런 의미에서 중국 구매대행을 생각한다면 타오바오 사이트는 선택이 아니라 필수다.

둘째, 편리한 사용성. 우리가 사용하게 될 서비스 중에서 알리바바 그룹에 속해 있는 서비스를 보면 타오바오, 티몰, 알리바바닷컴, 알리페이 이렇게 4가지 정도다. 이 모든 사이트가 한 번에 하나의 아이디로 연동되어 운영된다.

타오바오 사이트에서 결제할 때 알리페이 연동으로 결제를 한다. 티몰 사이트도 마찬가지다. 그리고 도매로 저렴하게 물건을 대량 구매하기 위해서 알리바바 사이트를 이용한다. 그런데 이 4곳이 모두 알리바바 그룹에서 운영하는 서비스라서 타오바오 한곳에서 가입하면 모두 연동해서 사용할 수 있어 편리하다.

타오바오 가입하기

타오바오 사이트는 위에서도 언급한 것처럼 한 곳만 가입하면 티몰, 알리바바닷컴, 알리페이 사이트까지 연동되기 때문에 한 번의 가입으로 모든 서비스를 모두 이용할 수 있다.

기존에는 주로 PC에서 타오바오 사이트에 접속해 타오바오 사이트에 가입했지만, 타오바오 정책이 바뀌면서 PC에서 가입하는 방식은 계정이 동결(접속제한)되는 문제가 발생하였다. 그래서 모바일을 이용한 가입을 권장한다.

먼저 모바일에서 타오바오 앱(애플리케이션)을 내려받아 설치하자. 안드로이드에서는 Play 스토어, iOS에서는 앱 스토어(App Store)에서 'taobao'로 검색한 다음 설치한다.

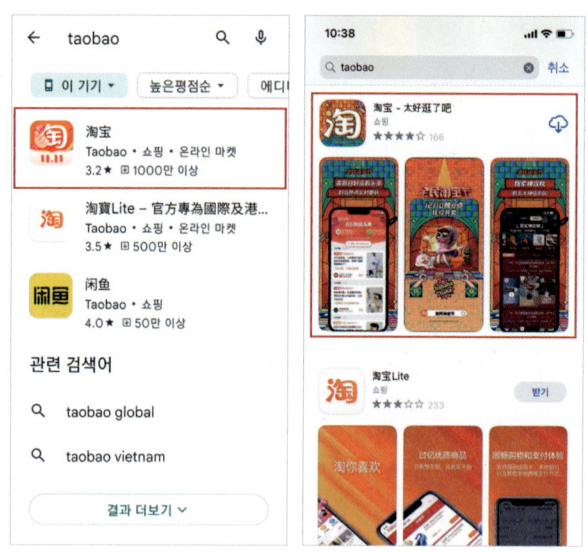

그림 3-2 타오바오 앱 내려받기(왼쪽: 안드로이드 Play 스토어, 오른쪽: iOS 앱 스토어)

타오바오 앱의 메인 화면이다. 사이트의 모든 곳이 중국어로 되어 있다. 하지만 당황하지 말자. 우리에게는 번역 기능도 있고, 글씨가 아닌 그림과 위치로 기억해도 된다.

그림 3-3 타오바오 앱의 메인 화면

Step1. 타오바오 로그인 버튼 누르기

타오바오 화면 아래에 있는 로그인 버튼을 누른다. 로그인 버튼은 때에 따라 등록/로그인(注册/登录)이라는 문구로 보이기도 하고, 즉시 로그인(立即登录)이라는 문구로 보이기도 한다.

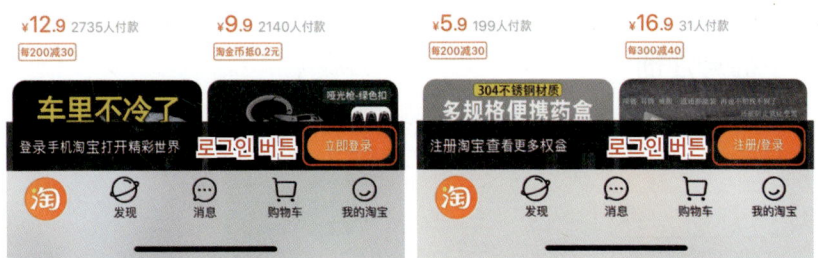

그림 3-4 타오바오 등록/로그인 버튼

Step2. 가입하기 버튼 누르기

타오바오 화면 상단의 가입하기(立即注册, 지금 등록하세요) 버튼을 누른다.

그림 3-5 가입하기 버튼

Step 3. 휴대폰 번호 입력하기

1. 전화번호를 입력하세요(请输入手机号码) 왼쪽에 있는 드롭다운 버튼을 클릭한다.

2. 목록에서 한국(韩国)을 선택한다.

3. 전화번호를 입력하세요(请输入手机号码) 란에 본인의 휴대전화 번호를 입력한다.

4. 지금 등록하세요(立即注册) 버튼을 누른다.

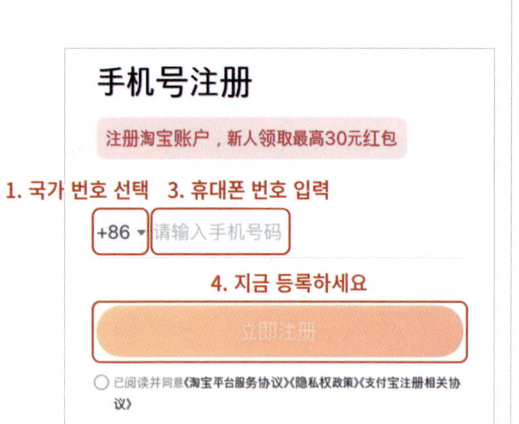

그림 3-6 휴대폰 번호 입력

Step4. 동의하기

아래와 같이 서비스 계약 및 개인 정보 보호에 동의할 것인지 묻는 팝업이 나오면 동의하기(同意) 버튼을 누른다. 경우에 따라 동의하기 팝업창이 나오지 않을 때도 있다.

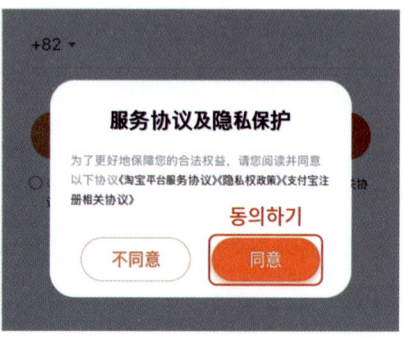

그림 3-7 동의 선택

Step5. 검증하기

다음과 같이 네트워크에서 비정상적인 트래픽이 감지됐다는 문구가 나오면 버튼을 손으로 누른 다음 오른쪽으로 슬라이드 하여 검증한다.

그림 3-8 버튼 슬라이드

Step6. 휴대폰 인증 번호 입력하기

휴대폰 문자 메시지로 수신된 인증번호 4자리를 입력한다.

그림 3-9 인증번호 입력

Step7. 알리페이 계정 연동

휴대폰 인증이 끝나면 나음과 같이 알리페이 계정과 연동할 것인지 묻는 화면이 나온다. 우선 취소(取消) 버튼을 눌러 회원가입을 마친다. 경우에 따라 알리페이 계정 연동 페이지가 나오지 않을 때도 있다.

그림 3-10 취소 선택

Step8. 타오바오 가입 완료

취소 버튼을 누르면 다시 타오바오 메인 화면으로 돌아오는데, 타오바오 아이디가 자동으로 생성되고 회원 가입이 끝난 것이다. 기존에는 아이디와 비밀번호를 설정해 타오바오 사이트에 가입했다면, 새로 바뀐 정책에서는 tb로 시작하는 임의 아이디를 타오바오에서 자동으로 만들어 준다.

이제부터 타오바오 앱이나 홈페이지에 휴대폰 번호 인증을 통해 로그인 할 수 있다.

휴대폰 인증으로 로그인 할 수 있지만, 혹시 아이디와 비밀번호를 설정해서 사용하고 싶다면 다음 단계를 따라 아이디와 비밀번호를 설정하면 된다.

그림 3-11 타오바오 앱 메인 페이지

Step9. 마이 페이지로 이동

타오바오 화면 아래에 있는 아이콘 영역에서 맨 오른쪽에 있는 나의 타오바오(我的淘宝) 버튼을 누른다.

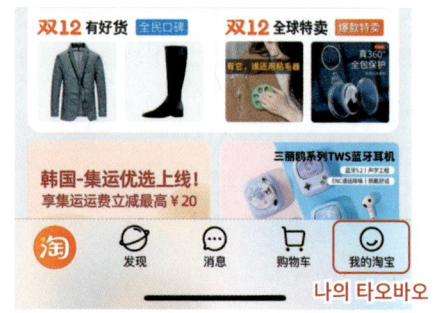

그림 3-12 나의 타오바오를 선택해 마이 페이지로 이동

Step10. 설정 선택하기

화면 오른쪽 상단에 있는 톱니바퀴 모양의 설정 아이콘을 누른다.

그림 3-13 설정 아이콘 선택

Step11. 계정 및 보안 선택하기

회원 정보를 변경하기 위해 계정 및 보안(账号与安全)을 선택한다.

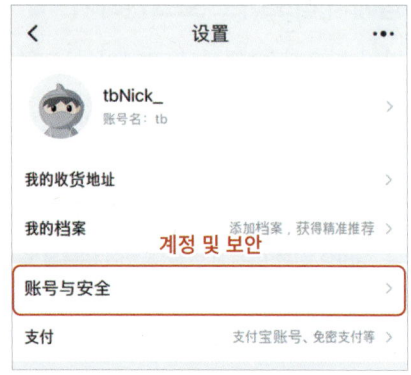

그림 3-14 계정 및 보안 선택

Step 12. 아이디/비밀번호 설정

계정 및 보안(账号与安全)에서는 아이디와 비밀번호를 변경할 수 있다. 타오바오 계정(淘宝账号)에서 아이디를 설정하고, 로그인 비밀번호 설정(设置登录密码)에서 로그인에 사용할 비밀번호를 설정한다.

그림 3-15 아이디와 비밀번호 설정

이제 모바일과 PC에서 휴대폰 인증으로도 로그인 할 수 있고, 방금 설정한 아이디와 비밀번호로도 로그인 할 수 있다.

타오바오 로그인하기

앞서 타오바오에 가입하는 방법을 살펴봤다. 이어서 앱과 PC에서 로그인하는 방법을 살펴보자.

앱에서 타오바오 로그인하기

먼저 타오바오 앱에서 로그인하는 방법을 살펴보자. 앱에서 로그인하는 방법은 회원가입할 때와 마찬가지로 핸드폰 번호를 입력하고, 인증 과정을 거치면 된다.

Step 1. 타오바오 로그인 버튼 누르기

타오바오 화면 아래에 있는 로그인 버튼을 누른다. 로그인 버튼은 때에 따라 등록/로그인(注册/登录)이라는 문구로 보이기도 하고, 즉시 로그인(立即登录)이라는 문구로 보이기도 한다. 또는 타오바오 화면 아래에 있는 아이콘 영역에서 맨 오른쪽에 있는 나의 타오바오(我的淘宝) 버튼을 누른다.

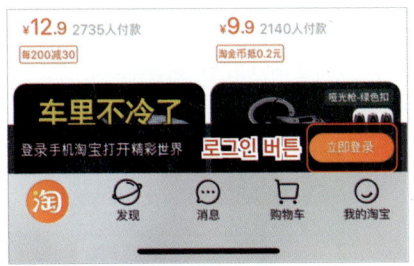

그림 3-16 타오바오 등록/로그인 버튼

Step 2. 휴대폰 번호 입력하기

전화번호/계좌명/이메일을 입력해주세요(请输入手机号码/账号名/邮箱) 란에 휴대폰 번호를 입력한다. 이때 82를 포함하여 입력해야 한다. 만약 휴대폰 번호가 '010-1234-5678'이라면 '8201012345678'을 입력한다. 휴대폰 번호를 입력했으면 확인(确认) 버튼을 누른다.

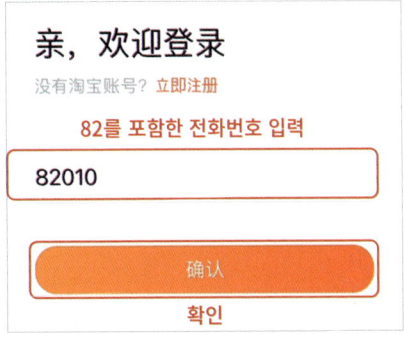

그림 3-17 휴대폰 번호 입력

Step 3. 휴대폰 번호 인증하기

휴대폰 번호 인증 화면이 나오면 확인 코드 받기(账号密码登录) 버튼을 누르고 인증 과정을 거친다. 인증 과정은 앞서 살펴본 타오바오 가입하기의 Step4~Step6과 동일하다.

그림 3-18 휴대폰 번호 인증하기

Step 4. 타오바오 로그인 완료

로그인 과정을 모두 완료하면 다시 타오바오 메인 화면으로 돌아온다.

그림 3-19 타오바오 앱 메인 페이지

웹에서 타오바오 로그인하기

웹에서 타오바오에 로그인하는 방법을 살펴보자. 웹에서 로그인하는 방법 역시 핸드폰 번호를 입력하고, 인증 과정을 거치면 된다.

Step 1. 타오바오 웹 사이트에 접속

먼저 브라우저에서 타오바오 웹 사이트에 접속한다. 타오바오 사이트 주소는 다음과 같다.

- **타오바오 사이트 주소:** https://world.taobao.com/

그림 3-20 타오바오 메인 페이지

Step 2. 타오바오 로그인 버튼 누르기

왼쪽 상단에 있는 로그인(亲,请登录) 버튼을 누른다.

그림 3-21 타오바오 로그인 버튼 선택

Step 3. SMS 로그인 선택하기

타오바오 가입하기에서 아이디와 비밀번호를 설정했다면 비밀번호 로그인(密码登录)에 설정한 ID와 비밀번호를 입력하고 로그인하면 된다. 아이디, 비밀번호를 설정하지 않았다면 SMS 로그인(短信登录) 버튼을 누른다. 이 책에서는 SMS 로그인 방법을 살펴보겠다.

그림 3-22 SMS 로그인 선택

Step 4. 휴대폰 번호 입력하기

1. 전화번호를 입력하세요(请输入手机号) 왼쪽에 있는 드롭다운이 +82로 선택돼 있지 않다면, 목록을 클릭한 다음 +82 한국(+82 韩国)을 선택한다.
2. 전화번호를 입력하세요(请输入手机号) 란에 본인의 휴대전화 번호를 입력한다.
3. 확인 코드 받기(获取验证码) 버튼을 누른다.

그림 3-23 휴대폰 번호 입력

Step 5. 검증하기 및 휴대폰 인증 번호 입력하기

1. 슬라이더(请按住滑块, 拖动到最右边)를 손으로 누른 다음 오른쪽으로 슬라이드 하여 검증한다.
2. 인증 코드를 입력하세요(请输入验证码) 란에 휴대폰 문자 메시지로 수신된 인증번호 4자리를 입력한다.
3. 로그인(登录) 버튼을 누른다

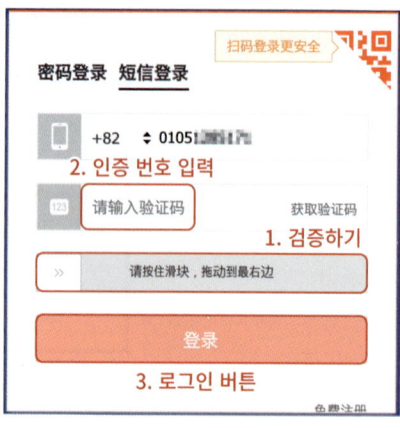

그림 3-24 검증하기 및 휴대폰 인증 번호 입력

Step 6. 타오바오 로그인 완료

로그인 과정을 모두 완료하면 다시 타오바오 메인 화면으로 돌아온다.

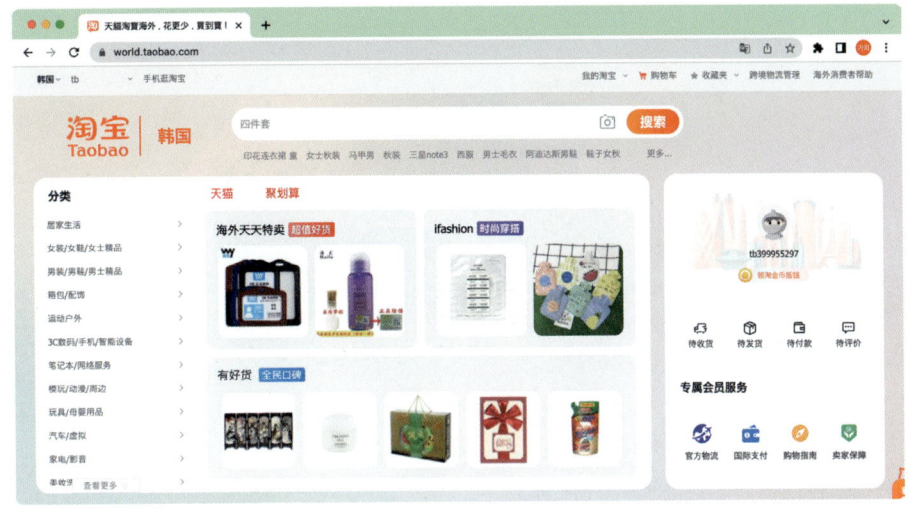

그림 3–25 타오바오 메인 페이지

타오바오 수취인 주소 넣기

온라인 쇼핑몰에서 상품을 구매하려면 결제도 중요하지만, 어디서 받을지 정확하게 수취인 주소를 입력하는 것도 중요하다. 타오바오 사이트에서도 물건을 주문하려면 물건을 받을 주소를 넣어줘야 한다. 당연한 이야기라 생각하겠지만, 주소를 넣어야 하는 부분에서 당황하는 사람이 의외로 많다. '나는 중국에 주소가 없는데, 어떤 걸 넣어야 하나요?'라는 질문을 하는 사람도 많다.

타오바오 사이트에서 물건을 구매하면 구매한 물건이 배송대행지(줄여서 '배대지'로 칭한다)를 통해 한국으로 온다. 그러면 어느 주소를 넣어야 할까? 바로 **배대지 주소**를 넣으면 된다.

배대지 주소를 넣는 기본적인 방법을 알아보자. 배대지 주소를 확인하는 방법은 이 책의 7장(p. 172)에서 다룬다.

01. 타오바오 계정 관리 접속

왼쪽 상단에서 계정명 위에 마우스를 올린 다음 계정 관리(账号管理)를 클릭한다.

그림 3-26 타오바오 계정 관리 화면

02. 주소 입력 탭으로 이동

왼쪽 메뉴에서 배송 주소(收货地址)를 클릭한다.

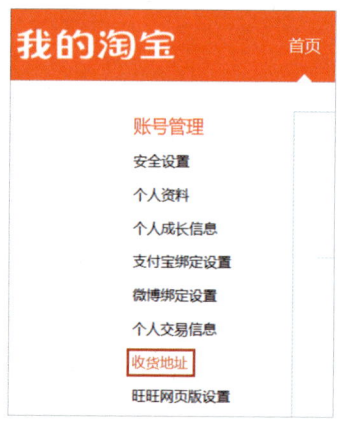

그림 3-27 배송지 주소 변경 메뉴

03. 주소 입력하기

그림 3-13의 설명을 참고하여 각 항목에 내용을 입력하고 주소를 등록한다.

그림 3-28 수취 주소 입력 화면

타오바오 사이트에 넣는 주소는 배대지의 공지사항을 확인해서 넣도록 하자. 그런데 구매대행을 하다 보면 배대지를 한곳만 사용하지도 않지만 하나의 주소만으로는 부족한 이유들이 발생한다. 왜 그런지 알아보자.

주소는 하나만 있으면 안 되나요?

배대지를 이용해서 물건을 받는다고 하면 당연히 해당 배대지의 주소를 타오바오 사이트에 넣어 놓고 계속 주문하면 되는 것 아닌가 하고 생각하겠지만, 보통 배대지를 한곳만 사용하지는 않는다.

그 이유는 7장 배대지 관련 설명에서 자세히 다루겠지만, 간략하게 설명하자면 모든 배대지가 비슷한 서비스를 제공하지만 배대지마다 특징이 존재하기 때문이다.

- A 배대지: 포장 서비스가 좋음
- B 배대지: 검수 서비스가 좋음
- C 배대지: 통관이 빠름

이런 식으로 배대지마다 특징이 다르기 때문에 내가 판매하려는 물건에 따라서, 혹은 여러 가지 이유로 하나의 배대지만 사용하지 않고 여러 배대지를 사용하게 된다. 그러다 보니 자연스럽게 하나의 주소만으로 구매를 진행하지 않는 경우가 많다.

여러 개의 주소가 필요한 특별한 이유

여러 군데의 배대지를 사용해서 여러 개의 주소가 필요한 경우도 있지만, 조금 다른 이유로 여러 개의 주소를 필요로 하기도 한다. 어떤 이유로 여러 개의 주소가 필요한지 알아보자.

A, B 두 가지 주문 상황을 예로 들어 알아보자.

- A: 한 사람이 3개의 동일 물건을 주문한 경우
- B: 3명이 동일 물건을 1개씩 주문한 경우

결국 동일한 물건을 3개 주문한 것이기 때문에 얼핏 보면 2가지 상황이 동일하게 보일 수 있다. 하지만 이 부분은 구매와 배송에 큰 차이가 있다. 그런데 이걸 인지하지 못하고 한 번에 3개를 구매해서 배대지로 보냈다고 가정해보자.

- A: 배송된 물건을 배송한다.
- B: 배송된 물건을 꺼내서 3상자에 나눠 담은 후 각각 배송한다.

이때 A의 경우 아무런 문제가 없지만, B의 경우 배대지에서 물건을 3개로 포장하는 과정이 발생하는데, 그럴 경우 배대지에서 추가로 나눔 배송을 신청해야 하고 그에 따른 서비스 비용과 포장 비용이 발생한다.

이 비용은 생각지 못한 비용으로 마진에서 마이너스가 되는 부분이다. 이 문제를 해결하기 위해 3곳의 배대지로 상품을 각각 하나씩 구매해서 보낼 수 있다. 이렇게 하면 자연스럽게 3곳의 배대지에서 각각 작성된 신청서대로 발송된다.

이렇게 배대지의 특성 때문이 아닌 주문 상황에 따라서도 여러 곳의 배대지를 활용해서 배송해야 하는 경우가 발생하기 때문에 여러 곳의 주소를 가지고 있어야 한다.

타오바오 판매 상품 찾기

상품을 소싱하는 방법을 딱 하나로 정리할 수는 없다. 여러 가지 다양한 방법으로 상품을 찾고 등록하게 되는데, 이번 장에서는 타오바오 사이트에서 상품을 찾는 방법에 대해 알아보자.

상품명으로 상품 찾기

타오바오에서 상품을 검색하기 위해서는 기본적으로 중국어로 검색해야 한다. 그런데 중국어를 모른다면 번역기나 네이버 사전을 이용해서 검색하면 된다.

번역기를 사용한 방법

우리가 흔히 알고 있는 파파고 번역기와 구글 번역기 등을 사용한 방법이다. 사이트에 접속해서 찾고자 하는 단어를 입력하고 변환해서 사용하면 된다. 번역기를 사용하는 자세한 방법은 이 책의 P. 80에서 다룬다.

- **파파고 번역기**: https://papago.naver.com/
- **구글 번역기**: https://translate.google.com/

네이버 사전을 이용한 방법

Step 1. 네이버 메인 메뉴의 사전 서비스를 클릭한다. 또는 다음 주소를 입력해 들어가도 된다.

- **네이버 사전**: https://dict.naver.com/

그림 3-29 네이버 메뉴 화면

Step 2. 중국어를 선택한다.

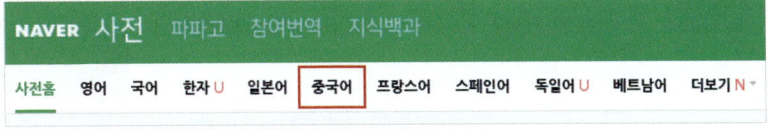

그림 3-30 네이버 사전 화면

Step 3. 찾고자 하는 단어를 입력한다.

그림 3-31 중국어 사전 사용법

Step 4. 검색 결과의 중국어 단어를 타오바오 사이트에 입력한 후 검색한다.

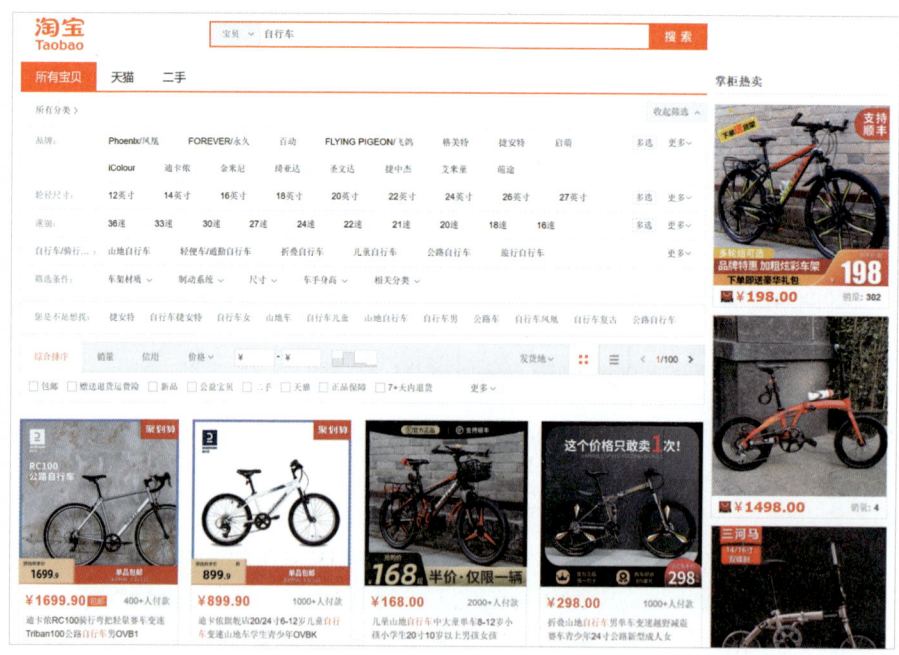

그림 3-32 타오바오에서 자전거를 검색한 결과

타오바오 어플을 이용한 상품 찾기

타오바오 어플을 활용하여 실제 물건이나 화면 속 이미지를 촬영해서 동일한 상품을 찾는 방법도 있다. 휴대폰을 사용하므로 언제든 손쉽게 촬영해서 상품을 찾아볼 수 있다는 장점이 있다.

Step 1. 타오바오 어플을 실행하고 검색 버튼 옆 카메라 모양 버튼을 클릭한다.

그림 3-33 타오바오 어플 화면

Step 2. 검색하고자 하는 상품을 촬영한다.

그림 3-34 검색 대상 사진 촬영

Step 3. 상품 검색이 완료되면 동일한 상품을 확인한다.

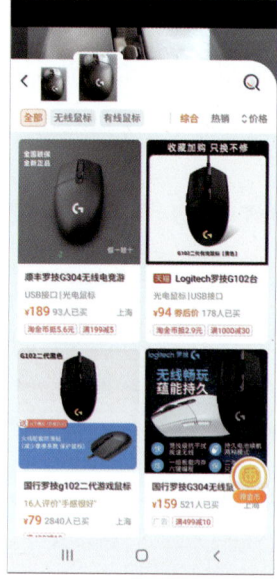

그림 3-35 상품 검색 완료

이렇게 2가지 방법으로 판매하고자 하는 대부분의 상품을 찾아볼 수 있다.

타오바오 상품 구매하기

앞에서도 언급했지만, 타오바오에서 상품을 구매하기 위해서는 신용카드를 사용해야 한다. Master, Visa 카드를 활용해서 구매하게 된다.

타오바오 사이트가 아닌 1688 도매 사이트를 통해서도 상품을 구매할 수 있는데, 이때는 알리페이라는 시스템을 활용해야 한다. 그런데 중국에서 발행된 통장이 없기 때문에 알리페이를 활용해서 상품을 구매할 수 없다. 이때는 구매대행 시스템을 활용해서 상품을 구매할 수 있다.

이번 절에서는 신용카드와 구매대행을 활용한 상품 구매 방법에 대해서 알아보자.

신용카드로 구매하기

타오바오 사이트에 가입하면 자동으로 알리페이 사이트에도 가입된 것으로 생각하면 된다. 하지만 위에서 언급한 것처럼 중국 통장이 없을 경우 알리페이 시스템을 활용하는 것이 어렵다. 그래서 신용카드를 등록해서 상품을 구매하는 것이다.

상품을 구매하는 방법은 다음과 같다.

01. 구매할 상품 상세 페이지에 접속한 후 옵션 선택

화면에서 먼저 상품 옵션을 고른 뒤 지금 구매하기(立即购买) 버튼을 클릭하거나 장바구니에 추가(加入购物车) 버튼을 클릭한다

그림 3-36 타오바오 상품 화면

02. 배대지 주소 확인 후 구매 버튼 클릭

배대지 주소가 여러 곳이라면 원하는 배대지 주소를 선택한 후 주문 제출(提交订单) 버튼을 클릭한다.

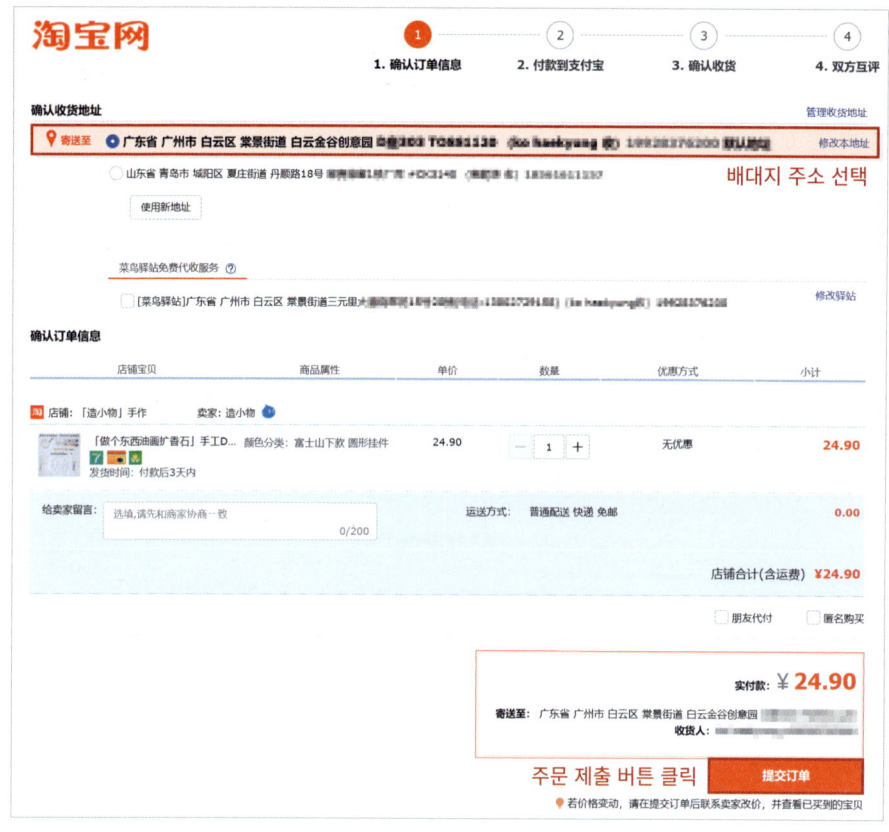

그림 3-37 상품 구매하기

03. 알리페이 비밀번호 설정

결제 비밀번호(支付密码)와 다시 입력(再输入一次)란에 앞으로 결제 시 사용할 비밀번호로 6자리 숫자를 입력한다. 동일한 비밀번호를 2번 입력한다.

그림 3-38 알리페이 비밀번호 설정

04. 카드번호 입력

카드 번호를 입력한 후 CONTINUE 버튼을 클릭한다.

그림 3-39 카드번호 입력

05. 카드 정보 입력

모든 내용을 영문으로 입력한 후 제일 하단의 결제 확인 버튼을 클릭한다.

이 순서대로 진행하면 결제가 완료된다.

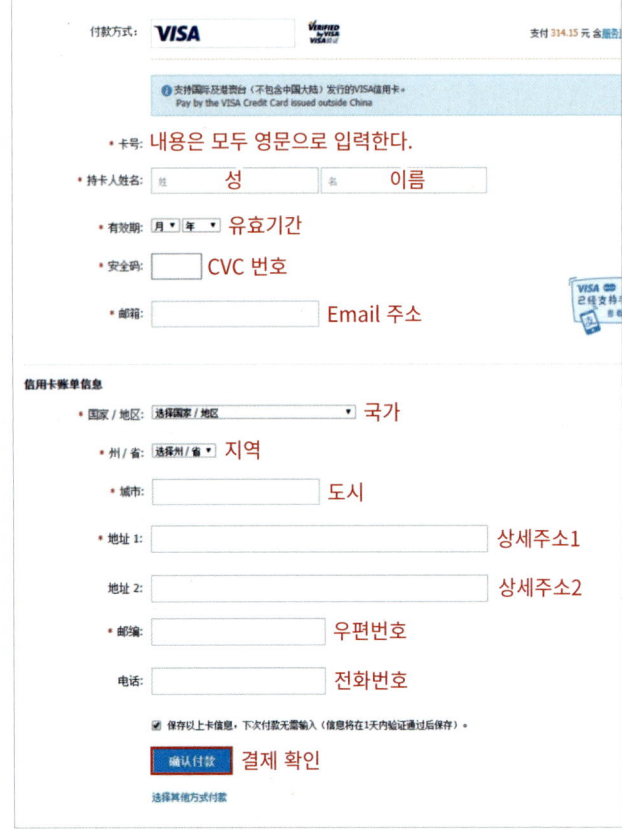

그림 3-40 카드 정보 입력

구매대행을 활용하여 구매하기

구매대행을 활용하여 구매한다는 말이 언뜻 이해가 안 되겠지만, 상품을 찾아서 구매하다 보면 타오바오 사이트만이 아니라 다른 사이트에서 결제해야 하는 경우가 발생하는데, 이 때 카드 결제를 지원하지 않는 사이트도 있다.

이럴 때는 알리페이나 송금 등 다른 방법으로 상품 대금을 지불해야 하는데, 이런 결제수단이 없을 경우 구매대행을 이용해서 상품의 대금을 결제해야 한다. 구매대행은 대부분의 배대지(배송대행지)에서 지원하는 서비스다.

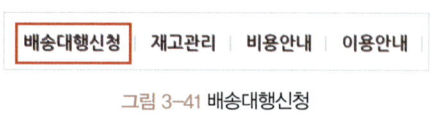

그림 3-41 배송대행신청

배대지 중에서 많은 곳이 배송대행 서비스를 지원한다. 이럴 경우 배대지 사이트에서 구매를 대신 신청해서 상품을 구매하고 배송하는 것도 가능하다.

타오바오 환불/반품/교환 신청하기

환불/반품을 진행하는 이유는 1. 상품 오배송/파손, 2. 단순 변심에 의한 반품의 2가지인데, 각 상황에서 환불/반품을 신청하는 방법이 다르다.

또한 상품의 현재 위치에 따라(중국에 있을 경우와 한국으로 이미 출발한 경우) 처리 방법이 다르기 때문에 이럴 때도 어떻게 해야 하는지 알아보자.

타오바오에서 환불/반품/교환 신청은 같은 페이지에서 이루어지기에 한 번에 설명하겠다. 화면을 보면서 따라 해보자.

01. 마이페이지 접속

상단 메뉴에서 나의 타오바오(我的淘宝) 버튼을 눌러서 마이페이지에 접속한다.

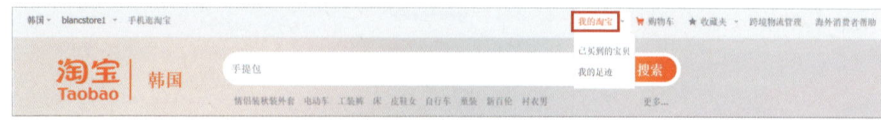

그림 3-42 마이페이지 접속

02. 환불/반품/교환하고자 하는 상품이 있는 탭으로 이동

그림 3-43 마이페이지 화면

마이페이지에 접속하면 총 5가지 항목이 보인다.

1. **결제 대기**(待付款): 주문을 하고 결제를 하지 않은 상태
2. **결제 완료**(待发货): 주문을 하고 결제를 마친 상태
3. **배송 중**(待收货): 판매자가 상품을 보낸 상태
4. **배송 완료**(待收货): 상품이 배대지에 도착한 상태
5. **환불**(退款): 환불 진행 상황

03. 환불할 상품 선택

원하는 탭으로 이동했다면 환불을 진행해야 하는 상품에서 에프터 서비스 신청(申请售后) 버튼을 클릭한다.

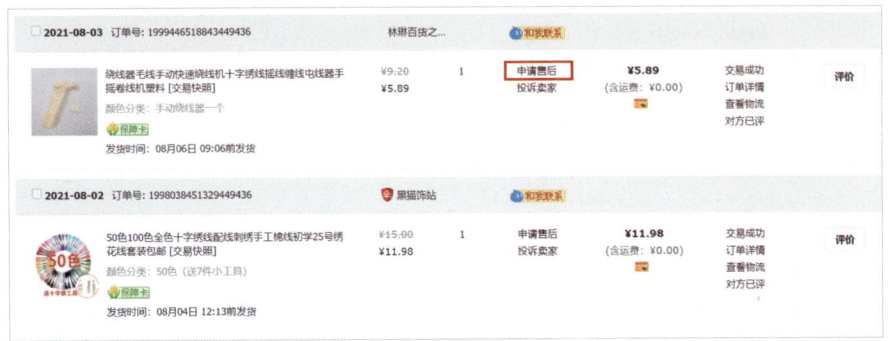

그림 3-44 상품 주문 목록

04. 원하는 환불/반품/교환 방법 선택

판매자가 상품을 보내지 않았다면 ① 배송되기 전 환불 신청(我要退款(无需退货))을 선택하고, 이미 발송했다면 ② 배송 후 환불 신청(我要退货退款)을 선택한다.

그림 3-45 환불 종류 선택

05. 환불/반품/교환 신청하기

여기서 환불/반품/교환 중에서 선택해서 처리할 수 있다. 각각의 방법에 대해서 알아보자.

- 배송되기 전 환불신청은 그림 3-45의 ①번 항목(我要退款(无需退货)) 클릭

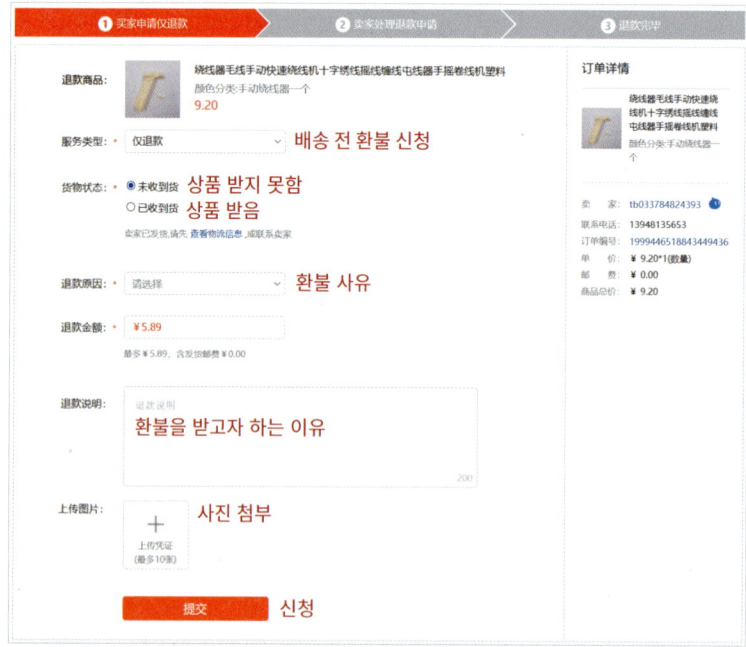

그림 3-46 상품 배송 전 환불 신청 화면

- 배송된 후 환불신청은 그림 3-45의 ②번 항목(我要退货退款) 클릭

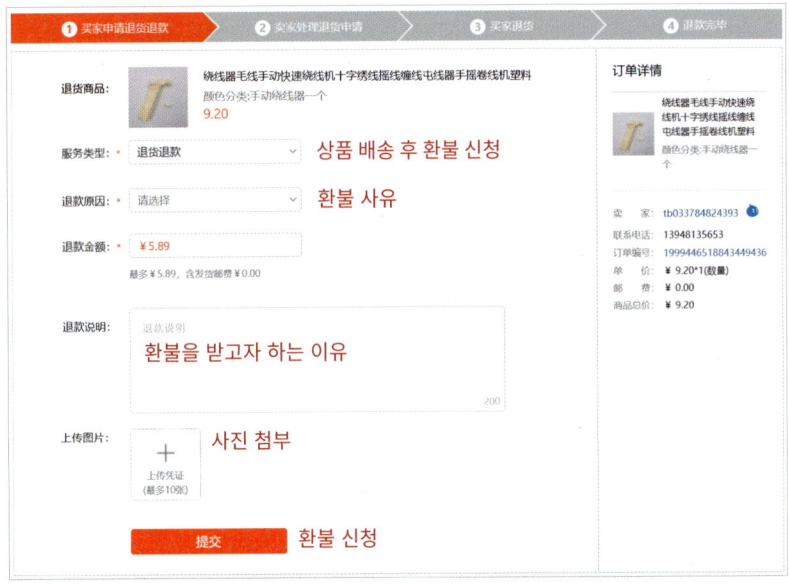

그림 3-47 상품 배송 후 환불 신청 화면

- 상품 교환신청은 그림 3-45의 ③번 항목(换货) 클릭

그림 3-48 교환 신청 화면

위 3가지 방법으로 환불/반품/교환을 신청할 수 있다.

구매한 물건 배송 상황 확인하기

타오바오에서 물건을 구매한 후 상품이 정상적으로 발송되었는지를 아는 것은 중요하다. 발송되었다면 해당 내용을 배대지에도 알려줘야 하기 때문이다.

주문/배송 상황 확인하기

상품의 주문 상태를 확인하기 위해서는 마이페이지에 접속한 후 다음 이미지와 같이 배송 상황을 체크하면 된다. 두 번째 주문 완료(待发货) 탭에 숫자가 표기되어 있다면 주문이 정상적으로 이루어진 것이다.

그림 3-49 마이페이지 화면

결제를 완료한 후 판매자가 상품을 발송하지 않았다면 주문 완료(待发货) 탭에 상품이 있을 것이다. 주문 완료 탭을 눌러보자.

그림 3-50 타오바오 주문 완료(待发货) 화면

주문 완료 탭을 누르면 이처럼 주문한 상품을 확인할 수 있다. 이곳에 상품이 있다는 것은 아직 상품을 발송하지 않았다는 뜻이다. 판매자가 상품을 발송했다면 다음 이미지와 같이 '배송 중(待收货)' 상태로 상품이 넘어갔을 것이다.

판매자가 상품을 발송해서 다음 이미지와 같이 배송 중 탭으로 이동했다면 해당 탭을 눌러 보자.

그림 3-51 타오바오 '배송 중(待收货)' 화면

위 이미지처럼 배송 중 탭으로 이동하면 주문 완료 탭에서 보지 못했던 붉은색 글씨가 보인다. 물류보기(查看物流)는 상품의 이동 상황을 보여주는 것이다. 이곳에 마우스를 올리면 다음과 같은 안내가 나온다.

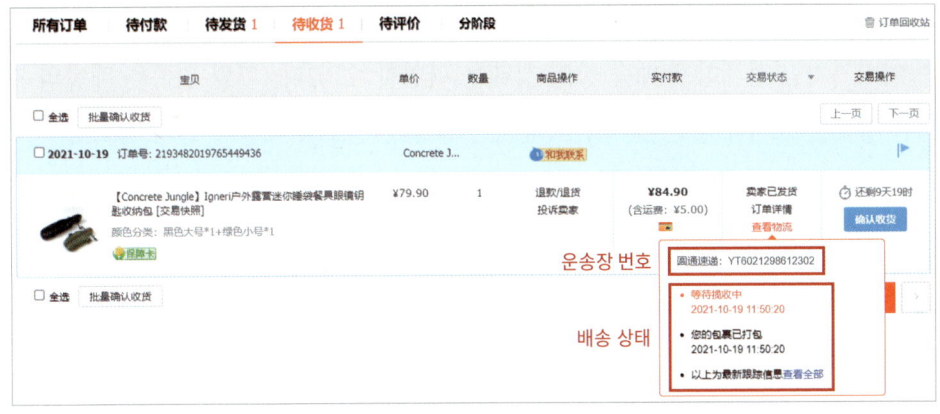

그림 3-52 배송 중 상태 확인 – 간략한 정보 보기

보다시피 중국 내 운송장 번호와 배송 상태가 간략하게 팝업으로 표시된다. 더 자세한 정보를 확인하고 싶다면 클릭해서 확인할 수 있다.

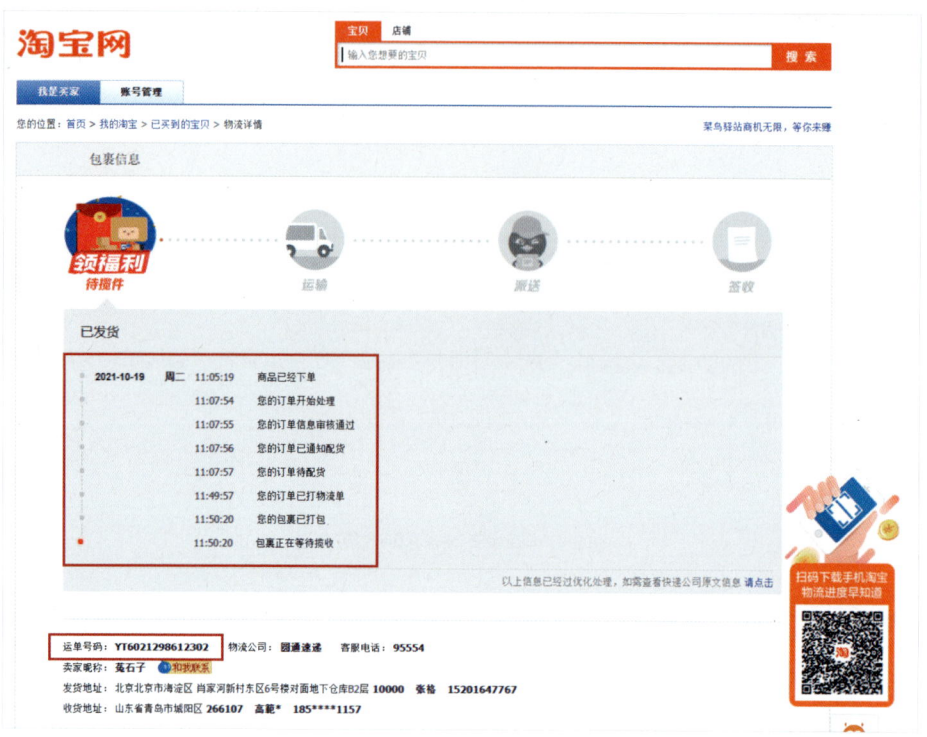

그림 3-53 배송 중 상태 확인 – 상세 정보 보기

위 이미지처럼 자세하게 배송 중인 상태를 확인할 수 있다. 그림 위쪽은 배송의 자세한 경로를 표시해 놓은 것이고 아래쪽은 운송장 번호와 배송지 등의 정보다.

트래킹넘버를 활용한 주문 상품 추적하기

판매자가 상품을 발송했다면 타오바오에서 기본적인 배송정보를 확인할 수 있지만, 더 정확하게 확인할 수 있는 방법이 있다.

우리나라에서도 송장번호를 알고 있으면 물건이 어떤 택배로 발송되었고 어떤 경로를 통해 배송되는지 알 수 있는 것처럼 중국에도 이런 사이트가 있다.

- https://www.kuaidi100.com

이 사이트에 접속하면 다음과 같은 화면이 나온다.

그림 3-54 kuaidi100 사이트 화면

위 화면에서 입력창에 타오바오에 올라와 있는 운송장 번호를 넣고 검색 버튼을 누른다.

그림 3-55 상품 이동 상황 화면

그러면 그림처럼 상품이 출발한 지역부터 이동 날짜와 경로까지 자세하게 확인할 수 있다.

배송이 완료되면 꼭 해야 하는 한 가지

우리가 소비자로서 네이버에서 상품을 구매했다고 가정해보자. 배송된 물건을 받은 후 [구매 확정]을 요청하는 톡톡 메시지를 받아본 적이 있을 것이다. 물론 구매 확정을 하면서 상품 후기를 남기면 포인트를 얻을 수 있다는 장점이 있기는 하지만, 소비자 입장에서는 구매 확정을 하거나 말거나 크게 다를 것이 없다.

하지만 판매자의 경우 구매자가 구매 확정을 하지 않으면 정산금을 받을 수 없다. 구매자가 잘 받았고 문제가 없다는 확인을 해주는 것이 구매 확정이다. 기본적으로 구매 확정을 해야 물품 대금을 받을 수 있는 것이다. 상품을 받아보고 문제가 있어서 교환 받거나 환불하는 등의 상황이 발생할 수 있다는 가정하에 소비자 보호를 위해서 네이버가 결제 대금을 가지고 있다가 소비자가 물건에 이상이 없음을 확인해주면 판매자에게 돈을 주는 안전 장치다. 이 형태는 타오바오 사이트도 마찬가지다. 그래서 우리가 상품을 주문해서 받으면 타오바오 판매자가 구매 확정을 해줄 것을 요구하는 메시지를 보내기도 한다.

구매자 입장에서 많은 상품을 구매하고 구매 확정을 해주지 않으면 신뢰도 측면에서 좋지 않다. 판매자가 해당 소비자가 상품을 더 구매할 수 없게 결제를 막는 경우도 발생한다. 그러니 상품을 확인해서 이상이 없다면 꼭 구매 확정을 해주자. 구매 확정 방법은 다음과 같다.

그림 3-56 물품 수령 확인

상품이 도착하면 그림 3-49의 배송 완료(待评价) 탭을 클릭한다. 도착한 상품 목록의 오른쪽 끝에 상품 수령 확인(确认收货) 버튼이 있다. 네이버에서 쓰는 구매 확정이라는 말과 동일한 뜻이다. 이 버튼을 누르자.

그림 3-57 구매 확정 처리하기

물품이 배대지에 잘 도착했고 상품에 문제가 없다면, 화면 아래쪽의 알리페이 비밀번호 6자리를 입력하고 노란색 확인 버튼을 누른다. 이렇게 하면 상품의 구매 확정 처리가 완료된다.

타오바오 판매자와 대화하는 방법

타오바오에서 물건을 구매하다 보면 판매자와 여러 가지 소통을 해야 하는 상황이 발생한다. 제품을 실제로 가지고 있는지를 물어볼 수도 있고, 언제쯤 발송해줄 수 있는지를 물어볼 수도 있다. 이처럼 여러 가지 상황이 있는데, 이때 사용하는 메신저 프로그램이 바로 알리왕왕(阿里旺旺)이다.

그럼 알리왕왕 프로그램을 설치하고 사용하는 방법을 알아보자.

알리왕왕 설치하기

01. 알리왕왕 사이트에 접속한다.

네이버에서 알리왕왕 키워드로 검색하여 접속하거나 다음 주소를 입력해 접속한다.

- 알리왕왕 주소: https://wangwang.taobao.com/

그림 3-58 알리왕왕 사이트 메인 화면

그림의 화면에서 왼편에 있는 것이 알리왕왕 프로그램의 구매자 버전을 설치할 수 있는 페이지다. 이 페이지에 접속하자.

02. 본인이 사용하는 OS에 맞게 프로그램을 선택한다.

자신이 사용하는 OS를 선택하고 클릭하면 자동으로 알리왕왕 프로그램을 다운로드한다.

그림 3-59 알리왕왕 OS 선택 화면

03. 설치 프로그램을 실행한다.

다운로드 폴더에서 알리왕왕 설치 프로그램을 찾아서 실행하자.

그림 3-60 알리왕왕 설치 프로그램

04. 프로그램 설치를 진행한다.

화면 중앙의 빠른 설치(快速安裝) 버튼을 클릭해서 설치한다.

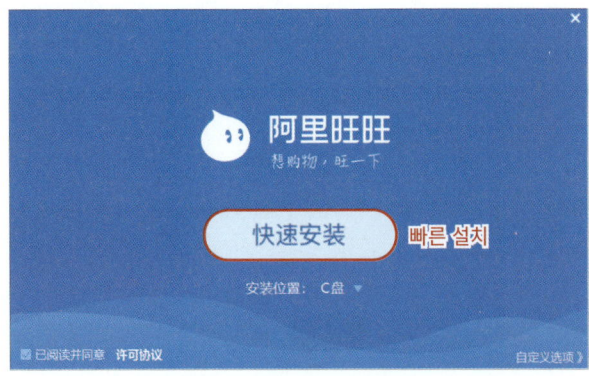

그림 3-61 알리왕왕 설치 화면

설치가 완료되면 타오바오 ID와 비밀번호를 입력하고 알리왕왕 프로그램에 로그인한다.

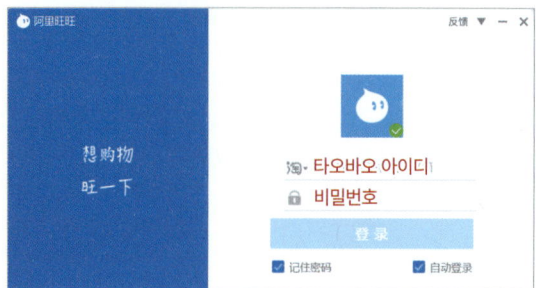

그림 3-62 알리왕왕 로그인 화면

알리왕왕 프로그램도 알리바바 그룹에 속한 메신저라서 타오바오 회원가입 ID와 비밀번호로 접속할 수 있다.

대화할 때 이용하는 번역기 2종

중국 판매자와 대화하기 위해서 알리왕왕 프로그램을 설치했다고 하자. 그럼 판매자와 대화를 해야 하는데, 대부분은 중국어를 할 줄 모를 것이다. 그래서 2가지 프로그램을 사용하여 중국 판매자와 대화를 해야 한다. 바로 파파고 번역기와 구글 번역기가 그것이다. 이 2가지 번역기를 사용하여 중국 판매자와 대화를 시도한다.

파파고 번역기, 구글 번역기 모두 기본 사용 방법은 같다. 변환하고자 하는 글씨를 입력하고 번역할 언어를 선택해주면 자동으로 번역해준다. 이때, 중국어는 번체와 간체 중에서 중국어(간체)를 선택한다.

각각의 번역기 사용법에 대해 알아보자.

01. 파파고 번역기 (https://papago.naver.com)

그림처럼 왼쪽 입력창에 번역하고자 하는 글을 입력하면 자동으로 한국어로 번역해준다.

그림 3-63 파파고 번역기 사용 화면

02. 구글 번역기 (https://translate.google.com)

구글 번역기도 파파고 번역기와 마찬가지로 왼쪽 입력창에 번역하고자 하는 글을 입력하면 자동으로 한국어로 번역해준다.

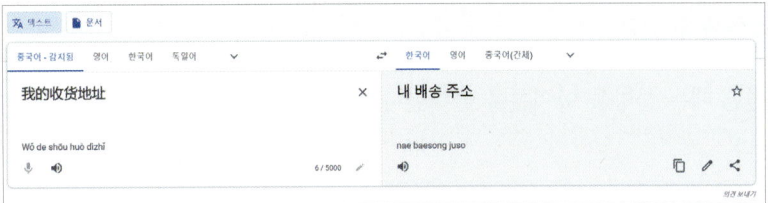

그림 3-64 구글 번역기 사용 화면

판매자와 대화 가능 여부 알아보기

타오바오에서 판매자와 대화하기 위해서는 먼저 어떻게 하면 대화를 진행할 수 있는지 알아야 한다.

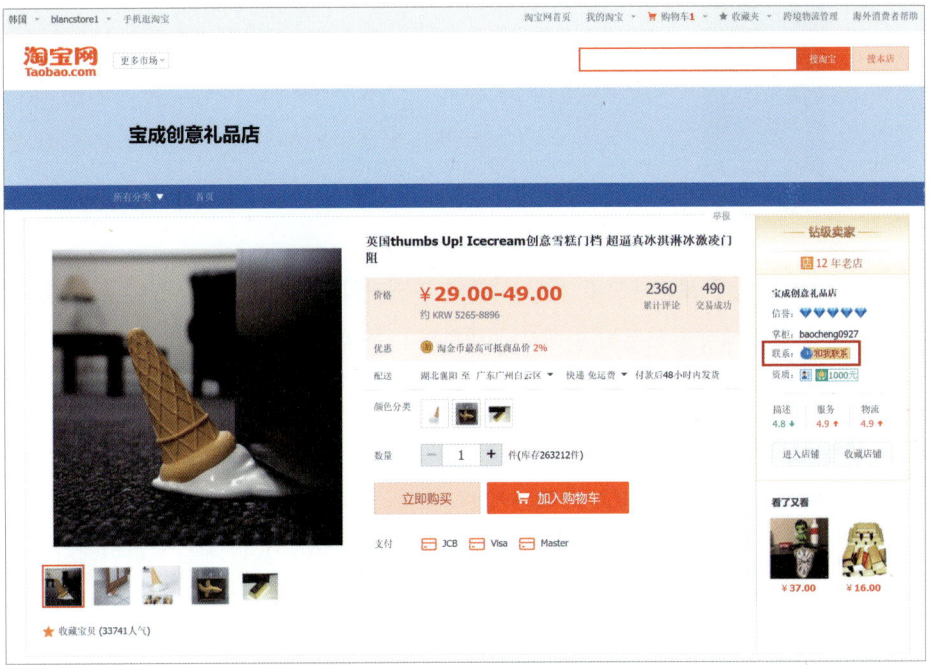

그림 3-65 판매자와 대화 가능 여부 알아보기

그림 3-65는 타오바오 상품 페이지에 접속한 화면이다. 그림 오른쪽의 빨간색 표시 부분을 보면 파란색 물방울 모양이 보인다. 이 물방울 아이콘이 파란색이면 알리왕왕 프로그램을 실행한 상태라서 대화가 가능하고, 회색이라면 프로그램을 실행하지 않은 상태라서 대화가 가능하지 않을 수 있다.

대화를 원할 때는 물방울 아이콘을 클릭한다. 그러면 판매자와 바로 대화할 수 있는 창이 활성화된다.

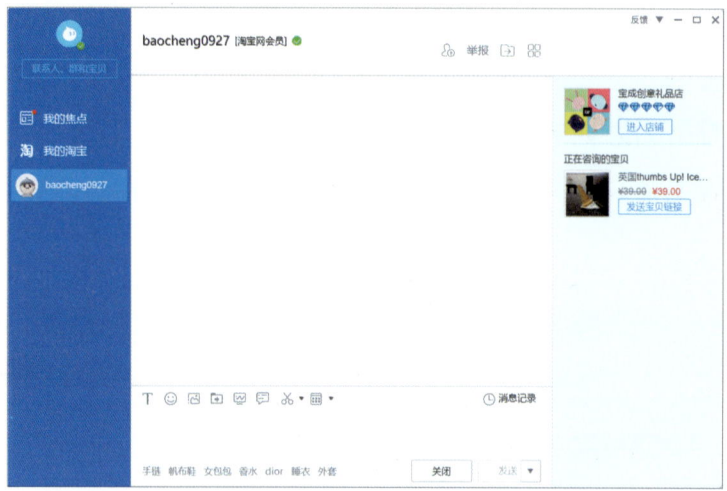

그림 3-66 알리왕왕 대화창

이와 같이 알리왕왕 프로그램으로 해당 상품의 판매자와 채팅이 가능한 창이 활성화되었다. 이곳에서 일반 채팅을 하듯이 판매자와 대화를 나눌 수 있다.

물건 가격 흥정하고 구매하기

중국에서 물건을 구매하려면 무조건 흥정해야 한다는 말을 들어봤을 것이다. 이건 중국 오프라인 시장에서나 가능한 것이 아닌가 하고 생각하기 쉽지만, 놀랍게도 온라인에서도 통용되는 말이다. 특히 타오바오에서 물건을 구매하는 사람들이라면 무조건 알고 있어야 하는 내용이다.

그렇다면 가격을 흥정하기 위해 어떻게 해야 할까?

가격을 흥정하기 위해서는 먼저 준비 단계가 필요하다. 구매하지도 않을 사람에게 물건값을 흥정해주는 판매자는 없을 것이다. 그 말은 내가 물건을 구매할 것처럼 보여야 흥정해준다는 말이다.

여기서 필요한 방법이 바로 주문 상태를 결제 대기(待付款) 상태로 만드는 것이다. '결제 대기'라는 말을 어디에서 들어봤을 것이다. 바로 마이페이지에서 확인했던 내용이다.

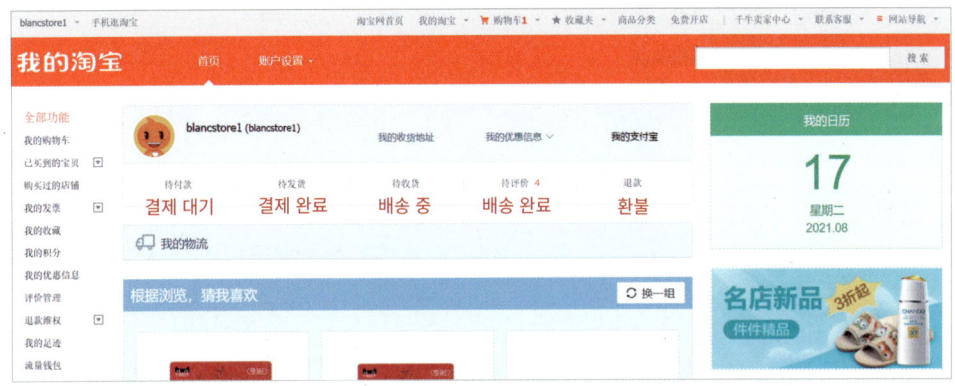

그림 3-67 마이페이지 화면

위 이미지에서 보다시피 첫 번째 항목에 결제 대기(待付款)가 있다. 앞서 설명한 대로 물건을 구매하고 결제만 하지 않은 상태다. 우리나라에서는 대부분 무통장 입금의 형태로 상품을 구매했을 때 물건 값 입금을 진행하지 않으면 결제 대기 상태로 표시된다.

이렇게 결제 대기 상태로 상품을 옮겨야 한다. 결제 대기 상태로 옮기는 방법은 다음과 같다.

01. 구매 버튼 클릭

상품의 배송지 주소를 확인하고 가격을 확인한 후에 주문 제출(提交订单) 버튼을 클릭한다.

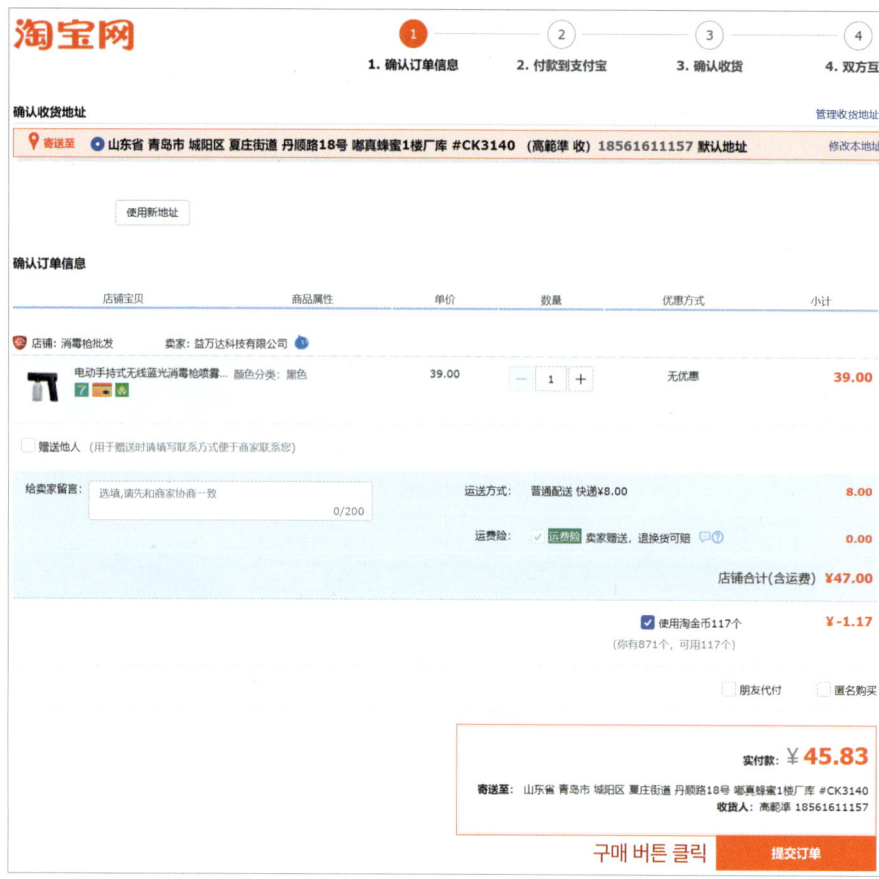

그림 3-68 상품 구매하기

02. 카드 결제 화면으로 이동

이렇게 카드 정보를 입력하는 창이 나오면 창을 닫고 마이페이지로 이동해보자.

그림 3-69 카드 정보 입력창

03. 마이페이지에서 결제 대기 항목 확인

위처럼 결제 대기 상품이 1개 생긴 것을 확인할 수 있다. 그림의 결제 대기 중(待付款) 탭을 눌러보자.

그림 3-70 마이페이지 화면

04. 결제 대기 중 상품의 가격 확인

결제 대기 상품을 보면 판매 가격이 나와 있다. 화면에서 보면 45.83위안으로 확인된다.

그림 3-71 결제 대기 중 상품

05. 판매자와 흥정하는 대화하기

알리왕왕 프로그램을 사용하여 판매자와 가격 흥정을 진행한다. 번역기를 이용하여 간단히 인사말을 건네고, 해외 판매자인 것을 말한 뒤에 상품을 구매하려고 하는데 가격을 조정해 달라는 대화를 시도한다.

판매자에 따라서 바로 가격을 할인해주는 경우도 있지만, 그렇지 않은 경우도 있다. 그래서 모든 제품을 다 할인해서 구매할 수는 없고, 할인해주는 상품만 할인된 가격으로 구매가 가능하다.

이때 할인에 응한 판매자는 상품의 가격을 수정해준다. 판매자가 상품의 가격을 수정해주면 다음과 같이 화면에 상품의 가격이 변경되어 표시될 것이다.

그림 3-72 가격이 변동된 결제 대기 중 상품

위처럼 45.83위안에서 43위안으로 변경된 가격을 확인할 수 있다. 이제 43위안으로 상품을 구매할 수 있다.

이번 장에서는 타오바오 사이트에 가입하고, 상품을 찾고, 구매하고, 판매자와 대화하는 것까지 알아보았다. 다음 장에서는 스마트스토어를 운영하는 방법을 알아보자.

04

스마트스토어 운영하기

스마트스토어 기본 세팅하기
고객과의 약속, 공지사항
노출이 잘 되는 상품 등록 비법
배송 처리 프로세스
반품 처리 프로세스
판매 후 CS 관리

이번 장에서는 스마트스토어 운영을 시작하기에 앞서 꼭 필요한 해외 상품 판매 권한 신청 및 공지사항 등록, 상품 등록 방법, 배송 처리 프로세스, 반품 처리 프로세스 및 CS까지 실전 운영에 필요한 다양한 스킬을 다룬다.

스마트스토어 기본 세팅하기

스마트스토어 가입을 마치고 나면 모든 준비가 되었다고 생각하겠지만, 스토어에서 상품을 등록하기 전에 확인해야 할 2가지 필수 사항이 있다. 바로 해외 상품을 판매하기 위한 해외 상품 판매 권한 신청과 내 스토어를 진단하고 방향성을 잡는 데 중요한 애널리틱스 세팅이다.

해외 상품 판매 권한 신청

해외구매대행 상품을 판매하기 위해서 사업자등록증을 신청할 때 업종을 해외직구대행으로 등록하고 스마트스토어에 가입했지만, 아직 해외 상품을 판매할 수 있는 권한이 생긴 것은 아니다. 스마트스토어 센터에서 해외상품판매 권한을 신청해야만 해외상품을 스마트스토어에 등록해서 판매할 수 있다.

해외상품판매 권한을 신청하는 방법은 다음과 같다.

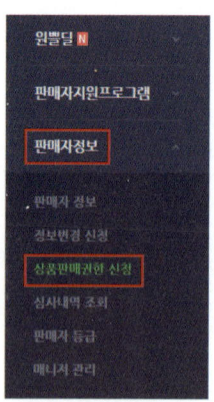

그림 4-1 판매자 정보 탭

스마트스토어 센터에서 [판매자 정보] → [상품판매권한 신청] 탭으로 이동한다.

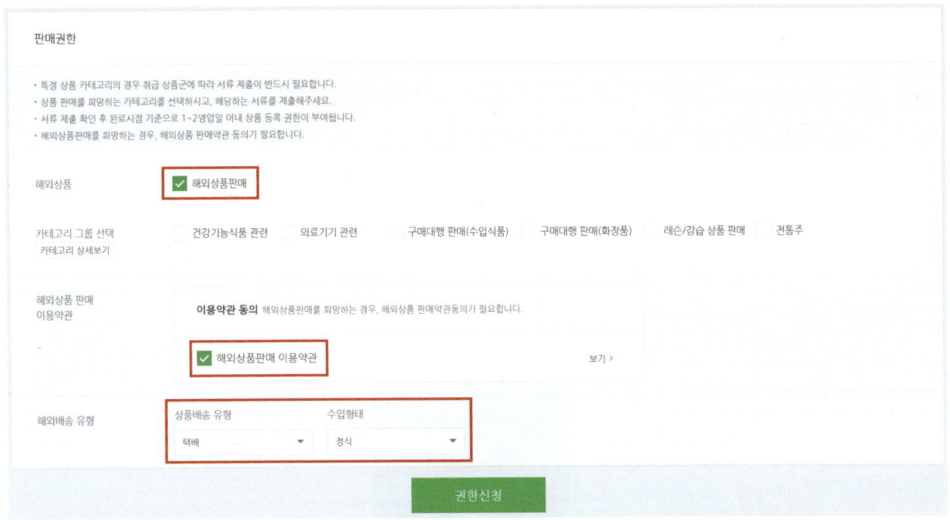

그림 4-2 스마트스토어 센터 상품판매권한 신청

그림 4-2와 같이 빨간색 네모로 표시된 내용을 모두 체크하고 [권한신청] 버튼을 누르면 스마트스토어 센터에서 내가 스토어에 가입할 때 등록했던 사업자등록증의 내용과 비교한 후 해외상품판매 권한을 부여한다. 이때 사업자등록증의 업종에 해외직구대행이 없다면 해외상품판매 권한을 부여하지 않는다.

다음으로, 내 스토어를 분석하기 위한 툴인 애널리틱스 툴에 대해서 알아보자.

톡톡상담관리 세팅하기

기존에는 스마트스토어에서 고객과의 CS를 진행하는 데 있어 문자나 전화 통화를 이용해 왔다면, 이제는 네이버에서 제공하는 '톡톡'이라는 툴을 이용해서 CS를 진행할 수 있게 됐다.

톡톡은 우리가 사용하는 카카오톡이나 라인과 같은 프로그램처럼 고객과 대화할 수 있는 판매자 전용 프로그램이라고 생각하면 된다. 이 프로그램을 사용하여 고객들의 CS를 처리할 수도 있고, 프로모션을 통한 상품의 판매 등 여러 방면으로 활용할 수 있다.

특히 이번에 살펴볼 쇼핑챗봇에는 배송문의, 배송현황 등 고객들이 자주 궁금해하는 내용을 미리 등록해 놓으면 자동으로 알려주는 기능이 포함돼 있다. 즉, 고객들의 물음에 내가 직접 답을 하지 않고도 CS를 처리할 수 있다는 것이다.

그럼 설정 방법을 알아보자.

01. 톡톡상담관리 메뉴로 이동

네이버 스마트스토어센터에 접속한 다음 왼쪽 메뉴에서 [톡톡상담관리]를 클릭한다.

- 네이버 스마트스토어 센터: https://sell.smartstore.naver.com/

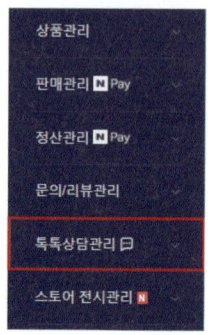

그림 4-3 스마트스토어센터의 톡톡상담관리 메뉴 선택

02. 쇼핑챗봇/AI FAQ 설정 메뉴로 이동

톡톡상담관리 메뉴 중에서 [쇼핑챗봇/AI FAQ 설정] 메뉴를 누른다.

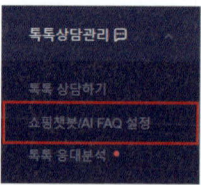

그림 4-4 톡톡상담관리 메뉴의 쇼핑챗봇/AI FAQ 설정 선택

03. 쇼핑챗봇 설정하기

왼쪽에 있는 [쇼핑챗봇]을 누른다.

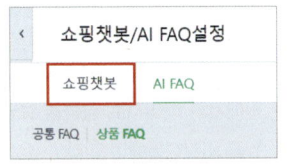

그림 4-5 쇼핑챗봇 선택

04. 주문 후 자주 묻는 질문 설정 활성화

오른쪽에 있는 [노출 순서 설정]을 클릭하여 활성화한다.

그림 4-6 주문 후 자주 묻는 질문 설정

05. 평균배송일 안내 메시지 입력

평균배송일을 직접 입력하는 이유는 해외구매대행 상품의 특성상 해외에서 배송이 되기 때문에 평균배송일이 국내 배송 상품에 비해서 길다. 간혹 해외구매대행 상품임을 인지하지 못하고 구매하는 소비자들이 있기 때문에 [쇼핑챗봇]에 이 부분을 넣어 두지 않으면 기본 배송일정을 안내해 버리는 치명적인 실수를 할 수 있다.

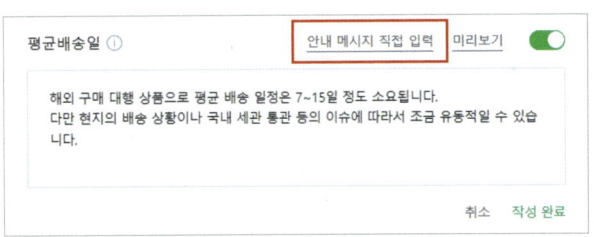

그림 4-7 평균배송일 안내 메시지 입력

06. 교환/반품 메뉴 설정

구매대행 상품의 교환/반품의 경우 다양한 변수가 있다. 해외에서 물건이 한국으로 오는데 소요되는 일정 때문에 현지 반품이 불가능한 경우도 있고, 국제 물류 비용을 추가로 받는 등의 변수들 때문에 모든 상품에 동일한 안내 메시지를 안내할 수 없다. 따라서 교환/반품 메뉴는 비활성화해야 한다.

그림 4-8 교환, 반품 메뉴 설정

07. 주문취소 메뉴 설정

해외구매대행으로 판매하다 보니 '주문 처리 중' 단계에서 취소를 할 수 없는 상황이 발생한다. 예를 들어 현지 판매자가 배대지로 상품을 보낸 경우이다. 이처럼 바로 주문 취소를 할 수 없는 경우가 있으므로 주문 취소 메뉴를 비활성화해야 한다.

그림 4-9 주문취소 메뉴 설정

08. 쇼핑챗봇 확인

상품 페이지로 이동한 다음 [톡톡문의]를 선택하면 앞서 설정한 대로 챗봇이 자동응답하는 모습을 볼 수 있다.

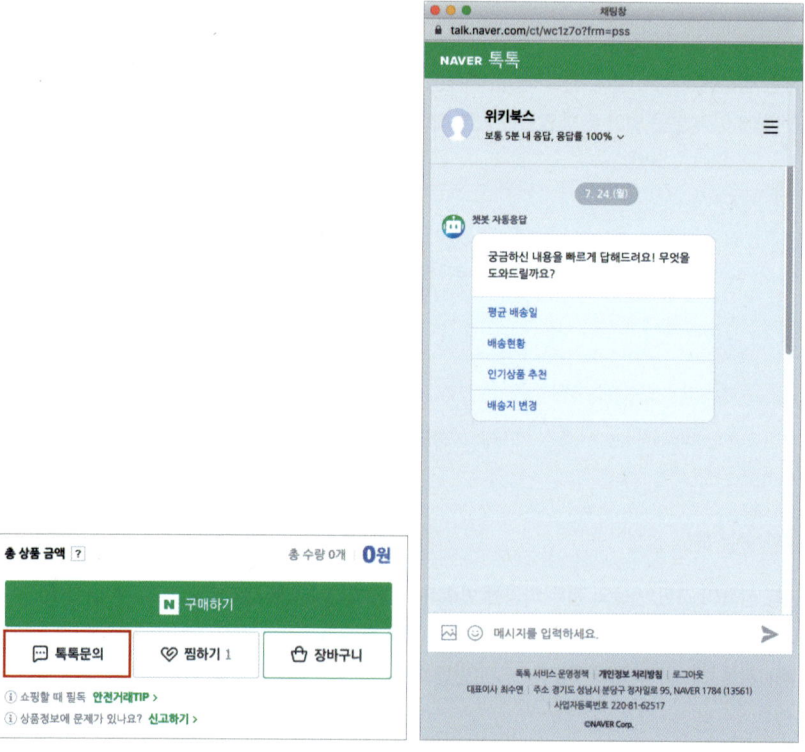

그림 4-10 쇼핑챗봇의 응답 확인

고객과의 약속, 공지사항

해외상품판매 권한을 신청하고 애널리틱스를 세팅하는 것이 스토어를 시작하기 전에 꼭 해야 하는 과정이었다면, 공지사항은 상품을 고객에게 판매하기 전에 꼭 해야 하는 단계다. 이번 절에서는 공지사항의 중요한 의미에 대해 알아보고 어떤 방법으로 등록하면 좋을지에 대해 배워보자.

공지사항이란?

공지사항이란 큰 의미에서 판매자와 고객 사이의 약속이다. 판매자는 공지사항에 명시된 내용을 바탕으로 고객에게 서비스를 제공하고 고객은 공지사항에 명시된 내용을 바탕으로 고객의 권리를 주장할 수 있다.

그런데 지난 4년간 200명이 넘는 사람들에게 해외구매대행을 가르치면서 스토어의 공지사항을 우습게 생각하는 판매자가 많다는 사실에 놀랐다. 예를 들어 해외구매대행은 기본 배송기간이 국내 상품과 달리 최소 7일이라는 시간이 필요하다. 그래서 해외구매대행 판매자들은 공지사항에 기본 배송기간을 7~15일 정도로 표기한다. 구매자가 상품을 구매하고 7~15일 정도는 기다려야 받을 수 있다는 의미다.

별거 아니라 생각할 수 있는 배송기간 표기 여부는 구매자가 주문 취소를 요청했을 때 다음과 같은 전혀 다른 2가지 상황을 만든다.

- **판매자가 배송기간을 공지사항에 표기하지 않았다면?**
  고객은 배송기간이 너무 오래 걸린다는 이유로 상품의 주문을 취소할 수 있다. 이때 판매자는 배송 기일을 고지하지 않았으므로 무상으로 주문을 취소해줘야 한다.

- **판매자가 배송기간을 공지사항에 표기했다면?**
  고객은 배송기간이 너무 오래 걸린다는 이유로 표기되어 있는 배송기간 안에 상품의 주문을 취소할 수 없다. 단순 변심에 의한 주문 취소로 일정 금액의 위약금을 지불해야 한다.

이렇게 공지사항에 표기하는 문구 하나로 판매자와 구매자 사이에 불필요한 마찰이나 분쟁을 만들 수도 있고 중재할 수도 있다. 그만큼 공지사항은 사소하다고 생각하는 부분까지도 표기해줘야 하는 중요한 양식임을 명심해야 한다.

구매대행 필수 공지사항 4가지

해외구매대행업은 기본적으로 서비스업의 형태를 띤다. 실제로 기존 해외구매대행업은 서비스업이었다. 2020년에 처음으로 업태-소매업, 업종-해외직구대행 코드가 신설되면서 소매업이 되었다.

단순히 해외에 있는 상품을 구매하기 어려워하는 사람을 위해 상품의 구매만 대신해주는 사업이라서 일반 쇼핑몰과는 다른 특징이 있는데, 이 부분 때문에 공지사항에도 해외구매대행만의 4가지 필수 요소를 반영해 제작해야 한다.

1. 기본 배송 기간을 표기

해외구매대행의 기본 배송기간은 7~15일 정도로, 일반 쇼핑몰과 다르게 매우 길다. 그래서 공지사항에 기본 배송기간을 꼭 표기해야 한다.

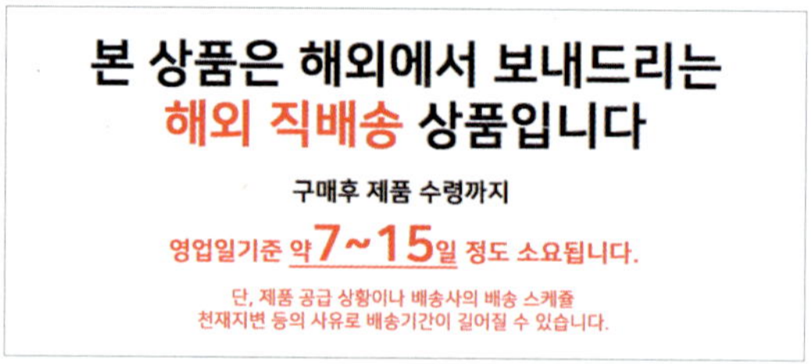

그림 4-11 배송기간 공지 이미지 예시

이 내용을 표기하지 않으면 여러 가지 문제가 발생할 수 있지만, 그중 가장 흔히 발생하는 문제는 다음과 같다.

- 구매자가 주문을 취소한 시점에 현지에서 배송이 시작된 경우

    현지에서 반품할 때 발생하는 비용(현지 반품 배송비+배대지 리턴 수수료)이 발생한다. 소형 택배 상품의 경우 현지 반품 배송비 10위안과 배대지 리턴 수수료 2,000원 정도가 발생한다. 하지만 현지 반품 배송비는 상품의 무게나 크기에 비례하기 때문에 경우에 따라서 100위안(약 18,000원)이 넘기도 한다.

    배대지 리턴 수수료의 경우도 사용하는 배대지의 정책에 따라서 2,000~4,000원 정도의 비용이 발생한다. 이렇게 기본 4,000원 이상의 손해가 발생한다.

■ 구매자가 주문을 취소한 시점에 한국으로 배송이 시작된 경우

물건은 무조건 구매자에게 전달된다. 그러면 그 상품을 다시 회수하는 것부터 비용이 발생한다(한국 내 리턴 비용+중국 판매자에게 보내는 소포 비용). 한국 내 리턴 비용은 소형 택배 상품의 경우 약 3,500원이다. 하지만 가구처럼 크고 무거운 제품의 경우 화물로 리턴 받아야 하므로 3~4만 원의 비용이 발생한다.

중국 판매자에게 보내는 소포 비용은 다음 표를 참고한다.

국제우편 요금표

중량(kg)	호주	브라질	캐나다	중국	프랑스	독일	홍콩	인도네시아	일본	말레이시아	뉴질랜드	필리핀
0.5	18,500	28,000	23,000	17,000	25,000	19,500	17,000	17,000	17,000	16,000	19,500	16,000
1.0	21,000	32,000	27,000	19,500	27,000	23,000	19,000	20,000	18,000	19,000	23,500	19,000
1.5	24,500	36,000	31,000	21,000	29,000	26,500	20,500	23,000	19,500	21,500	27,000	21,500
2.0	28,500	40,000	35,000	23,500	31,000	29,500	22,000	25,000	21,000	24,500	30,000	24,500
2.5	32,500	43,000	39,000	25,000	33,000	33,000	23,500	26,500	22,500	25,000	33,500	25,500

그림 4-12 우체국 국제 소포 요금표

배송되는 상품의 크기나 무게에 따라서 많은 비용이 발생하거나 대형 화물의 경우 중국으로 리턴할 수 없는 경우도 발생할 수 있다. 이런 경우 최소 2만 원에서 최대 수십만 원까지도 피해가 발생할 수 있다.

2. 해외에서 직접 상품이 배송됨을 표기

해외구매대행 상품에는 반드시 들어가야 하는 문구가 있다.

그림 4-13 해외직배송 상품 표기

해외구매대행 상품은 상품 페이지에 위와 같은 문구가 노출되며, 이 문구는 반드시 노출되어야 한다. 구매자에게 해외직배송 상품은 배송, 반품, 교환이 일반적인 국내 배송 상품과 다르다는 내용을 고지해야 한다.

위 문구의 표기 방법은 상품 등록 방법 익히기 과정에서 설명한다.

3. 상품을 직접 확인하지 않고 배송함을 표기

해외구매대행업의 특성상 당연한 이야기다. 그렇기에 발생하는 문제점이 있다.

해외구매대행은 타오바오에서 상품을 구매하면 중국 판매자가 상품을 포장해서 배대지로 보내주고 배대지가 한국의 구매자에게 상품을 보내주는 시스템으로 업무가 처리된다.

그렇기 때문에 상품이 이동하는 과정에서 국내 판매자가 실제로 상품을 확인할 수 있는 방법이 없다. 단순히 제품의 구매만 대신해주는 서비스로 제품의 파손 여부나 작동 여부를 확인할 수 없기 때문에 이 부분에 대한 내용을 표기해야 한다.

그림 4-14 구매대행 상품 이동 경로 이미지 예시

물론 배대지라는 업체를 통해서 기본적인 검수를 신청하고 사진을 확인하는 등의 과정은 거치게 된다. 그래서 구매대행업을 하면서 사용할 배대지를 고르는 작업이 중요하다.

4. 개인통관 고유부호 입력 안내

개인통관고유부호는 관세청에서 개인정보 유출을 방지하기 위해서 개인물품 수입 신고 시 주민등록번호 대신 활용하는 13자리 부호로, 2019년 6월 3일부터 필수기재 항목으로 변경되었다.

그림 4-15 개인통관고유부호 발급 방법 안내 예시

그래서 해외구매대행 판매자는 상품 판매 시 구매자의 개인통관고유부호를 입력 받아 수입 신고의 용도로 사용해야 하므로 개인통관고유부호 발급 방법을 공지사항에 고지해야 한다.

이렇게 해외구매대행은 일반적인 국내 배송의 판매 방식과는 다른 점이 있기에 앞에서 이야기한 4가지 사항을 모두 작성해서 하나의 이미지 파일로 공지사항을 만들도록 한다.

공지사항을 제작할 때 보통 포토샵 프로그램을 사용해서 제작하지만, 프로그램 사용이 미숙한 경우에는 다음과 같이 무료로 쉽게 활용할 수 있는 프로그램이 있으니 걱정할 필요는 없다.

- 미리캔버스: https://www.miricanvas.com/
- 캔바: https://www.canva.com/ko_kr

공지사항 설정하기

공지사항을 제작해서 상품 페이지에 노출하기 위해서는 상품을 등록할 때 상세 페이지에 넣는 방식과 공지사항 탭에서 등록하는 방식의 2가지 방법이 있다.

상품을 등록할 때 넣는 방식은 상품의 이미지를 넣는 방식과 동일하게 진행한다. 하지만 이 방법은 새로운 상품을 등록할 때마다 공지사항을 넣어줘야 한다는 불편함과 동시에 공지사항에 수정이 필요할 때 그동안 등록해 놓은 모든 공지사항을 수정해야 한다는 치명적인 단점이 존재한다.

그래서 여기서는 상품을 등록할 때 상세 페이지에 넣는 방법은 다루지 않고 한 번의 등록으로 이미 등록되어 있는 모든 상품에 노출시키고 수정도 편리한 두 번째 방법을 설명한다.

01. 새 상품 공지사항 등록

스마트스토어 센터에 접속해서 [상품관리] → [공지사항 관리] 탭으로 이동한다. [새 상품 공지사항 등록] 버튼을 클릭한다.

그림 4-16 네이버 공지사항 관리

02. 상세 내용 입력 후 공지사항 등록

그림 4-17에서 1~6번까지의 내용을 모두 입력한 후 공지사항을 등록하면 내 스마트스토어에 등록된 모든 상품의 상세 페이지 상단에 자동으로 내가 입력한 공지사항이 노출된다.

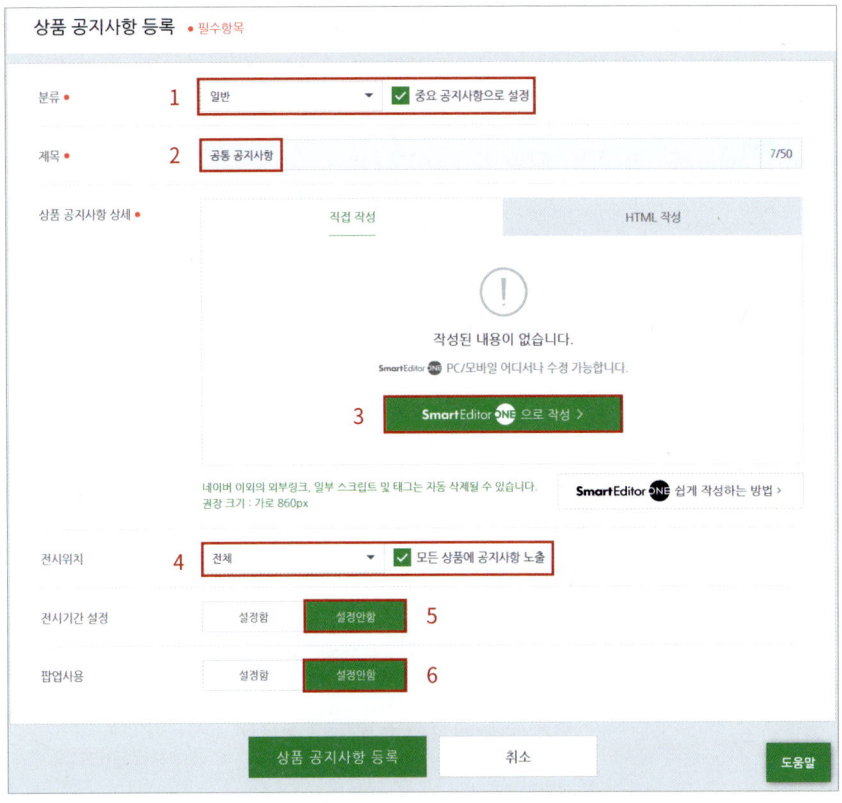

그림 4-17 네이버 공지사항 등록 화면

이때 3번의 [SmartEditorONE으로 작성] 버튼을 누르면 다음과 같은 화면이 나온다.

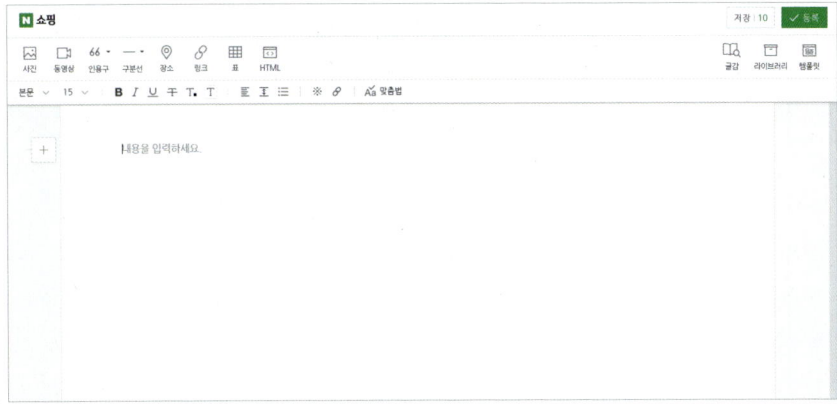

그림 4-18 네이버 공지사항 텍스트 입력 화면

위와 같은 입력창에 텍스트로 공지사항을 적는 방법과 미리 제작해 놓은 공지사항 이미지를 등록하는 방법, 이렇게 2가지로 공지사항 내용을 입력할 수 있다.

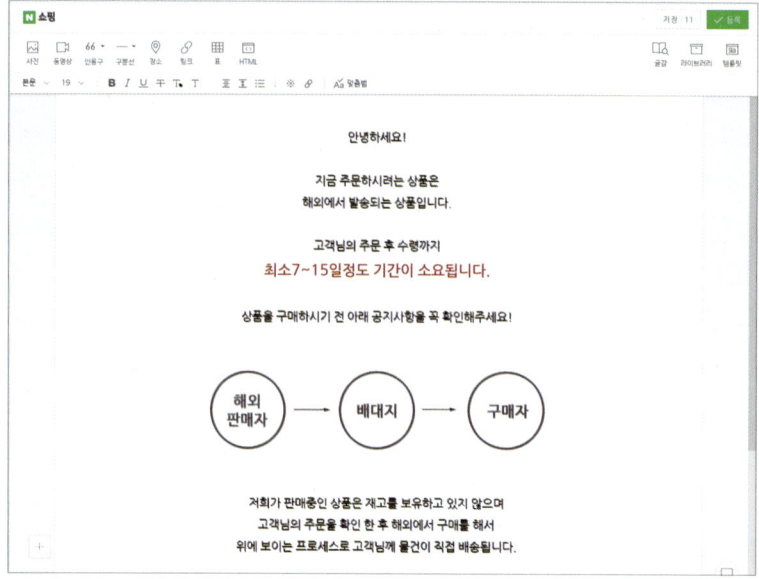

그림 4-19 네이버 공지사항 텍스트 입력 예시

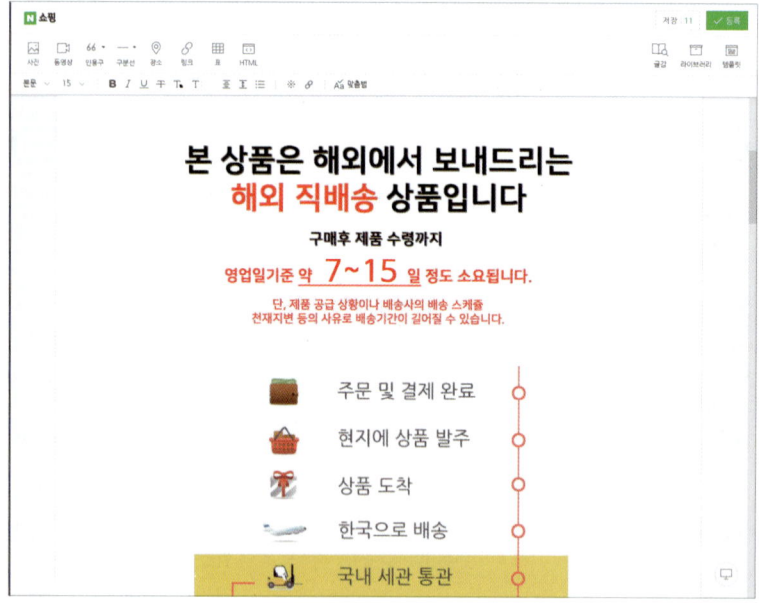

그림 4-20 네이버 공지사항 이미지 입력 예시

이렇게 내용을 텍스트나 이미지로 입력하고 등록하면 내 스토어에 있는 모든 제품의 상세 페이지 상단에 다음과 같이 입력한 공지사항이 노출된다.

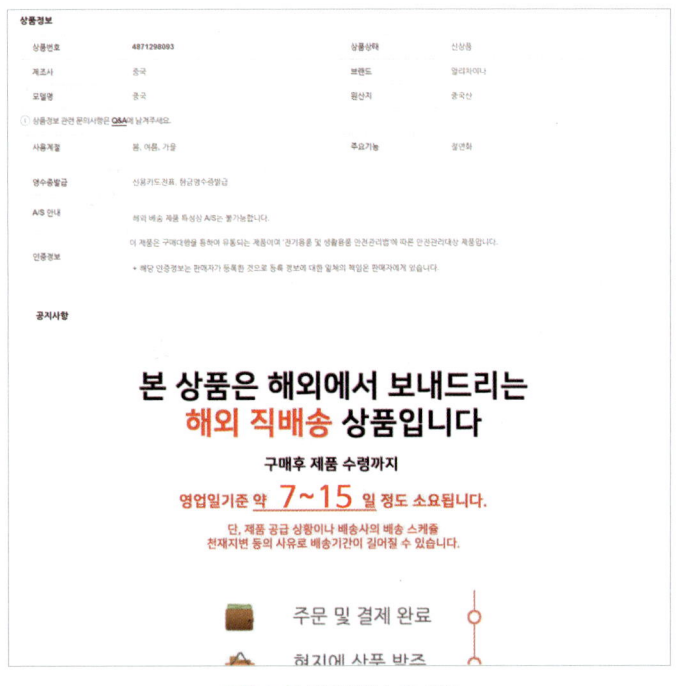

그림 4-21 공지사항 노출 예시

이렇게 등록된 공지사항에 수정할 부분이 생기는 경우 공지사항 입력 양식에 해당 내용만 수정하면 모든 상품의 공지사항이 자동으로 수정되어 노출된다.

해외구매대행 특성상 실제 제품을 보고 판매하는 것이 아니기 때문에 작고 디테일한 부분까지 공지사항에 넣어 고객과의 마찰을 줄여야 한다. 하지만 처음부터 완벽한 공지사항을 제작할 수는 없기 때문에 지속해서 공지사항도 수정이 이루어지는데, 이때 공지사항을 상세 페이지에 직접 넣지 않고 공지사항 등록 양식을 이용해서 등록해 놓으면 추후에 수정사항이 발생했을 때 대응이 쉽다는 장점이 있다.

공지사항의 등록이 끝났다면 이제는 상품을 등록하는 방법에 대해서 알아보자.

노출이 잘 되는 상품 등록 비법

스마트스토어에 상품을 등록할 때 판매를 목적으로 제품을 등록하는데, 내가 등록한 상품이 노출되지 않아서 판매가 이루어지지 않는다면 그것보다 가슴 아픈 일은 없을 것이다. 좋은 키워드를 찾기 위해 돈을 내고 키워드 프로그램을 사용하고도 상위 노출이 되지 않아 스스로를 탓하는 사람들을 위해서 이번 절에서는 상품을 등록할 때 주의할 사항을 알아보고 조금 더 높은 순위에 노출되기 위한 상품 등록 팁을 알아보려고 한다.

꼭 확인할 필수 양식

상품을 등록하기에 앞서 가장 먼저 알아야 할 것 한 가지는 스마트스토어에 상품을 등록하려면 필수로 넣어야 하는 항목이 있다는 것이다. 필수 항목이라 부르는 요소가 있는데, 이 필수 항목을 입력하지 않으면 상품이 등록되지 않으니 꼭 확인해서 넣어줘야 한다.

그림 4-22 상품 등록 필수항목

그림 4-22를 보면 상품등록 표시 옆에 빨간색으로 필수항목이라고 적혀 있다. 앞으로 상품을 등록할 때 이 빨간색 점 표시가 보인다면 그 항목은 필수로 적어줘야 하는 항목이라고 이해하면 된다.

그림 4-23 필수항목 구분

모든 항목에 빨간색 점이 있는 것이 아니고, 빨간색 점이 있는 항목은 필수로 입력해야 하는 항목임을 나타내고 빨간색 점이 없는 항목은 필수로 넣어야 하는 항목은 아님을 나타낸다. 하지만 필수 항목이 아님에도 넣어주면 검색 결과에 좋은 영향을 주는 항목도 있다. 이 부분은 '기타 설정하기'에서 알아본다.

상품 카테고리 설정하기

상품의 카테고리를 정하기에 앞서 카테고리가 무엇인지 알아야 한다. 스마트스토어에서 카테고리란 내가 판매하려고 하는 상품을 하나의 대표되는 상품 군으로 묶어주는 것을 의미한다.

예를 들어 [식혜]라는 음료를 판매한다고 할 때 카테고리는 다음과 같이 [식품>건강식품>건강음료] 카테고리에 속한다.

그림 4-24 식혜의 카테고리

우리가 생각했던 식혜의 카테고리와는 다를 것이다. 흔히 사람들은 식혜라고 하면 건강음료가 아닌 일반 음료 항목에 있을 것이라고 생각한다. 하지만 식혜라는 상품을 제대로 등록하려면 [건강음료] 카테고리에 넣어줘야 한다.

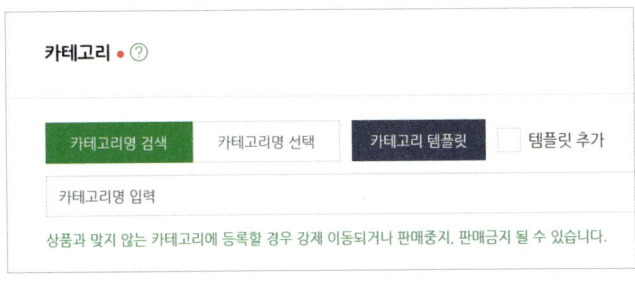

그림 4-25 카테고리 설명

상품의 카테고리를 쉽게 생각하고 넘어가는 사람이 많지만, 위 이미지에서도 보듯이 카테고리를 잘못 설정하면 네이버 지식쇼핑에 내 상품이 절대 노출되지 않을 만큼 카테고리 설정은 중요하다.

그럼 상품의 카테고리를 정하는 방법 2가지를 알아보자.

01. 카테고리 강도에 따른 설정 방법

스마트스토어에는 카테고리 강도라는 것이 존재한다. 우리가 어떤 키워드를 네이버 쇼핑에 검색했을 때 해당 키워드가 1개 이상의 카테고리에 속하는 경우 카테고리 강도가 높은 카테고리가 상위에 노출된다.

예를 들어 [블라우스]라는 상품을 등록한다고 가정해보자.

그림 4-26 블라우스 카테고리

위 그림을 보면 블라우스 상품을 등록하려고 카테고리 입력란에 블라우스라는 단어를 입력했더니 총 3가지의 카테고리에 상품을 등록할 수 있다고 표시된다.

- 출산/육아〉유아동의류〉블라우스
- 패션의류〉여성의류〉블라우스/셔츠
- 생활/건강〉반려동물〉패션용품〉셔츠/블라우스

그럼 네이버 쇼핑 검색창에도 블라우스로 검색해서 확인해보자.

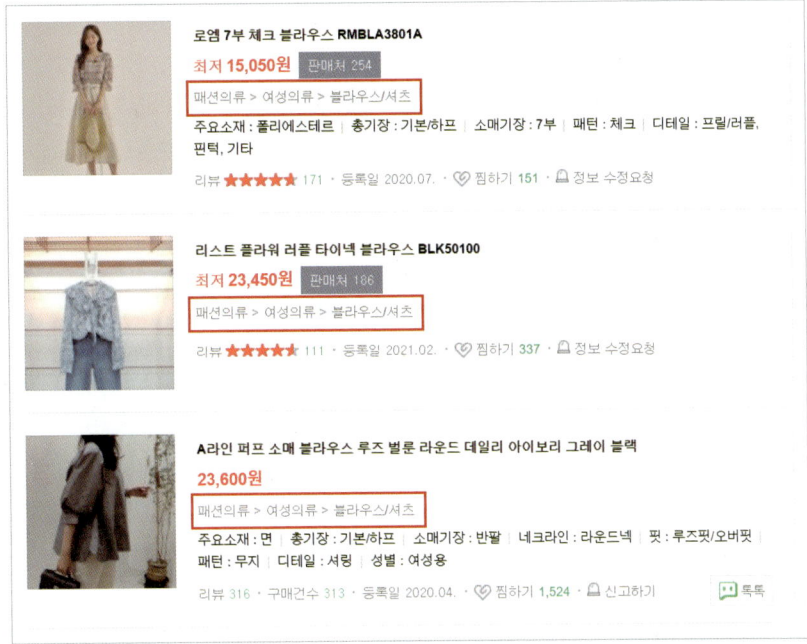

그림 4-27 블라우스 검색 화면

블라우스라는 검색어로 네이버 쇼핑에 검색했더니 수많은 상품이 노출된다. 그런데 한 가지 공통점이 보일 것이다. 상위에 있는 블라우스 제품은 모두 [패션의류〉여성의류〉블라우스/셔츠] 카테고리로 등록되어 있다.

분명히 앞에서 블라우스라는 키워드를 넣었을 때 나오는 것은 3가지 카테고리였는데, 실제로 나온 상위 검색 결과는 [패션의류〉여성의류〉블라우스/셔츠] 카테고리만 노출된다.

물론 하위 페이지로 넘어가면 다른 카테고리의 상품도 분명히 노출된다. 이 말은 블라우스라는 검색어를 사용했을 때 나오는 3가지 카테고리 중에서 가장 카테고리 강도가 높은 카테고리는 [패션의류〉여성의류〉블라우스/셔츠]라는 뜻이다.

이 점을 잘 활용해서 카테고리를 정해야 상품이 상위로 노출될 확률이 높아진다.

02. 경쟁을 고려한 카테고리 설정 방법

이번에는 [담요]라는 상품을 등록한다고 가정해 보자.

마찬가지로 상품 등록 카테고리 입력란에 담요로 검색해보자.

그림 4-28 담요 카테고리

담요라는 키워드로 업로드 가능한 총 5가지 카테고리가 나온다. 그럼 이번에도 네이버 쇼핑에서 담요 키워드로 검색해보자.

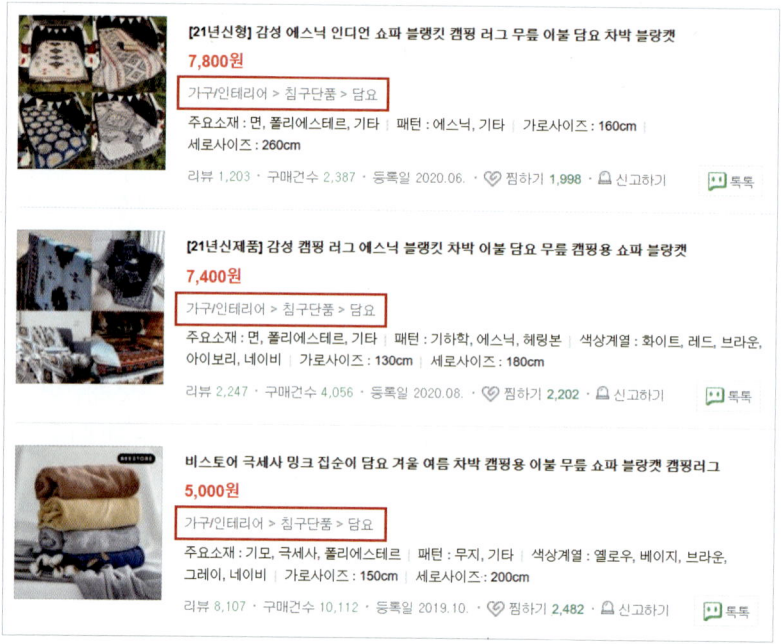

그림 4-29 담요 검색 화면

이 경우 카테고리 강도가 가장 높은 카테고리는 어디일까?

당연히 [가구/인테리어〉 침구단품〉 담요] 카테고리다. 그런데 내가 판매하려는 상품인 담요는 [가구/인테리어〉 침구단품〉 담요]와 [가구/인테리어〉 침구단품〉 무릎담요] 2곳에 모두 판매가 가능한 상품이라면 어떨까?

이럴 때는 키워드별 경쟁을 확인해볼 필요가 있다.

그림 4-30 담요 및 무릎담요 검색 결과

왼쪽은 담요 키워드로 검색한 결과고 오른쪽은 무릎담요 키워드로 검색한 결과다. 담요 키워드의 상품 숫자는 1,529,470개고 무릎담요 키워드의 상품 숫자는 463,872개다.

내가 등록하려는 상품이 이처럼 2가지 카테고리에서 모두 판매가 가능한 경우에는 무릎담요 카테고리로 상품을 등록한다면 더 낮은 경쟁으로 판매가 가능할 것이다.

판매할 상품의 이름 정하기

내가 판매하려는 상품의 이름을 정하는 일을 간단하다고 느끼는 사람도 있지만, 대부분의 사람이 상품의 이름을 만들지 못해서 많은 시간을 허비하기도 한다. 상품명이 네이버 쇼핑의 노출 순위에 영향을 많이 준다고 생각하기 때문에 쉽게 상품명을 정하지 못한다. 그래서 이번 절에서는 상품명을 정할 때 주의할 점과 조금 더 높은 노출 순위를 위해 신경 쓰면 좋은 점에 대해서 알아보자.

1. 네이버 쇼핑 검색 SEO 가이드라인

모든 마켓이 비슷하겠지만, 특히 네이버 스마트스토어는 상품을 등록할 때 네이버 로직에 맞게 상품을 등록해줘야 더 높은 쇼핑 검색 순위를 기대할 수 있다. 그래서 네이버에서는

[네이버 쇼핑검색 SEO 가이드][1]라는 것을 만들어서 배포한다. 이 가이드는 상품명을 만들 때 몇 가지 주의해야 할 사항을 알려준다.

- **브랜드 중복 기재 및 오타**: 브랜드 명을 한글과 영문 2가지로 적는 셀러가 많지만, 네이버에서는 이것을 막고 있다. 예를 들어 [나이키]와 [NIKE]를 동시에 상품명에 넣으면 좋지 않다.

- **배송/할인/주문/판매 조건 관련 문구 삽입**: 우리가 상품을 구매할 때 [무료배송] 상품을 찾아서 구매한다고 해서 상품명에 [무료배송] 문구를 넣으면 안 된다. 1+1/무료배송/사은품 증정 등의 문구는 상품명에 넣지 않는다.

- **수식어 사용**: 예쁜, 신상 등의 수식어를 넣지 않는다. ~스타일/~st 문구를 넣지 않는다. 네이버 쇼핑 알고리즘 상 상품과 연관성 없는 단어라고 판단하면 노출에 불리하다.

- **쇼핑몰/셀러명/판매점 중복 기입**: 본인 스토어의 이름을 홍보하기 위해서 스토어명을 상품명에 넣는 경우가 많지만, 이럴 경우 오히려 노출에 불리하다.

- **키워드 반복 사용**: 예를 들어 무선 마우스/유선 마우스/블루투스 마우스라고 표현할 경우 마우스라는 단어가 중복으로 사용되어 노출에 불리하다.

- **홍보 문구/상품과 관련 없는 정보/지나치게 긴 상품명**: 이벤트 문구나 당일 발송, 해당 상품과 연관성 있는 다른 제품의 이름을 언급하면 노출에 불리하다.

위에서 언급한 사항은 네이버 쇼핑 검색 SEO 가이드라인에 나오는 내용으로, 상품명을 지을 때 반드시 지켜주면 좋은 내용이다. 이렇게 사소한 것 하나하나가 쌓여서 상품의 순위를 아래쪽으로 밀어낸다는 사실을 명심하자.

2. 제품 이름은 기억하기 쉽게

상품명을 만드는 방법도 유행이 있다. 10년 전 상품명을 만드는 방법과 현재 상품명을 짓는 방법은 분명히 다르다. 그런데 아직도 10년 전의 상품명 작명법을 알려주고 배우는 사람이 많다.

- **10년 전 상품명 만드는 방법: 최대한 많은 키워드를 상품명에 넣는다.**
  최대한 많은 키워드를 넣는 이유는 간단하다. 당시만 하더라도 상품의 절대적인 숫자가 현재에 비해 아주 적었다. 상품의 숫자가 적다 보니 많은 키워드를 상품명에 넣을 경우 검색 결과에서 다양한 키워드로 상품을 상위에 노출시킬 수가 있었다. 그래서 [메인 키워드+세부 키워드 다수]로 구성해서 상품명을 만들었다.

---

[1] 일하며 여행하는 CEO 카페에서 SEO 가이드 전문을 확인할 수 있다. https://cafe.naver.com/travelceo/50

- **현재의 상품명 만드는 방법: 최대한 기억하기 쉽게 상품명을 만든다.**

  사람들이 상품을 기억하는 방법은 여러 가지다. 그렇다면 한 번 봤던 제품을 다시 검색할 때 어떻게 검색할까? 각자 본인이 기억하는 방식대로 검색할 것이다. 대부분 그것을 키워드라고 생각한다. 그런데 같은 키워드로 제품을 검색해도 요즘은 상품의 등록 숫자가 워낙 많아서 노출 순서가 수시로 바뀐다. 즉, 내 제품이 원래 있던 노출 순서에 없을 수 있다. 그러면 결국 제품의 판매 또한 이루어지기 어렵다.

  따라서 요즘에는 상품명을 기억하기 쉽게 만들어서 소비자가 기억한 내용을 다시 검색할 수 있게 유도해야 한다.

실수하기 쉬운 옵션 세팅하기

옵션은 구매자가 상품의 구매를 결정함에 있어 도움이 될 수 있는 한 가지 장치다. 하지만 옵션 설정을 잘못할 경우 상품이 등록되지 않거나 판매를 했지만 손해가 발생하는 경우도 있으니 주의해야 한다.

01. 옵션 가격 정하기 가이드라인

옵션을 설정하고 상품을 등록할 때 다음과 같은 이미지의 화면이 출력되면서 상품이 등록되지 않는 경우가 있다.

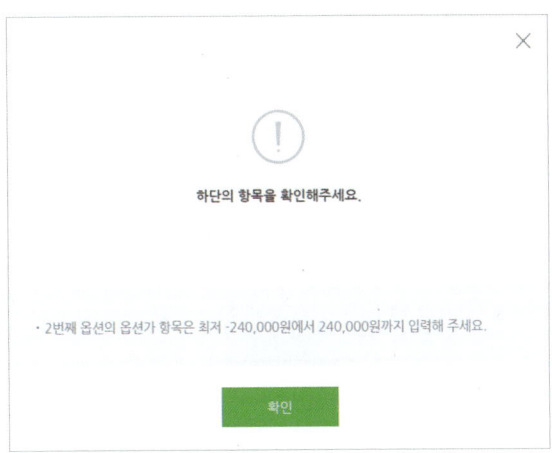

그림 4-31 옵션 가격 설정

그림과 같이 옵션이 등록되지 않는 경우가 있는데, 이건 네이버에서 옵션을 만들 때 지켜야 하는 가이드라인이 있기 때문이다. 기준에 부합하지 않을 경우 옵션이 등록되지 않는다. 그럼 어떤 가이드라인을 따라야 하는지 알아보자.

[옵션가 추가금액 제한]

판매가	변경 전	변경 후
2,000원 미만	0 ~ +10,000원	0 ~ +100%
2,000원 ~ 10,000원 미만	-50% ~ +10,000원	-50% ~ +100%
10,000원 이상	-50% ~ +100%	-50% ~ +50%

*일부 카테고리 제외, 하단안내 참조
*옵션가는 판매가 기준으로 % 적용되며, 할인가 기준이 아님

그림 4-32 옵션 가이드

이렇게 옵션을 등록할 때 가격 가이드라인이 존재하는데, 이 부분을 규정에 맞게 등록해야 한다.

02. 가격 장난치는 옵션은 그만

네이버에서 검색하여 물건을 구매하기 위해 들어갔는데, 정작 내가 원하는 제품을 사려면 추가금액을 내야 하는 경우가 있다.

그림 4-33 가격 장난 옵션

이 이미지처럼 검색된 상품에서는 G304 모델의 정품이 27,860원이라고 생각되지만, 막상 구매하려고 옵션을 누르면 정품의 경우는 18,000원을 추가로 지불해야 한다.

이런 옵션에 대한 소비자의 불만이 커지다 보니 네이버는 2021년 6월 28일부터 이러한 옵션을 삭제하라고 정책을 변경했다. 해당 내용이 지켜지지 않을 시에는 페널티를 부여한다. 이럴 때는 기본 가격을 정품의 판매가인 45,860원에 등록하고 벌크 제품의 경우 –18,000원으로 옵션을 설정하여 마이너스 옵션으로 상품을 등록해야 한다.

상품 상세설명 작성하기

상품 상세설명을 넣는 방법은 네이버 블로그에 글을 작성하는 방식과 비슷하다. 상세 페이지를 작성하기 위해 우선 상세설명에서 SmartEditorONE을 누른다.

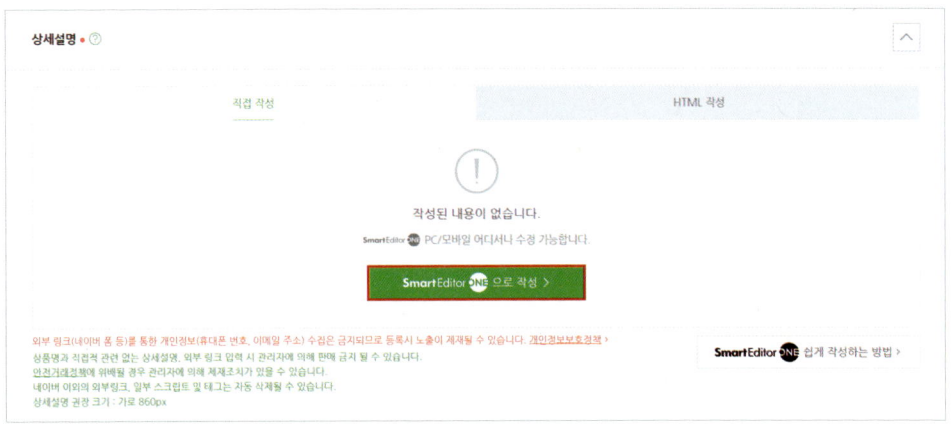

그림 4-34 상품 상세설명 입력창

[SmartEditorONE으로 작성] 버튼을 클릭하면 다음과 같은 창이 나온다.

그림 4-35 상품 상세설명 입력 화면

각종 입력 도구모음과 글씨 도구모음을 사용하여 상세 페이지 내용 입력 창에 미리 제작한 이미지와 텍스트를 입력한다.

KC인증 설정하기

해외구매대행은 다른 사업보다 KC인증의 제약이 적지만, 그렇다고 표기 의무까지 없는 것은 아니다. 그래서 스마트스토어에서도 해외구매대행 사업자를 위한 KC인증 표기를 지원한다.

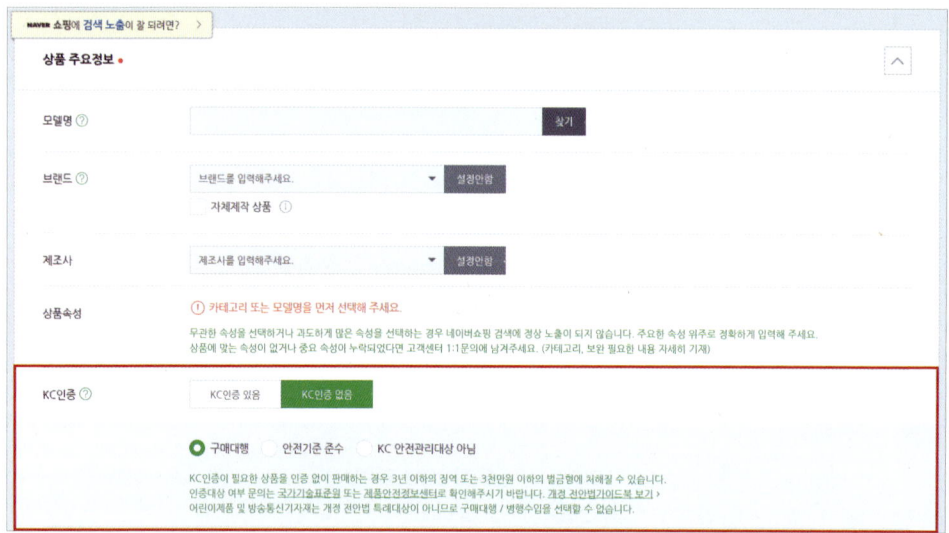

그림 4-36 KC인증 표기

위 그림을 보면 KC인증 부분은 필수 입력란이 아닌 것을 볼 수 있다. KC인증 표기 옆에 빨간색 점이 없기 때문이다. 하지만 구매대행 판매자들은 KC인증 표기를 의무적으로 해야 한다. 많은 판매자가 이 사실을 인지하지 못하고 KC인증 표기를 하지 않는 경우가 있는데, 이것은 표기 의무 위반으로 불법 행위에 해당한다.

해외구매대행 판매자들은 상품 등록을 진행하면서 KC인증 유무에 대한 표기를 할 수 있는데, [KC인증 없음-구매대행] 란에 필히 체크해야 한다.

상품정보 제공고시

상품정보 제공고시란 통신판매업자에게 '전자상거래 등에서의 상품 등의 정보제공에 관한 고시'에 따라서 상품의 특성을 객관적으로 판단할 수 있는 정보, 즉 원산지, 제조일, 제품인증여부, A/S책임자 등을 고지하도록 하는 규정이다.

그림 4-37 상품정보제공고시

그림에서 보듯이 상품정보제공고시는 많은 항목을 입력해야 하지만, 구매대행에서는 항목별 내용을 대부분 상세 페이지에 작성하기 때문에 그림의 빨간색 표시 부분처럼 [상품상세참조로 전체 입력]에 체크한다. 이렇게 체크하면 해당 페이지의 모든 항목에 [상품상세참조]라는 내용이 자동으로 입력된다.

배송비 설정하기

상품을 판매함에 있어 배송비는 중요한 부분이다. 특히 해외구매대행의 경우 배송비를 잘못 작성할 경우 큰 손해로 이어질 수 있기 때문에 중요하다.

다음의 배송비 입력화면을 보자.

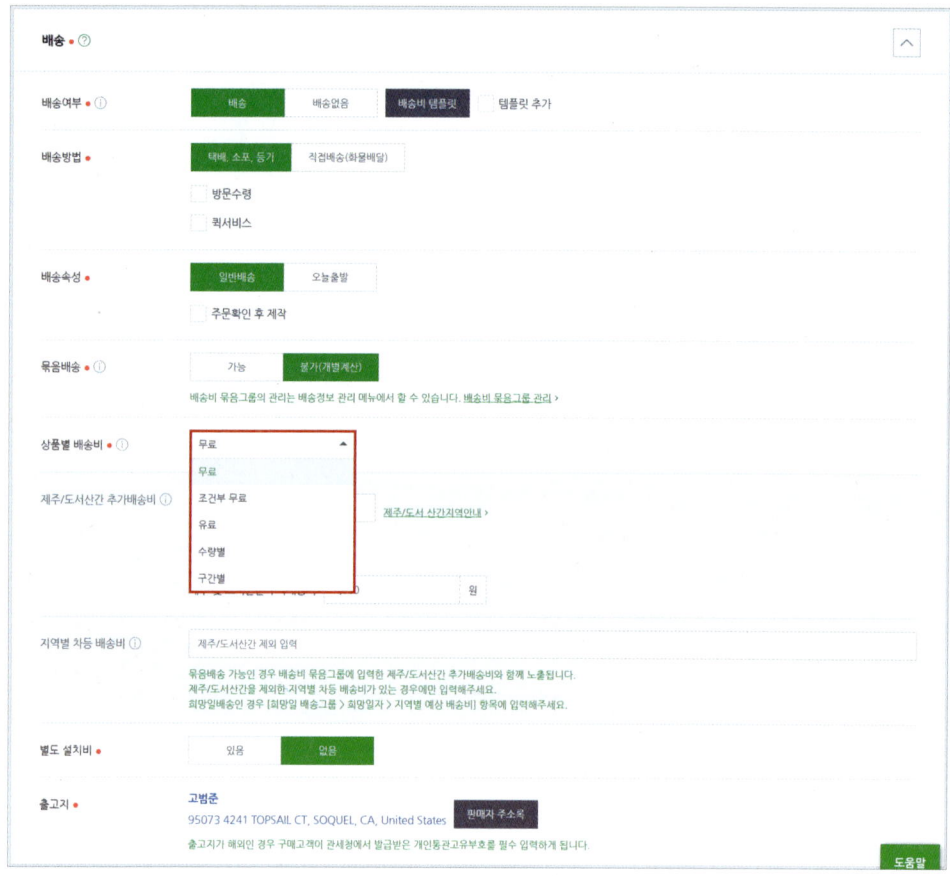

그림 4-38 배송비 설정

그림의 화면처럼 기본적인 설정은 동일하게 하되, 2가지 사항을 고려해야 한다. 상품별 배송비 설정 여부와 출고지 주소다.

01. 배송비 설정

해외구매대행의 배송비는 무료와 유료 2가지를 많이 사용한다. 무료는 말 그대로 상품의 배송비가 없다는 뜻이고, 유료는 상품의 배송비를 따로 결제해야 한다는 뜻이다.

무료배송의 경우 상품 가격에 이미 배송비를 합산한 금액으로 판매한다는 말이다. 무료배송일 경우 상품의 가격이 비싸게 느껴지는 단점이 있지만, 배송비를 내지 않아도 된다는 부분이 장점으로 작용할 수 있다.

반면에 유료배송의 경우 배송비로 별도의 큰 금액을 지불해야 한다. 국내배송의 경우 2,500원에서 3,000원 정도의 배송비를 지불하지만, 해외배송의 경우 최소 5,000원 이상의 추가 배송비를 지불해야 한다. 하지만 동일제품을 2개 이상 구매해야 하는 경우라면 무료배송 상품보다는 저렴한 가격에 제품을 구매할 수 있다.

02. 출고지 주소

해외구매대행 제품을 구매하기 위해서 제품 상세 페이지에 들어가면 다음과 같은 이미지를 확인할 수 있다.

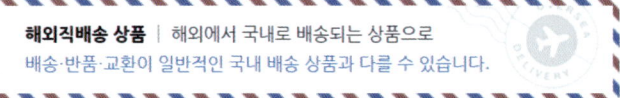

그림 4-39 해외직배송 상품 표기

위 표기는 해외구매대행 상품을 판매한다는 의무 표시다. 이 표기도 네이버에서 자동으로 입력 가능하게 기능을 설정해 두었는데, 이 표기를 하기 위해서는 출고지 주소가 해외로 설정되어 있어야 한다.

그림 4-38 배송비 설정 이미지 하단을 보면 출고지 주소가 영문으로 표기되어 있고, 실제 주소 또한 해외로 설정된 것을 볼 수 있다. 이렇게 출고지 주소를 해외로 설정하면 해외직배송 상품 표기가 자동으로 설정되어 노출된다.

이 해외 출고지 주소는 대부분 판매자가 본인이 사용하는 배대지 주소를 영문으로 입력한다. 자신이 이용하는 배대지에 문의하면 영문으로 작성된 주소를 받을 수 있다. 그렇게 받은 영문 주소를 입력하면 된다.

반품/교환

반품/교환을 해야 하는 상황에 대비하여 비용을 설정하는 항목이다.

국내에서 반품/교환에 청구되는 금액은 편도 배송비와 왕복 배송비 개념으로 생각할 수 있다. 배송비의 경우 스토어의 규모나 택배사와의 계약 내용이 제각각이기 때문에 모두 같다고 할 수는 없지만, 대부분의 스토어에서 반품 3,000원, 교환 6,000원 정도 선에서 배송비가 책정된다.

하지만 해외구매대행에서는 그 특성상 해외에서 상품이 국내로 발송되기 때문에 기본적인 배송비용이 국내와 다르게 훨씬 높다. 그에 따라 반품이나 교환을 위해서 청구해야 하는 비용이 높을 수밖에 없다.

그러면 반품/교환에 청구해야 하는 비용은 어떻게 책정하며 얼마를 설정해야 할까?

그림 4-40 반품/교환

위 그림을 보면 반품배송비는 5만 원, 교환배송비는 10만 원이라고 책정된 것을 볼 수 있다. 자칫 비용이 너무 과하다고 생각될 수 있지만, 다 그럴 만한 이유가 있다.

01. 비용의 구성

국내의 경우 단순하게 국내 택배를 이용해서 왕복하는 것에 불과하지만, 해외구매대행의 경우 반품이나 교환을 하는 경우 [해외→소비자→판매자→해외]라는 기본 틀에서 모든 배송에 필요한 비용을 생각해야 한다. 정확한 구성을 살펴보면 다음과 같다.

- 비용 구성: 현지배송비+해외배송비+국내배송비+해외배송비
- 현지배송비: 현지 판매자가 배대지로 보내는 데 발생하는 배송비
- 해외배송비: 배대지에서 소비자에게 보내는 데 발생하는 배송비
- 국내배송비: 소비자에게서 물건을 회수하는 데 발생하는 배송비
- 해외배송비: 회수한 물건을 다시 해외 판매자에게 보내는 데 발생하는 배송비

위 모든 비용을 반품/교환 배송비에 포함해야 한다.

02. 기본 반품/교환 비용을 높게 설정해야 하는 이유

해외에서 한국으로 보낼 때 소요되는 배송비는 크기와 무게에 비례해서 달라진다. 크고 무거울수록 배송 비용이 올라간다. 그래서 조금 크고 무거운 제품의 경우 한국으로 보낼 때 소요되는 비용이 몇 만 원까지 올라간다. 여기에 반대로 다시 해외로 보낼 때 소요되는 비용까지 생각하면 금액이 당연히 커지게 된다.

소비자가 반품/교환을 원할 경우 5만 원, 10만 원이라는 높은 금액을 안내하는 또 다른 이유는 소비자의 인식에 따른 분쟁을 피하기 위함이다. 반품배송비를 6,000원으로 알고 반품 신청을 했다가 배송비 3만 원이 발생하는

경우와 반품배송비를 5만 원으로 알고 반품 신청을 했다가 배송비 3만 원이 발생하는 경우, 어느 쪽이 소비자와의 분쟁을 피해갈 수 있을까?

03. 사례를 통한 실제 비용 계산

1KG 기준 상품을 중국으로 반품한다고 가정하고 금액을 책정해보자. 최소 배송비를 잡아서 계산해 보겠다.

현지배송비 0원, 해외배송비 4,500원, 국내배송비 3,000원, 해외배송비 19,500원(우체국 EMS기준) 총합은 27,000원이다. 이 금액은 정말 최소로 계산했을 경우 해당하는 내용으로 실제는 27,000원이라는 비용보다 많은 금액이 발생한다.

이렇게 반품/배송 비용을 정확히 인지하고 책정해서 소비자에게 알려주는 것도 소비자와 판매자 모두를 위해서 꼭 알고 있어야 하는 내용이다.

노출 채널

그림 4-41 노출 채널

노출 채널은 상품을 한 번 등록하면 지속적으로 기본 저장되기 때문에 다음번에 상품을 등록할 때는 건드리지 않아도 되는 부분이다. 그래서 한 번 잘못 입력하면 다음에 등록하는 상품에도 잘못된 설정이 적용되기 때문에 신중하게 설정해야 하는 항목이기도 하다.

기본적으로 그림 4-41과 동일하게 설정하되, 공지사항을 등록해 놓았다면 공지사항도 '설정함'으로 체크하면 된다.

특히 **가격비교 사이트 등록** 항목에서 **네이버 쇼핑**에 체크 표시를 설정하지 않으면 스마트 스토어에서 내 제품은 등록되어 확인되지만, 네이버 쇼핑에서는 내 제품이 검색되지 않기 때문에 구매자들이 내 제품을 볼 수 없게 된다. **가격비교 사이트 등록**은 잊지 말고 꼭 체크하자. 이것만 주의해도 노출 채널은 다 설정했다고 봐도 무방하다.

이렇게 해서 상품 등록 방법에 대해 알아봤고, 이제 상품이 판매되고 난 후에 어떻게 처리해야 하는지 알아보자.

배송 처리 프로세스

배송 또한 국내 제품과는 프로세스가 전혀 다르다. 해외에서 발송되는 제품을 한국으로 보내는 과정이 추가되기 때문인데, 이 부분에서 꼬이면 자칫 네이버에서 페널티를 받아서 최악의 경우 스토어 문을 닫아야 하는 경우도 발생할 수 있으니 배송 처리 프로세스에 대해 차근차근 알아보자.

주문이 들어오면 제일 먼저 해야 할 일

처음에는 주문이 들어오면 뭘 먼저 해야 할지 몰라서 당황한다. 해외구매대행 상품의 경우 주문이 들어오면 가장 먼저 할 일은 해당 제품을 판매하는 해외 판매자에게 재고 여부를 물어보는 것이다.

주문을 받고 해외 판매자에게 상품의 재고 유무를 확인하지 않고 배송 프로세스를 진행해 버리면 자칫 현지에 물건이 없는 불상사가 발생할 수 있고, 그럴 때 고객과의 마찰이 빚어지는데, 이런 상황을 최대한 막기 위해서라도 재고 여부를 꼭 물어봐야 한다.

발주 확인하기

스토어에 신규로 주문이 들어왔을 때 스토어센터 화면을 보면 다음과 같다.

그림 4-42 신규 주문 확인

그림처럼 신규 주문이 1건 들어온 것을 확인할 수 있다. 이 상태에서는 발주 확인이라는 것을 해줘야 하는데, 발주 확인은 한 마디로 주문한 상품을 확인하고 배송 준비 중이라는 말이 된다. 그래서 발주 확인을 할 경우 상품은 바로 배송 준비 상태로 변경된다.

그런데 이것을 제때 하지 않으면 구매자는 판매자의 동의 없이 주문을 철회할 수 있다. 우리가 이미 해외의 상품 재고를 물어보고 주문했다고 하더라도 구매자는 임의로 주문을 철회할 수 있고 바로 환불되기 때문에 무조건 [발주확인] 버튼을 눌러서 배송 준비 상태로 변경해줘야 한다.

발주 확인을 하는 방법은 다음과 같다.

그림 4-43 발주확인 버튼

발주 확인을 하는 방법은 위처럼 발주 확인을 하려는 상품을 체크하고 [발주확인] 버튼을 누르면 된다. 그러면 다음과 같이 배송상태가 변경된다.

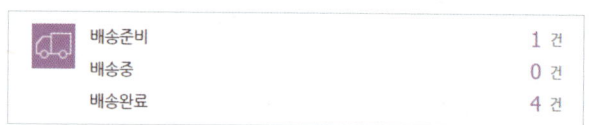

그림 4-44 배송 준비로 상품 상태가 변경됨

이렇게 배송 준비 상태로 변경되고 나면 구매자가 판매자의 동의 없이 상품의 주문을 철회할 수 없다. 판매자의 동의가 있어야만 주문 철회를 하고 환불을 요청할 수 있는 것이다. 이렇듯 판매자의 피해를 최소화하기 위해 발주 확인은 필수다.

발송 지연 처리하기

위에서 발주 확인을 했다면 그다음으로 생각해야 하는 것이 바로 배송 일자다.

발주확인(신규 주문건 확인) 및 발송처리, 발송지연 처리를 하실 수 있습니다.

- 일반 상품의 경우 결제일로부터 3영업일 이내에 발송처리를 진행하지 않으시면 페널티가 부과됩니다.
- 발송 처리가 늦어질 것으로 예상되시면 하단 '발송지연 처리' 버튼을 눌러 배송가능한 기한을 설정해 주세요.(1회만 가능)
- 택배 이외에 등기/소포/퀵서비스/방문수령/직접전달한 주문도 주문목록에서 배송정보 입력이 가능합니다.

그림 4-45 발송 지연 처리 안내

스마트스토어는 주문이 들어오고 발송하기까지 기본적으로 3일의 의무 발송기한을 준다. 이 말은 3영업일 안에 상품을 구매자에게 발송해야 한다는 말이다. 이 기간 안에 상품을 발송하지 못하면 판매 페널티를 받게 되는데, 1일 발송 연장에 1점씩 부과된다.

부여되는 판매 페널티는 점수와 비율로 표시되는데, 10점 이상이면서 40% 이상이 되면 판매 활동의 제한이 발생할 수 있다. 그래서 판매 페널티 관리를 위해서도 의무 발송기한은 꼭 지키는 것이 좋다.

그런데 우리는 해외에서 상품을 보내야 하기에 3일 안에 상품을 발송할 수가 없다. 그래서 의무 발송기한을 해외구매대행 사업자들은 지킬 수 없는 문제가 발생한다.

원래 의무 발송기한은 국내 판매자들이 빠르게 상품을 보내도록 하기 위해서 만들어 놓은 제도인데, 해외상품을 판매하는 판매자들이 나오기 시작하면서 한때는 해외구매대행 사업자라는 증빙을 하고 의무 발송기한을 최대 15일까지 늘려주었지만 이제는 그것도 허용하지 않는다.

그래서 한 가지 대안으로 발송 지연 처리라는 것을 한다. 발송 지연 처리를 하는 방법은 다음과 같다.

그림 4-46 발송지연 처리 버튼

위처럼 발송지연 처리를 하고자 하는 주문건을 선택하고 상단의 [발송지연 처리] 버튼을 누르면 다음과 같은 팝업 화면이 나온다.

오른쪽 팝업창에서 발송기한을 설정하고 발송지연 상세사유를 적은 후 [발송지연 처리] 버튼을 누르면 발송지연 처리가 완료된다.

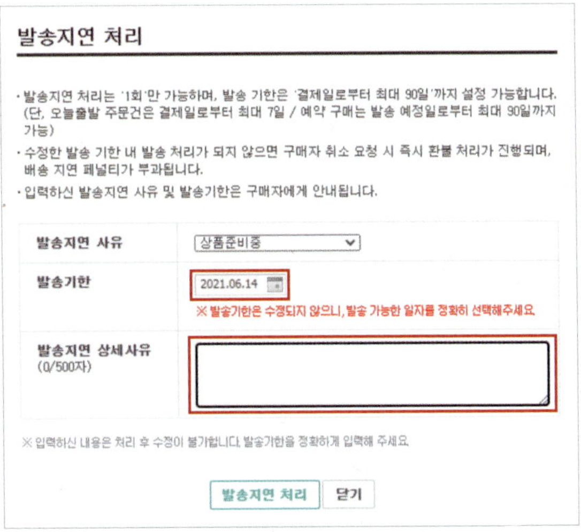

그림 4-47 발송지연 처리 화면

이때 주의할 점이 있다. 그림 4-45의 발송지연 처리 안내문을 보면 두 번째 항목에 1회만 가능하다고 나와 있는 부분이 보일 것이다. 발송 지연 처리는 단 1회만 할 수 있기 때문에 최대한 넉넉한 기간을 설정하고 처리하는 것이 좋다. 그렇지 않으면 위에서 언급한 대로 하루에 1점씩 판매 페널티를 받게 된다.

반품 처리 프로세스

온라인 쇼핑몰 사업을 하다 보면 반품에서 자유로울 수 없다. 반품 사유는 너무도 다양하다. 단순하게는 '그냥 기분이 나빠서'라는 이유에서부터 제품의 파손에 이르기까지 판매자들의 속을 타게 만드는 것이 바로 반품이다.

또한 반품은 바로 판매자의 손해로 이어진다. 이에 일부 판매자는 반품율을 수치화하고 금액을 계산해서 상품의 가격에 반영하기까지 한다. 그만큼 반품에 민감할 수밖에 없다.

예를 들어 의류 쇼핑몰은 가장 반품율이 높은 카테고리다. 적게는 5%에서, 많게는 15%에 이르는 제품이 반품으로 다시 판매자에게 돌아온다. 그런 이유로 의류 상품은 전체적으로 마진을 높게 잡는 편이다. 10%에 이르는 반품으로 인한 손해 부분을 메우기 위해서다.

그럼 구매대행에서는 어떤 반품이 있을 수 있고 어떻게 처리하는 게 판매자에게 가장 유리한지 알아보자.

단순 변심에 의한 반품 처리 프로세스

단순 변심에 의한 반품이 판매자 입장에서는 가장 손해가 적다. 단순 변심에 의한 반품의 경우는 실제 반품을 하기까지 발생하는 모든 비용을 구매자가 부담하기 때문이다. 그런 이유로 단순 변심에 의한 반품은 상당히 적은 편이다. 필자 기준으로도 3년을 운영하면서 받은 단순 변심에 의한 반품은 10건이 채 안 된다.

특히 해외구매대행의 경우 단순 변심에 의한 반품이 적을 수밖에 없다. 이유를 꼽자면 당연히 높은 반품 비용 때문일 것이다. 위에서도 언급했지만, 해외구매대행은 반품 비용 자체가 높다. 최소기준으로 했을 때도 2만 원이 넘는 금액이 반품에 필요한 배송 비용으로 발생한다.

해외구매대행에서는 단순 변심으로 인한 환불이 불가능한 경우도 있다. 바로 포장을 훼손한 경우다. 국내 판매 제품도 어느 정도 해당하는 상황이지만, 상품의 포장을 훼손했을 경우 반품을 받아주지 않는다. 포장이 훼손된 경우 해외의 판매자에게 제품을 반송했을 때 실제로 반품 처리를 받을 수 없기 때문이다.

그러면 위 상황을 포함한 단순 변심에 의한 반품이 접수되었을 때 어떻게 대처하면 되는지 순서대로 알아보자.

01. 상품 포장의 훼손 상태를 알아보자.

상품의 상자나 포장지 등을 훼손한 경우에는 반품을 받아줄 수 없다. 국내 상품의 경우 재포장 후 판매해도 된다는 가정하에 무조건 반품을 받아줘야 하지만, 해외구매대행 제품의 경우 그렇지 않다. 국내와는 다른 해외 기준이 더 우선하기 때문이다.

이럴 때 판매자는 상품의 포장 훼손 유무를 묻고 반품을 진행해야 한다.

02. 상품의 반품 비용 안내

해외에서 한국으로 발송되는 비용과 회수하는 비용, 해외로 발송하는 비용까지 모든 비용을 계산해서 구매자에게 안내한다. 구매자가 이를 수긍하면 계좌를 안내하고 비용을 입금 받는 방법이나 스토어 시스템으로 반품 비용을 제외하고 반품을 신청할 수 있다.

하지만 때로는 제품의 구매 비용보다 높은 반품 비용이 발생할 수 있기 때문에 대부분 반품 비용은 계좌로 안내해서 입금 처리를 받는다.

이때 중요한 항목이 하나 있다. 반품 비용을 계산할 때 내가 일한 부분에 대한 비용을 청구해야 한다는 것이다. 많은 판매자가 이 부분을 간과하고 넘어가는 경우가 많다. 내가 일한 비용을 청구하지 않는다면 상품을 구매해서 발송하고 다시 반품까지 해주는 모든 과정을 무료로 진행하는 것이다.

03. 회수 진행 & 상품 확인

상품에 이상 없음을 확인하고 구매자에게 반품 비용을 받았다면 회수를 진행한다. 회수의 경우 네이버에서 자동으로 진행하는 것을 이용할 수 없고, 판매자가 직접 반품 택배를 접수해야 한다.

구매자가 직접 택배사로 반품 신청을 해버릴 경우 상품이 우리가 이용하는 배대지의 포워딩 업체로 반송되어 버린다. 이렇게 되면 다시 내가 그 제품을 받아서 확인해야 하는데 이 과정에서 추가로 배송비가 발송한다. 반품에 사용되는 업체는 어떤 업체를 사용해도 무방하다.

반품 택배를 이용해서 상품을 받았다면 다시 한 번 상품에 이상이 없는지를 확인한다. 이때 상품에 문제가 있다는 것이 발견되면 반품 처리를 진행하면 안 된다.

반품 철회를 하고 다시 구매자에게 발송해야 한다.

04. 환불 진행하기

상품의 상태까지 확인해서 문제가 없다면 환불을 진행한다. 이미 제품의 반품에 소요되는 모든 비용을 받았기 때문에 무상 반품으로 진행하면 된다.

상품 파손에 의한 반품 처리 프로세스

상품의 파손은 판매자에게도 뼈아픈 손해가 되지만, 구매자의 기분까지 망치게 만들기 때문에 내가 손해 본다는 생각보다는 구매자의 마음을 먼저 알아주는 것이 중요하다. 자칫 CS에 불만을 품고 다툼으로 번질 수 있기 때문이다.

하지만 우리는 판매자 입장에서 손해보는 부분을 생각하지 않을 수 없다. 최악의 경우 구매자에게 무상 환불을 진행하면서 파손 제품까지 떠안아야 하는 상황이 되기 때문이다. 내 돈으로 불량 제품을 구매해서 받게 되는 것이나 마찬가지다.

그럼 상품 파손에 의한 반품 처리는 어떻게 하면 되는지 알아보자.

01. 상품의 상태를 확인

반품을 진행하기 전에 상품의 파손 유무를 확실히 확인할 필요가 있다. 일부 구매자의 경우 실제 파손이 아니거나 반품되지 않는 제품까지 파손이라는 명목으로 무상 반품을 진행하려고 한다.

그래서 판매자는 구매자가 말하는 파손 부위나 불량 여부를 사진이나 동영상으로 받아서 먼저 확인할 필요가 있다. 사진이나 영상으로 파손임이 확인될 경우에만 반품을 진행하면 된다.

02. 반품 접수

위에서 했던 것과 마찬가지로 택배사를 이용해서 반품 상품을 회수한다. 이때도 역시 구매자가 직접 택배사에 접수할 경우 포워딩 업체의 주소로 반송되니 주의하자.

03. 상품의 확인

상품이 회수되었다면 다시 한 번 상품의 상태를 체크한다. 정말 구매자가 말한 파손이 맞는지 말이다. 일부 제품의 경우 기능이 작동하지 않는다는 이유로 불량 접수를 하고 반품하기도 한다.

회수한 제품을 검수하는 과정에서 파손이나 불량이 아니라면 반품을 철회하고 단순 변심에 의한 반품으로 진행하거나 반송을 택해야 한다.

단순 변심으로 반품이 진행된다면 위에서 알려준 방법대로 진행하면 되고, 반송해야 하는 경우라면 반송에 필요한 비용을 받고 반송한다.

하지만 상품을 회수해서 확인했더니 정말 파손이나 기능 이상이 발견된다면 환불을 진행한다.

04. 환불 진행하기

실제 파손이나 불량에 의한 반품이기 때문에 판매자 귀책으로 무상 반품을 진행한다.

반품 받은 상품을 처리하는 3가지 방법

위에서 언급한 1. 단순 변심에 의한 반품, 2. 상품 파손에 의한 반품의 2가지 방법으로 상품의 회수를 진행하고 반품을 마쳤다면 우리 손에는 멀쩡한 상품이나 불량 상품이 있을 것이다. 그럼 이 상품은 어떻게 처리할까?

01. 단순 변심으로 반품 받은 상품 처리하기

상품 자체에 문제가 없기 때문에 이 제품은 다시 해외로 발송하고 환불을 받는 것이 맞는 방법이다. 이때는 해외 판매자와 대화를 진행해야 한다. 하지만 해당 상품이 한국으로 배송되고 나서 다시 상품을 회수하는 기일까지 포함하면 해외 판매자도 무상으로 반품해 줘야 할 의무 기간이 경과했기 때문에 대부분 반품을 해주지 않는 경우가 많다.

그런 경우에 해당 제품의 관부가세를 지불하고 한국에서 다시 판매를 할 수 있다. 하지만 앞서 말했듯이 실제 단순 변심에 의한 반품은 상품 수만 개를 판매하는 동안 10건이 안 되게 발생했던 상황으로, 고가의 상품이 아니라면 판매자가 자체적으로 소비하거나 선물을 주는 방식으로 현금화하지 않고 상품을 소비한다.

02. 파손으로 반품 받은 상품 처리하기

이 부분이 가장 난감한 상황이다. 위에서도 말했지만 상품에 문제가 없어도 해외 판매자에게 환불을 받을 수 있는 확률은 거의 희박하지만, 제품에 문제가 있다고 하더라도 상황이 크게 다르지 않기 때문이다.

이런 상황이라면 판매자는 100% 본인 손해를 보며 제품을 떠안아야 한다. 일반적으로는 이 경우 폐기를 진행한다. 여기서 조금이라도 덜 손해를 보려면 구매자로 하여금 직접 폐기하게 하는 게 최선이다. 그렇게 되면 최소 회수 배송비 정도는 절약할 수 있다.

03. 최대한 반품을 받지 않는 쪽으로 유도하기

상품의 파손이나 불량의 상황에서는 파손이나 불량의 경중을 확인할 수 있다. 파손 정도가 크지 않고 기능에 크게 영향을 미치지 않는 불량이라면 구매자와 대화하는 것을 추천한다. 제품의 사용에 문제가 없다면 일부 금액을 환불해주고 제품을 사용하도록 유도하는 것이다.

고객의 입장에서 보면 사용상에는 큰 문제가 없지만 제품을 저렴하게 구매했다는 생각이 들기에 이를 받아들일 수 있고, 판매자 입장에서는 이렇게 해서 상품 가액의 절반만이라도 건질 수 있다면 그걸로 손해가 크게 줄어들기 때문이다.

이렇게 3가지 방법을 통해서 반품 받은 상품을 처리하는 게 좋다.

판매 후 CS 관리

해외구매대행에서 CS라고 하면 크게 2가지로 나뉜다. 바로 배송 관련 CS와 A/S 관련 CS다. 이 2가지 이외의 CS는 크게 없다고 봐도 무방하다.

그럼 배송 관련 CS와 A/S 관련 CS에 어떤 이슈가 있고, 각 이슈마다 어떻게 대처하면 좋을지 알아보자.

제품은 언제쯤 오나요?

해외구매대행에서 가장 많이 받는 질문이다. 이 질문도 2가지로 나뉘는데, 하나씩 알아보자.

01. 해외구매대행 상품인 줄 몰랐어요.

의외로 많은 구매자가 자신이 구매한 상품이 해외구매대행 상품이라는 것을 모르고 구매한다. 앞서 '고객과의 약속, 공지사항'에서 설명했던 부분이지만, 공지사항을 잘 보지 않는 구매자도 많고, 너무 작은 글씨로 해외구매대행 상품이라는 것을 표기해서 보지 못하는 경우도 있다.

이럴 때는 구매한 상품이 해외구매대행 상품임을 설명하고 자세한 배송 일정을 안내하는 것이 좋다.

02. 내 물건은 언제 받을 수 있나요?

해외구매대행은 배송 일정상 기본 일주일 이상 소요된다고 보는 게 맞다. 그렇다 보니 해외 제품이라는 것을 인지하는 구매자들은 기본적으로 일주일 정도는 마음 놓고 기다리는 편이다. 다만 요즘에는 일주일 안으로 배송되는 경우가 많다 보니 기다림의 시간을 참지 못하는 구매자들의 연락을 받을 일이 생긴다.

가장 난감할 때는 대략 일주일 정도 배송을 기다린 고객이 연락을 해오는 경우다. 이런 경우 해외 배송 상황과 배대지에서 검수 과정을 거치고 한국으로 배송되는 프로세스를 상세하게 설명해야 한다. 물론 기다림에 지친 고객의 마음을 달래주는 것도 필요한 부분이다.

또한 이에 앞서 주문이 들어온 시점에서 고객에게 톡톡 서비스나 문자 서비스 등으로 구매한 제품이 해외구매대행 상품임을 알리는 내용과 함께 배송 관련 일정 등을 안내하는 것도 CS를 줄일 수 있는 좋은 방법이다.

제품의 A/S는 어떻게 받나요?

해외구매대행 상품의 A/S는 기본적으로 불가하다. 이는 해외구매대행에서 어찌 보면 당연한 부분이다. 해외구매대행 사업의 기본 개념이 단순히 구매를 대행해주는 서비스를 제공하고 그에 따른 서비스 비용을 받는 사업이기 때문이다.

하지만 많은 구매자가 A/S에 대해 문의한다. 이럴 경우 현실적으로 판단해서 개인 판매자가 A/S에 응할 의무도 없고 책임을 져야 할 의무도 없음을 명심하자.

해외구매대행 사업자가 A/S 서비스를 제공할 수 없는 가장 큰 이유는 바로 판매한 상품이 해외상품이라는 것에 있다. 대부분 상품에 대한 A/S는 판매처에 문의하는 것이 맞다. 결국 우리가 판매한 상품의 A/S는 현지 판매자가 해줘야 하는 것이다. 그렇다 보니 구매대행자 입장에서는 A/S를 해줄 수가 없다.

A/S를 받으려면 다시 해외로 상품을 보내야 하고 A/S를 받은 후 다시 한국으로 돌려받아야 하는데, 이 과정이 만만치 않고 설령 성공했다고 하더라도 많은 비용이 청구된다. 왕복 배송에 필요한 요금과 A/S에서 발생할지 모르는 비용까지 부담해야 한다. 이렇게 해외구매대행 상품은 국내 A/S가 불가능하기 때문에 공지사항에 이런 내용을 포함해야 하고 A/S가 불가하다는 안내를 빠뜨리지 말고 해야 한다.

그런데 어떤 구매대행 판매자들은 A/S를 제공하기도 한다. 이런 판매자들은 과연 어떻게 A/S를 제공하는지 알아보자.

A/S를 제공하는 한 가지 방법

위에서 말한 대로 해외구매대행 상품은 국내 A/S가 기본적으로 불가하다고 안내하고 상품을 판매한다. 하지만 간혹 국내 A/S를 제공하는 업체를 본 적이 있을 것이다. 그럼 이런 업체들은 어떻게 A/S를 제공하는 것일까?

A/S를 제공하는 카테고리를 보면 알 수 있지만, 이런 제품은 대부분 디지털/가전제품에 해당한다. 또 한 가지 카테고리는 잡화류 중에서 가죽 가방 제품이다.

우리나라에는 사설 수리업체 중 디지털/가전제품이나 가방류 업체가 많다. 그리고 수리 경험도 많고 온라인으로 수리 요청을 받아서 택배로 수리를 해주는 업체도 많다.

눈치가 빠른 사람은 이미 알아챘겠지만, 이런 수리업체와 연계해서 A/S 서비스를 제공하는 것이다. 이렇게 하면 수리비는 판매자가 납부하고 배송 비용 정도만 고객이 부담하는 방식으로, 무상으로 수리를 해주는 A/S 서비스를 제공할 수 있다.

	판매 가격	A/S 유무
A 상점	55,000원	불가
B 상점	59,000원	1년 무상 A/S

위와 같이 2개의 상점이 있다. 동일한 제품을 구매대행으로 판매하는 스토어라면 소비자는 어떤 것을 구매할까? 해외구매대행이지만 무상 A/S를 1년이나 해준다고 하면 많은 사람이 B 상점에서 상품을 구매하려고 할 것이다. 해외구매대행 상품의 A/S에 대한 불안함을 단돈 몇 천 원으로 해결할 수 있기 때문이다.

그러면 무상으로 A/S를 해줘야 하는데, 판매자 손해가 아닐까? 이때는 해외구매대행 제품을 판매하면서 실제로 A/S를 해줘야 하는 일이 얼마나 많을지 생각해 보면 된다. 10개를 팔아서 2개를 각각 2만 원에 수리해준다고 생각하면 다음과 같이 계산할 수 있다.

    A 상점 - 55,000원 * 10개 = 550,000원

    B 상점 - 59,000원 * 10개 = 590,000원 - 40,000원 = 550,000원

이 계산만 보면 결국 두 상점이 벌어들인 돈이 동일하다고 생각할 수 있지만, A 상점보다 B 상점이 제품을 훨씬 더 많이 판다면 결과는 점점 달라질 것이다.

소비자로 하여금 믿고 구매할 수 있도록 만들어서 판매량을 늘리고, 혹시나 무상 A/S를 받았다는 후기라도 하나 작성해주는 구매자가 있다면 그 후기를 보고 더 많은 사람이 상품을 구매하게 되는 선순환이 작용할 수도 있다.

이렇듯 단순히 A/S라는 항목 하나로도 다른 숍과 차별점을 두고 판매에서 우위를 점할 수 있다.

05

경쟁력 있는
아이템 찾기

아이템 소싱의 기본 익히기
적절한 상품의 가격이란

해외구매대행 스토어를 운영하면서 많은 사람이 가장 어려워하는 것 중 하나가 바로 상품을 찾는 일, 즉 아이템 소싱이다. 아이템 소싱을 못해서 상품이 안 팔린다고 생각하기 때문이다. 이건 어떤 면에서는 맞고, 어떤 면에서는 틀린 이야기지만, 기본적으로 상품을 잘 찾는 것, 즉 경쟁력 있는 아이템을 찾는 일이 해외구매대행 스토어를 운영하는 데 중요한 것은 맞다.

그래서 이번 장에서는 아이템을 소싱하기 위해 어떤 것을 알아야 하고 판매할 상품을 찾았다면 가격은 어떤 방식으로 책정해야 하는지 알아보려고 한다.

아이템 소싱의 기본 익히기

구매대행 스토어를 운영하면서 상품을 찾아서 올리는 과정을 충실히 실행한 사람도 판매에 어려움을 겪는다. 판매가 어려운 이유에는 여러 가지가 있을 수 있다. 홍보의 부족, 상품의 숫자 부족, 상세 페이지의 퀄리티 등 여러 가지 이유가 있겠지만, 가장 많은 문제를 보이는 것이 상품 소싱이다.

대부분 판매자가 상품을 소싱할 때 실수하는 것이 자기만의 기준으로 상품을 고른다는 것이다. '이건 예쁘니까 팔리겠지~', '이건 싸니까 팔리겠지~', '이건 내 스타일이야~' 같은 방식으로 상품을 소싱한다.

스토어 컨설팅을 통해서 실제 스토어를 운영하는 판매자들과 이야기를 나누다 보면 이런 방식으로 상품을 소싱해서 판매하는 판매자들의 대부분이 판매에 어려움을 겪는다. 그럼 경쟁력 있는 아이템을 찾기 위해서 필수로 알아야 할 몇 가지를 알아보자.

쇼핑도 트렌드가 있다

쇼핑에도 트렌드가 있다는 말은 여러 가지 의미를 지니지만, 가장 큰 의미는 '요즘에 사람들이 어떤 제품을 많이 사는가?'다. 내가 팔고 싶은 것이 아닌, 실제로 구매하고자 하는 사람들에게 인기 있는 물건을 알아야 한다는 말이다.

그럼 사람들이 많이 사는 물건은 어디서 알 수 있을까? 다음 이미지를 보면서 알아보자.

그림 5-1 네이버 메인 화면

위 이미지는 네이버 메인 화면이다. 메뉴를 보면 **쇼핑**이라는 탭을 확인할 수 있다. 쇼핑 탭을 눌러보자.

그림 5-2 네이버 쇼핑 탭

네이버 쇼핑 위쪽을 보면 **쇼핑BEST**라는 메뉴가 있다. 그것을 눌러보자.

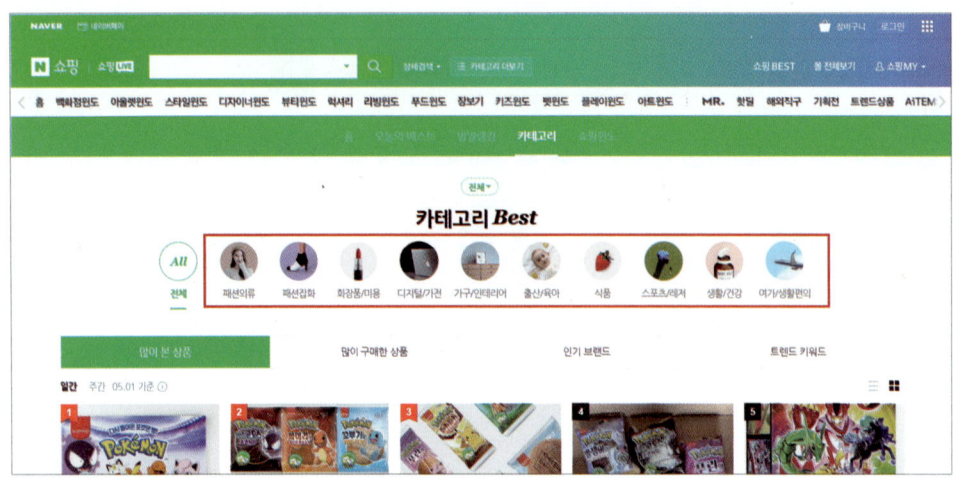

그림 5-3 네이버 쇼핑BEST 카테고리

네이버 쇼핑 **쇼핑BEST**에 접속하면 그림 5-3과 같은 화면이 나오는데, 그림의 빨간색 네모를 보면 10개의 카테고리가 보일 것이다. 패션의류, 패션잡화, 화장품/미용, 디지털/가전, 가구/인테리어, 식품, 스포츠/레저, 출산/육아, 생활/건강, 여가/생활편의 이렇게 총 10개의 카테고리다.

4장에서 네이버 스마트스토어에 상품을 업로드할 때 카테고리를 정해서 등록했을 것이다. 눈치가 빠른 사람이라면 벌써 눈치를 챘겠지만, 위에 보이는 10개의 카테고리는 바로 스마트스토어에 있는 카테고리와 동일하다. 스마트스토어에 있는 카테고리와 동일하다는 것은 거기서 스마트스토어에 올릴 수 있는 모든 카테고리의 제품을 볼 수 있다는 것이다.

그와 더불어 카테고리별로 '많이 본 상품', '많이 구매한 상품', '인기 브랜드', '트렌드 키워드'까지 확인할 수 있다. 그럼 패션의류 카테고리를 한 번 눌러보자.

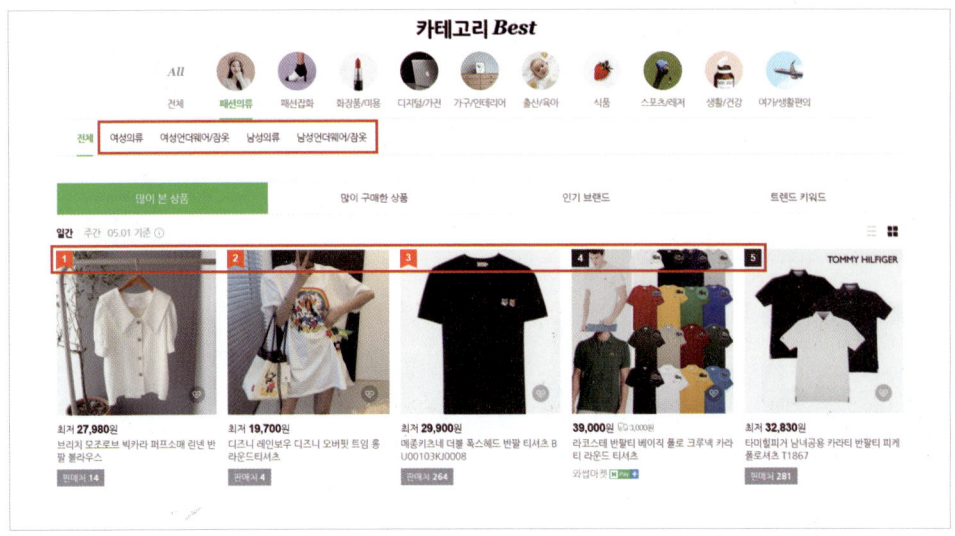

그림 5-4 카테고리 Best 패션의류 카테고리

위 그림에서 위쪽 빨간색 표시 부분에 여성의류, 여성언더웨어/잠옷, 남성의류, 남성언더웨어/잠옷이라는 4가지 카테고리가 보이는데, 이것은 중분류를 의미한다. 패션의류는 대분류이고, 이 4가지 카테고리는 중분류를 의미한다. 중분류를 누르면 다시 한 번 소분류가 나타난다.

그림 아래쪽의 빨간색 상자를 보면 1~5까지 숫자가 보인다. 이것은 최근 2일, 7일 기준 네이버 쇼핑을 통한 판매 실적과 상품 클릭 수를 반영하여 매일 업데이트되는 내용이다.

네이버의 기준에 따라서 매일 업데이트해주는 결과물이므로 매일 다른 내용으로 변경된다. 매일 같은 카테고리를 들어가다 보면 어떤 상품이 인기가 많은지 알 수 있을 것이다.

그림 소분류까지 눌러서 한 번 확인해보자.

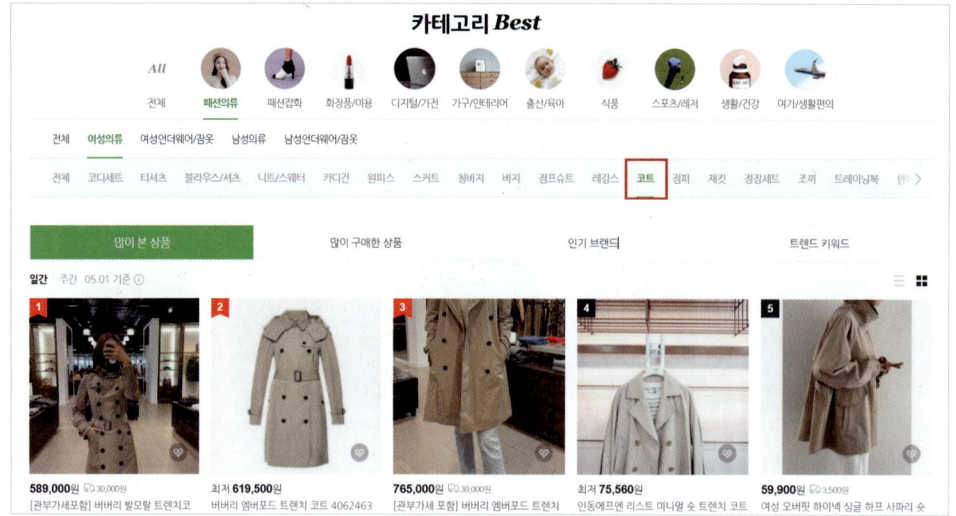

그림 5-5 소분류 코트 카테고리

위 이미지는 [패션의류>여성의류>코트]의 소분류 카테고리까지 눌러서 확인한 결과물이다. 코트 말고도 다양한 소분류 카테고리가 있는데, 각 카테고리마다 해당 카테고리의 잘 팔리는 제품이 보인다.

자신이 업로드하려는 카테고리가 있다면 해당 카테고리에서 가장 잘 팔리고 많은 사람이 눌러보는 상품을 확인할 수 있다. 현재 기준으로 가장 인기 있는 상품을 확인할 수 있으므로 내가 상품을 임의로 고르는 것보다 인기 있는 상품을 소싱할 수 있다.

위 방법으로 최근 상품 판매 트렌드를 알아보고 상품 소싱에 큰 도움을 받을 수 있다. 실제로 필자는 네이버 쇼핑BEST의 진정한 의미를 알기 전과 후로 상품 소싱의 퀄리티가 완전히 바뀌고 판매량이 달라지는 경험을 했다. 그후로 아직까지도 일주일에 2회 이상 쇼핑BEST에 접속해서 많은 상품을 구경하는 일을 빼먹지 않고 하고 있다.

잘 나가는 스토어 분석

벤치마킹이라는 말은 많이 들어봤을 것으로 생각한다. 벤치마킹이란 무엇인가? 한 줄로 벤치마킹에 대해서 설명하자면 경쟁업체를 분석해서 내 사업에 적용하는 것이다. 그러면 벤치마킹을 구매대행 스토어에 적용한다면 무엇을 할 수 있을까?

크게 보면 2가지로 적용해볼 수 있다.

01. 경쟁업체 마진 분석

적을 알고 나를 알면 백전백승이라는 말이 있다. 상품을 소싱함에 있어서 이미 해외구매대행 판매를 하는 스토어를 들어가서 어떤 상품을 판매하는지 아는 것도 중요하지만, 실제 그 제품을 판매를 했을 때 얼마의 마진이 남는지를 아는 것도 중요하다.

경쟁업체가 어떤 제품을 판매해서 얼마의 마진을 남기는지 알 수 있다면 나도 해당 제품을 판매했을 때 얼마의 마진을 남길 수 있을지 예측이 가능하다.

예를 들어 벤치마킹하려는 경쟁업체에서 A라는 제품을 판매해서 10,000원의 마진을 남기고 있다면 나도 동일하거나 비슷한 제품을 판매했을 때 10,000원 정도의 마진을 남기는 것이 가능하다는 판단이 설 것이고, 이를 토대로 상품을 소싱하는 데 도움을 받을 수 있을 것이다.

02. 상세 페이지 분석

상세 페이지 분석은 가장 기본적인 벤치마킹 포인트다. 상세 페이지의 기본 구성부터 내용까지 벤치마킹의 대상이 될 수 있다.

해외구매대행 상품은 해외에 있는 이미지를 가져와서 상세 페이지를 만들다 보니 상세 페이지를 벤치마킹한다는 것이 의미가 있나 하는 생각이 들지만, 오히려 해외구매대행 상품은 이미지의 위치나 상세 페이지 속의 언어가 한국어가 아니기 때문에 더 많은 부분에서 벤치마킹이 필요한 대상이다.

잘 나가는 스토어 분석에서 적용할 수 있는 벤치마킹 요소가 한 가지 더 있는데, 이 부분은 중요한 내용으로 6장 '스마트스토어 파헤치기' 부분에서 보다 자세하게 다루겠다.

잘나가는 상품 추천 사이트

잘나가는 스토어와 상품의 분석을 통해서 상품을 추천해주는 사이트가 있다. 이 사이트는 일반에 공개된 사이트가 아닌 사업자 전용 사이트로 회원가입 시 사업자등록증을 첨부해야 가입이 가능하다. 사업자가 아니라면 가입할 수 없다.

- 아이템모아 사이트 – www.itemoa.com

그림 5-6 아이템모아 사이트

아이템모아 사이트는 해외구매대행 스토어 2천여 개를 분석해서 잘 팔리는 상품과 비슷한 상품군을 찾아서 알려준다. 이 사이트의 상품 소싱 기준은 다음과 같다.

1. **과거에 잘 팔린 제품**: 과거부터 현재까지 계속해서 잘 팔리는 스테디셀러 제품을 모아 놓았다.
2. **현재 잘 팔리는 제품**: 현재 약 2천여 개의 사이트에서 판매가 잘 이루어지고 있는 제품을 모아 놓았다.
3. **잘 팔리는 제품과 비슷한 제품**: 잘 팔리는 제품들과 비슷한 디자인, 비슷한 가격의 제품을 모아 놓았다.
4. **잘 팔릴 것 같은 제품**: 과거와 현재 데이터를 기반으로 앞으로 잘 팔릴 가능성이 있는 제품을 모아 놓았다.

이 사이트는 2024년 7월에 새롭게 리뉴얼되었고, 사이트 리뉴얼과 함께 새로운 멤버십 정책이 적용된다. 일반 멤버십과 플래티넘 멤버십 2가지로 구성되어 있는데, 멤버십별로 20개의 사업자만 멤버십 서비스를 이용할 수 있게 제한되어 있다.

적절한 상품의 가격이란

상품의 가격은 어떻게 정해진다고 생각하는가? 이 질문에 확실한 대답을 할 수 있는 사람은 많지 않다. 물론 상품 가격에는 수많은 요소가 포함되어 있기 때문에 모든 상품의 가격 구성 요소를 알 수 없지만 반면에 구매대행의 가격 구성 요소는 정해져 있다.

상품의 판매가는 원가+배송비+판매수수료+마진으로 책정된다.

그런데 왜 많은 판매자가 상품의 가격을 정하는 것이 어렵다고 말하는 것일까? 얼마에 판매할지 정한다는 것은 곧 얼마를 남길 것인가, 즉 마진을 얼마로 정하는가가 관건인데, 이 마진을 정하는 데 어려움을 겪기 때문에 상품의 판매가를 책정하는 것이 어렵다고 느끼는 것이다.

위에서 잠깐 이야기했듯이, 가장 기본적으로 시도해 볼 수 있는 방법은 경쟁업체 마진 분석이라는 것을 해보고 그와 비슷하게 마진을 책정하는 방법이다. 하지만 모든 상품을 다 경쟁사의 마진 책정 방식을 따라서 할 수는 없기에 나만의 가격을 정하는 기준을 세우는 것도 중요하다.

그럼 어떤 방식으로 나만의 기준을 정할 수 있을지 알아보자.

상품 가격의 비밀

위에서 상품의 가격을 구성하는 요소는 딱 정해져 있다고 말했다. 그중 내가 결정할 수 있는 것은 단 한 가지, 마진이라고 했는데, 사실 마진이라는 요소만으로 상품의 가격을 정하지는 않는다. 다른 모든 부분은 이미 정해져 있고 유동적인 부분은 마진밖에 없는데, 도대체 다른 요소가 무엇이란 말일까?

대부분 판매자들이 간과하거나 너무도 당연하다고 생각하는 원가라는 부분에서 상품의 가격을 정하는 비밀이 숨어 있다.

이에 대해서 한 가지 퀴즈를 내보겠다.

> **Q** 원가 2만 원짜리 제품과 원가 3만 원짜리 제품이 있다. 어떤 제품의 판매가를 더 비싸게 책정해야 할까?
> 1. 원가 2만 원짜리 상품
> 2. 원가 3만 원짜리 상품

위 질문에 대한 답은 뭐라고 생각하는가? 1번? 2번? 당신은 어떤 것을 골랐는가?

이 글을 읽는 대부분 판매자는 2번이라고 대답할 것이다. 당연히 싸게 물건을 사오면 싸게 판매하는 것이고, 비싸게 사오면 비싸게 판매하는 것이라 생각하기 때문이다.

정답은 1번, 2번 모두 될 수 있다. 원가에 따라 상품의 가격을 정해야만 하는 것은 아니다.

위 퀴즈의 질문처럼 원가 2만 원과 3만 원인 상품이 판매가는 똑같이 4만 원일 수도 있고, 원가 2만 원짜리 상품은 5만원에 판매하고 원가 3만원인 상품은 4만 원에 판매할 수도 있다.

해외구매대행의 장점이 뭐라고 생각하냐는 물음에 필자는 한 가지로 대답한다. '상품의 마진을 내가 마음대로 정할 수 있다는 것!'이라고 말이다. 원가에서 따라서 상품의 판매가를 정한다면 많은 사람이 말하듯이 정해진 마진을 남겨야 하는 딜레마에 빠지게 된다.

이제 앞으로는 상품의 원가에 따라 가격을 정하지 말자!

적절한 상품 가격 정하기

그렇다면 적절한 상품의 가격은 어떻게 정하는 걸까? 대부분 상품은 적절한 가격이라는 것이 이미 정해져 있다. 어디에 판매할 것인지, 또는 어떤 것을 판매할 것인지에 따라 달라질 뿐이다.

예를 들어 커피를 판매한다고 생각해보자. 커피를 판매하는 곳은 다양하다. 편의점부터 커피전문점에 이르기까지 아주 다양한 장소에서 커피를 판매한다. 각 판매처에 따른 가격을 보면 다음과 같을 수 있다.

- **편의점**: 1,000원
- **스타벅스**: 4,500원
- **동네 작은 커피숍**: 2,500원
- **감성 커피숍**: 5,000원

감이 오는가? 어디에서 커피를 판매하는지에 따라서 커피의 가격은 이미 정해져 있다. 편의점에서 커피를 판매할 계획이면서 5,000원으로 판매가를 정한다면 판매가 될까?

이는 단순히 장소의 문제가 아니라, 장소에 따라 다른 가격을 맞추기 위해 판매하는 원두의 종류가 달라질 수 있다. 스타벅스 커피 원두를 편의점용으로 만들 수는 없다. 상품의 적절한 가격이란 상품과 가격이라는 2가지 항목을 기준으로 정한다.

01. 상품에 따른 가격 정하기

가령 **암막커튼** 상품을 판매하고자 한다고 하자.

그림 5-7은 암막커튼을 네이버에서 검색한 결과 화면이다. 암막커튼 검색 결과의 상위에 검색된 상품을 보자. 물론 광고를 하면서 판매하는 제품이다. 대부분 2만 원대로 가격이 형성된 것을 볼 수 있다. 바로 아래 줄 제품의 가격을 보더라도 2만 원대의 상품이 많다. 이는 달리 말하면 이미 암막커튼 상품은 2만 원 정도의 가격이라는 인식이 있다는 말이 된다.

우리가 판매하려는 제품이 세상에 없던 전혀 새로운 제품이 아니라면 이미 해당 상품은 대중적인 가격대가 정해져 있을 확률이 높다. 따라서 암막커튼 상품을 판매하려면 2만 원대로 상품의 가격을 정해야 한다.

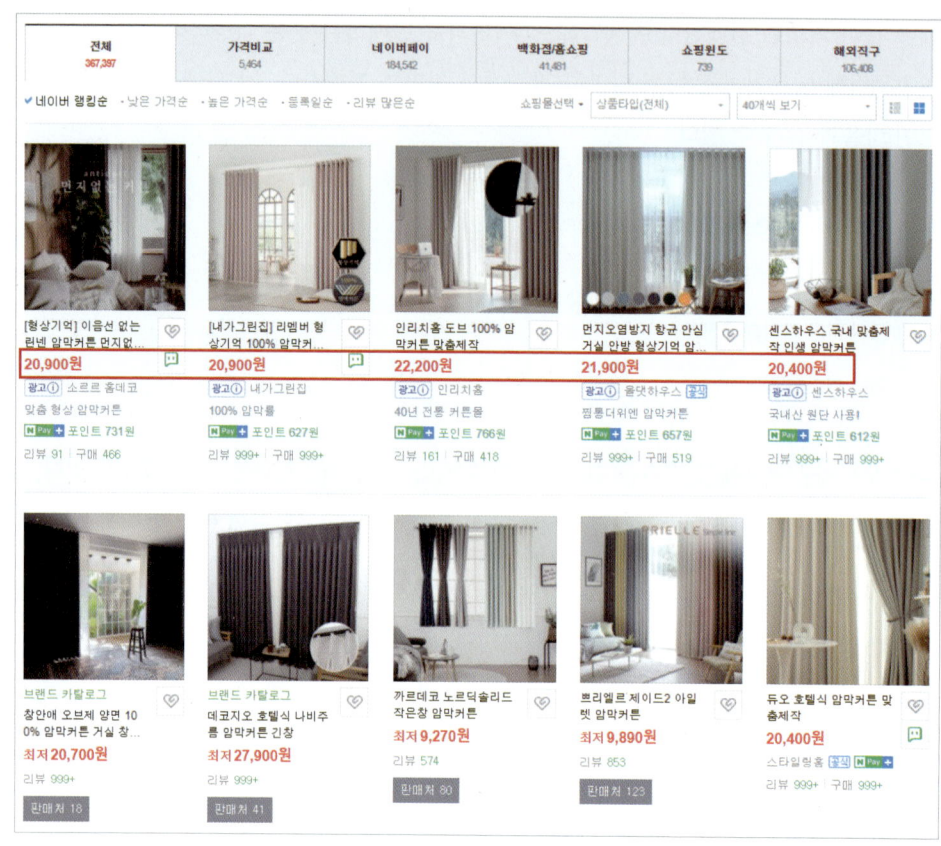

그림 5-7 암막커튼 검색 결과

02. 가격에 따른 상품 정하기

대부분의 판매자가 이미 판매되고 있는 상품의 대중적인 가격대를 고려하지 않고 상품을 정한 후에 가격을 책정하려고 하기 때문에 가격을 정하는 것이 어려운 것이다. 원가 1만 원짜리 상품을 정했다면 2만 원대에 판매가 가능하겠지만 원가가 2만 원짜리인 상품을 정했다면 2만 원대에 판매하기가 어렵다. 앞서 언급한 것처럼 일정 기준 없이 막연하게 암막커튼 상품을 미리 정해 놓고 가격을 정하려고 하니 가격을 정하기가 힘든 것이다.

그렇다면 이번에는 상품보다 가격을 먼저 정하고 상품을 소싱 해보면 어떨까? 같은 암막커튼을 판매한다는 가정하에 25,000원이라는 판매가격을 먼저 정하는 것이다.

그럼 이제 25,000원에 판매할 수 있는 암막커튼 제품을 찾아다니면 되는 것이다. 원가와 배송비, 각종 수수료 등을 합쳐서 25,000원에 판매했을 때 적절한 마진을 나에게 남겨줄 수 있는 제품을 찾는다는 말이다. 이렇게 하면 자연스럽게 가격을 비교해보고 판매할 수 있는 제품과 판매할 수 없는 제품으로 나눌 수 있게 된다.

위 2가지 방법만으로 상품의 가격을 정한다면 기존보다 훨씬 수월하게 상품의 가격을 정할 수 있을 것이다.

이렇게 상품의 가격을 정하는 요소가 다양하기 때문에 나만의 기준이 없다면 상품의 가격을 정하기가 어려울 뿐만 아니라, 자칫 잘못된 가격 책정으로 제품이 판매에서 멀어지는 경우도 발생할 수 있음을 명심하자.

상품 가격에 관부가세를 포함하나요?

해외구매대행 상품 판매자의 또 다른 고민은 관부가세다. 관부가세는 미국 기준 200불 이상, 그 외 국가들은 150불 이상이면 납부한다고 생각하면 편하다. 관부가세를 계산하는 방법은 11장에서 자세히 다룬다.

관부가세를 상품 가격에 포함시키냐는 질문도 YES/NO로 대답할 수 있는 게 아니라, 두 가지 방식 모두 사용한다고 말하고 싶다. 각각의 장단점이 존재하기 때문이다.

그럼 어떤 장단점이 있는지 알아보자.

01. 관부가세 포함 가격으로 판매

관부가세를 포함한 가격으로 상품을 판매한다면 고객으로 하여금 추가 금액에 대한 불편함을 느끼지 않게 해줄 수 있다는 장점이 있다. 반면에 상품의 가격이 관부가세 포함 가격으로 보이기 때문에 조금은 비싸게 느껴질 수 있다는 단점이 있다.

02. 관부가세 불포함 가격으로 판매

관부가세 불포함으로 상품을 판매하면 고객 입장에서 당장 상품의 가격이 저렴해 보이는 장점이 있다. 또한 저렴해 보이는 가격으로 인해 상품을 구매하는 비율이 관부가세가 포함된 상품보다 높을 수 있다. 반면에 상품이 한국 세관에 도착한 후 통관하는 시점에서 관부가세를 납부해야 한다는 불편함이 발생한다는 단점이 있다.

이렇게 비슷한 장단점이라면 판매 비율이 높을 수 있는 관부가세 불포함 가격으로 판매하는 게 좋지 않느냐고 말할 수 있다. 하지만 여기에도 한 가지 큰 단점이 있다.

바로 제품의 원가가 공개되어 버린다는 점이다. 세관에서 관부가세를 계산하는 법은 제품마다 비율의 차이만 있을 뿐 계산 공식이 동일하기 때문에 소비자들로 하여금 원가를 예측할 수 있게 해준다. 그럴 경우 판매자가 남기는 마진을 역으로 계산하는 것이 가능하다.

낮은 마진을 보고 상품을 판매하고 있다면 별 문제가 없겠지만, 높은 마진을 보고 상품을 판매하고 있다면 소비자로부터 항의를 받을 수도 있다. 그런 의미에서 대부분 판매자는 관부가세를 포함한 가격으로 상품을 판매한다.

이렇듯 상품의 가격을 정하는 방법은 다양하고 여러 가지 요소를 두루 고려하지 않으면 안 되는 중요한 영역이다. 앞에서 말한 내용을 바탕으로 적절한 마진을 포함한 상품의 가격을 정해서 판매가를 정해보자.

다음 장에서는 우리가 열심히 상품을 업로드하고 있는 스마트스토어에 대해 알아보자.

06

스마트스토어 파헤치기

스마트스토어의 구조를 알아보자
상품 상위 노출 전략
키워드 경쟁 강도로 알아보는 상위 노출 전략

필자가 3년간 해외구매대행 강의를 진행하면서 느꼈던 점 중에서 가장 충격적이었던 부분이 바로 어떤 판매자도 스마트스토어에 대해 궁금해하지 않는다는 점이었다. 스마트스토어에 상품을 업로드하고 판매하려고 하면서도 정작 스마트스토어에 대해 잘 모른다는 것이다.

이번 장에서는 스마트스토어의 구조부터 상위 노출에 대한 전략적인 부분까지 알아보자.

스마트스토어의 구조를 알아보자

지난 10년간 온라인에서 상품을 판매하면서, 그리고 지난 몇 년간 해외구매대행 강사로 강의하면서 많은 사람을 만났다. 하지만 의외로 많은 판매자가 스마트스토어에 대해 무지하고 스마트스토어의 구조에 대해 알려고 하지 않았다. 우리가 상품을 올려놓는 곳이 스마트스토어라는 곳이고, 판매하고자 하는 장소가 스마트스토어라는 곳인데 말이다.

스마트스토어의 구조, 더 나아가 쇼핑몰이라는 곳의 구조를 알아야 상품을 판매하는 데 도움이 된다. 이번 절에서는 스마트스토어의 구조와 상위 노출을 위한 전략을 알아보자.

스마트스토어 구조 파악하기

스마트스토어의 구조를 알아보기에 앞서 이미지 하나를 보자.

다음 이미지는 G마켓에 들어가서 무작위로 선택한 상품의 화면이다. 제품의 기본 구성요소를 표기한 창을 보면 어딘가 익숙할 것이다. 그동안 쇼핑하면서 많이 봐왔던 화면이다.

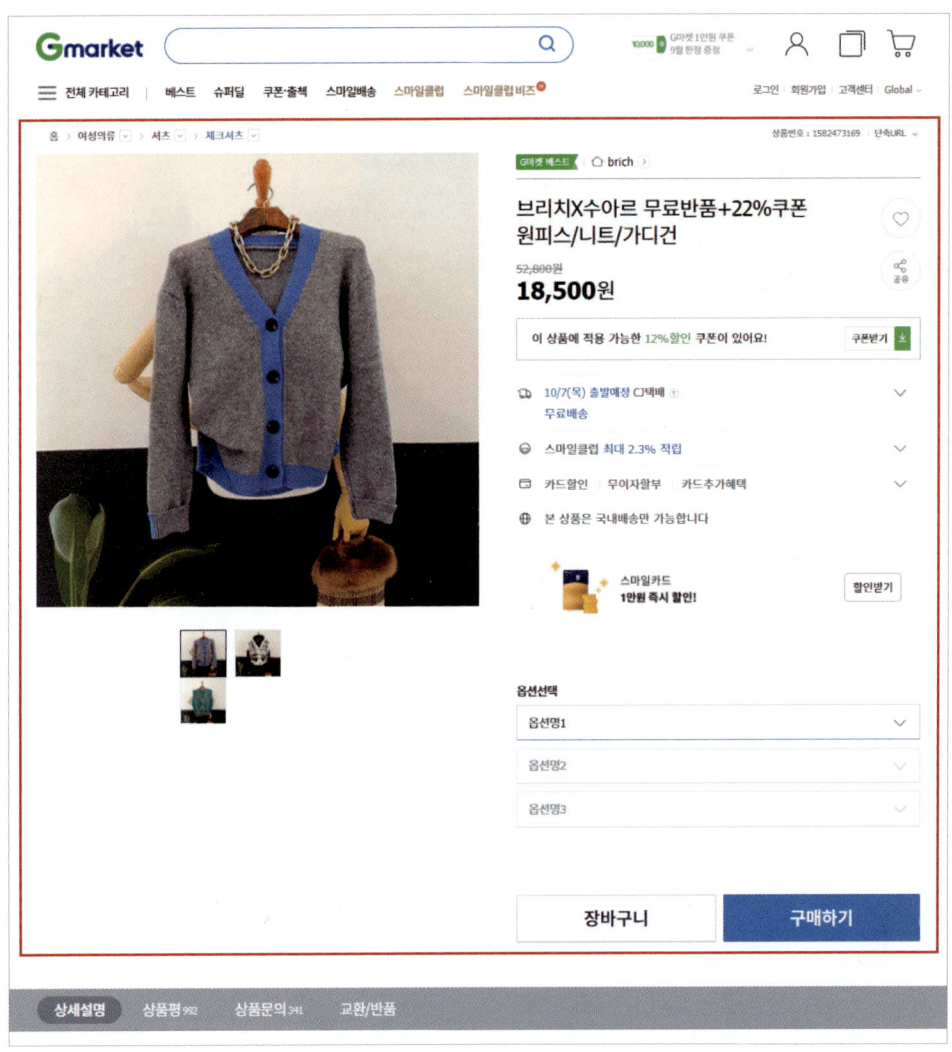

그림 6-1 G마켓 상품 화면

그럼 또 하나의 이미지를 보자.

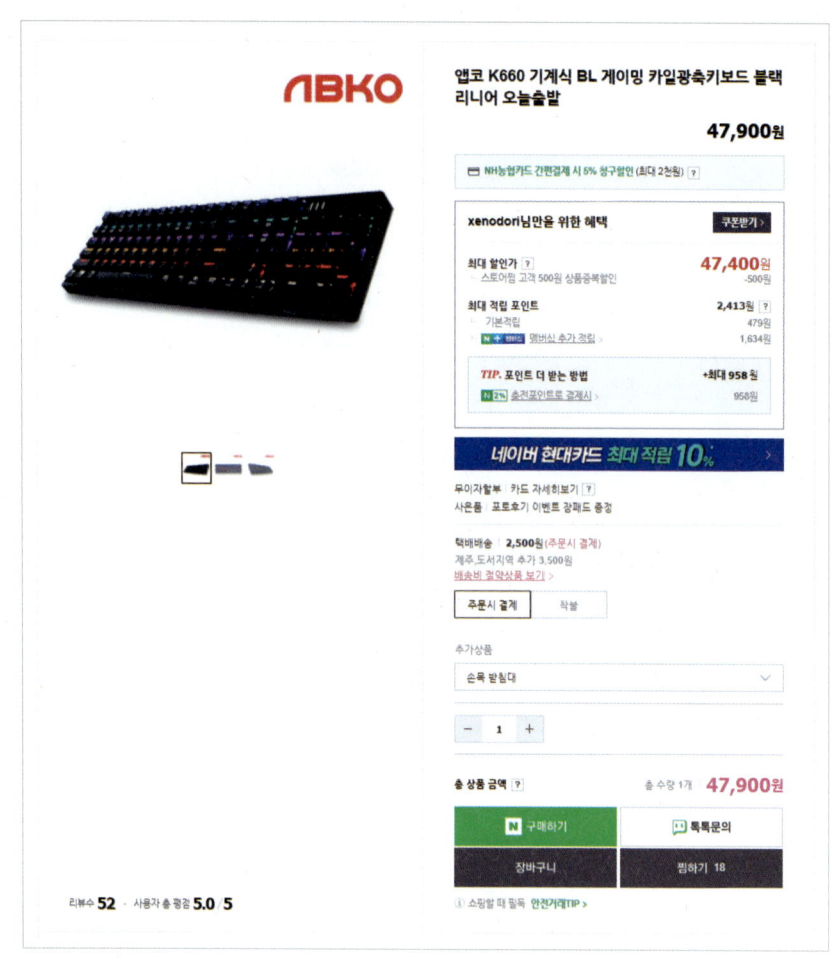

그림 6-2 스마트스토어 상품 화면

위 이미지는 스마트스토어에 올라와 있는 상품의 화면이다. 우리가 흔히 쇼핑하는 몰을 생각해보면 11번가, G마켓, 옥션, 인터파크, 쿠팡, 스마트스토어 등인데, 기본적으로 거의 위 2가지 그림과 비슷한 구조라는 것을 알 수 있다. 어떤 몰이든 상품을 등록할 때 중요한 부분은 일치한다는 것이다. 앞서 말한 구조의 동일성 때문에 더 나아가서는 SEO에까지 영향을 미친다.

요즘에는 11번가, G마켓, 옥션 등의 사이트에 직접 들어가서 물건을 검색하고 구매하는 경우는 드물다. 거의 다 네이버에서 검색해서 구매한다. 그러니 네이버 SEO에 맞게 상품이 등록되어야 노출에서 더 유리하다.

이렇듯 스토어의 구조는 구조에서 그치는 것이 아니라, 구조를 알아야 판매나 분석에 있어서도 여러 가지 도움을 받을 수 있다. SEO와 관련된 내용은 8장에서 자세히 다루도록 하고, 여기서는 스마트스토어의 구조에 대해 자세하게 알아보자.

베스트 상품 확인하기

스마트스토어에는 베스트 상품을 알려주는 표시가 있다. 베스트 상품이라는 영역이 스마트스토어에 있지만 많은 사람이 그런 것이 있다는 사실조차 모르고 있다. 그런데 이것을 판매자들만 모르는 걸까?

아니다. 구매자도 모르고 판매자도 모르고 다들 모르고 있다. 그럼 베스트 상품이 있다는 것을 인지하지 못하는 이유가 뭘까?

대부분 사람이 상품을 구매하는 과정은 다음과 같다.

1. 네이버 검색창에 키워드를 입력한다.
2. 검색 결과를 보고 상품에 접근한다.
3. 원하는 상품이 아니라면 해당 페이지를 닫고 다른 상품에 접근한다.
4. 구매하고 싶은 상품이 나올 때까지 1~3번 과정을 반복한다.
5. 원하는 상품을 발견하면 구매한다.

위 과정을 거쳐서 대부분 사람이 물건을 구매하는데, 여기서 구매자와 판매자 사이에 큰 착각이 존재한다. 판매자들은 구매자가 내 스토어에 들어와서 많은 상품을 보고 나갈 것이라고 생각한다. 하지만 구매자는 처음 들어와서 보는 상품 외에 다른 상품을 보지 않는다. 스토어의 구조상으로도 어렵지만, 그럴 마음도 없다.

이와 마찬가지로 판매자들도 어떤 상점에 방문했을 때 베스트 영역에 대한 이해가 없기 때문에 베스트 상품을 확인하지 않는다. 하지만 판매자인 우리가 베스트 상품에 대해서 알게 된다면 스토어를 운영하는 데 여러 가지 도움을 받을 수 있게 된다.

베스트 상품은 총 2곳에서 확인이 가능하다. 상세 페이지 안이나 스토어 카테고리를 통해 가능하다. 그럼 어떻게 베스트 상품을 확인할 수 있는지 알아보자.

01. 상세 페이지에서 확인하기

베스트 상품을 확인하는 첫 번째 방법은 다음 이미지에서 보다시피 상품의 상세 페이지에서 리뷰 하단을 보면 베스트 상품이라는 영역이 보이는데, 이 부분을 확인하는 것이다. 이곳에서 해당 스토어의 베스트 상품을 확인할 수 있다.

그림 6-3 상세 페이지에서 베스트 상품 확인

02. 스토어 전체 상품 카테고리에서 확인하기

베스트 상품을 확인하는 두 번째 방법으로 스토어의 [전체상품] 카테고리를 누르면 상품을 인기도 순서로 정렬해서 볼 수 있다. 인기도 순으로 정렬하면 상품 이미지 왼쪽 상단에 [BEST]라는 파란색 마크가 붙어있는 것을 확인할 수 있다. 이 [BEST] 마크가 붙어있는 상품이 바로 베스트 상품이다.

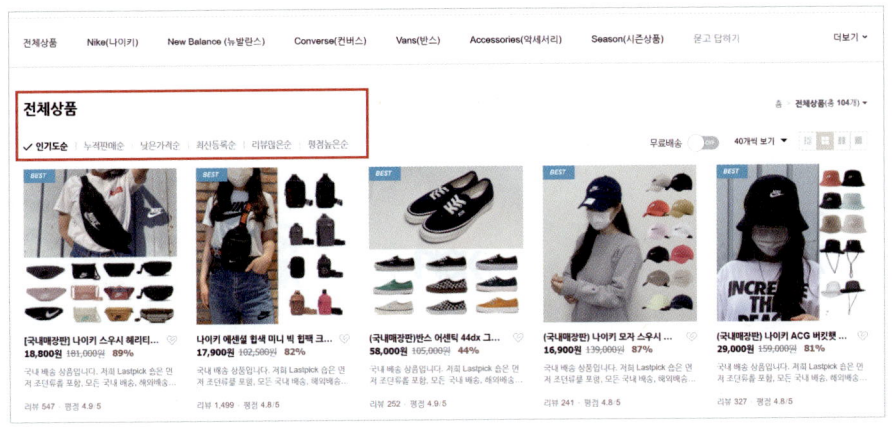

그림 6-4 전체 상품에서 베스트 상품 확인

베스트 상품 이해하기

베스트 상품을 확인하는 방법에 대해 알아봤는데, 그렇다면 베스트 상품이 의미하는 바는 무엇이며 왜 [BEST] 마크가 붙어있는 걸까? 그리고 이 정보가 어떤 도움이 될까?

01. [BEST] 마크가 붙는 기준

스토어에 많은 상품이 판매되고 있다면 기본적으로 [BEST] 마크가 붙을 수 있는 조건이 충족된다. 최근 3일간 판매가 1건이라도 이루어진 제품에 [BEST] 마크가 붙기 때문이다. 즉, 4일 전부터 어제까지 1건이라도 판매된 제품은 [BEST] 마크가 붙는다. 따라서 최근 해당 상품의 판매가 이루어졌는지를 알 수 있는 지표다.

02. [BEST] 마크는 몇 개까지 표시될까?

다른 판매자의 스마트스토어를 돌아다니다 보면 [BEST] 마크가 붙어있는 상품을 발견할 수 있는데, 스토어마다 [BEST] 마크가 붙어있는 숫자가 다르다.

앞서 말한 대로 최근 3일간 판매가 1건이라도 이루어졌다면 [BEST] 마크가 붙는데, 예를 들어 10종류의 상품이 판매되었다면 10개의 상품에 [BEST] 마크가 붙고 4종류의 상품이 판매되었다면 4개의 상품에 [BEST] 마크가 붙는다. 하지만 [BEST] 마크가 무한정 붙지는 않는다. 1개의 스토어에서 최대 15개의 [BEST] 마크만 표시된다.

03. [BEST] 마크는 언제 사라질까?

판매가 지속해서 이루어지는 기간에는 해당 마크가 계속해서 표시되지만, 최근 3일 동안 해당 상품의 판매가 이루어지지 않는 경우 붙어있던 [BEST] 마크가 사라진다.

베스트 상품 활용하기

판매자라면 다른 판매자의 스토어를 많이 참고해야 한다. 다른 판매자의 판매 전략을 분석하기 위해서도 스토어를 참고해야 하지만, 그밖의 다른 이유도 있다. 이때 베스트 상품에 대해 알고 있다면 두 가지 측면에서 도움을 받을 수 있다.

01. 소비자 트렌드 파악

베스트 상품은 최근 3일 동안 판매 이력이 있는 상품이라는 뜻이다. 이것은 다시 말해서 최근에 해당 상품의 판매가 이루어지고 있고 잘 팔린다는 것을 의미한다.

우리는 항상 잘 팔리는 상품을 찾기 위해 노력하면서도 현재 잘 팔리는 상품을 보는 것에는 관심이 없다. 현재 잘 팔리는 제품을 찾아서 보는 것만으로도 상품의 판매 트렌드를 알 수 있는 데도 말이다. 현재 잘 팔리는 제품은 바로 소비자의 트렌드를 의미하는 것이다.

02. 상품의 선택과 집중

베스트 상품은 실제 판매를 기준으로 표시되기 때문에 참고하려는 스토어에서 베스트 상품을 본다면 현재 어떤 제품이 판매되고 있는지에 대한 정보를 얻을 수 있다.

그 말은 곧 해당 제품과 같거나 비슷한 제품을 스토어에 올려놓았을 때 판매량이 나올 가능성이 높다는 말이고, 동일한 제품을 찾아서 올릴 수 있다면 올려놓아야 한다는 말이기도 하다.

막연하게 타오바오에 돌아다니면서 판매가 될지 안 될지 모르는 제품을 찾아서 올리는 것보다는 현재 판매가 이루어지고 있는 제품을 찾고 해당 제품과 동일하거나 비슷한 제품을 찾아서 올리는 것에 집중하는 것이 현명하다.

이렇게 베스트 상품과 그 의미를 알게 되면 내 스토어에도 빠르고 직접적인 도움을 받을 수 있다.

상품 상위 노출 전략

온라인 쇼핑몰을 운영하면서 가장 노력하는 것이 바로 상품의 상위 노출이다. 내 상품이 얼마나 상위에 노출되는지에 따라 판매량이 크게 달라지기 때문이다. 3페이지에 있는 제품을 2페이지에 올리기 위해, 2페이지에 있는 제품을 1페이지에 올리기 위해 모든 노력을 쏟아붓는 것도 그런 이유에서다.

그럼 내 상품을 조금이라도 더 상위에 노출시키기 위해서는 어떤 것을 알아야 하고, 어떤 노력을 할 수 있을까?

아무리 따라해도 상위 노출이 안 되는 이유

"노력으로 되는 게 있고 안 되는 게 있어요."

네이버 블로그, 유튜브, 각종 온/오프라인 강의를 보면 상품을 상위에 노출시키기 위한 여러 가지 방법이 존재하는 것처럼 말한다. 하지만 그런 방법이 정말 맞다면 왜 내 제품은 상위로 올라가지 못하고, 방법을 알려주는 사람조차도 자기 상품을 상위에 노출시키기 어려워하는 것일까? 실제 네이버 쇼핑에서 광고를 진행하지 않고 신규 스토어에 올린 상품이 상위로 노출된다는 것은 불가능에 가깝다.

그림 6-5 네이버 쇼핑 수영복 검색 결과

위 이미지는 '수영복'이라는 검색어로 하루 차이를 두고 네이버에서 검색한 결과다. 상품의 숫자 변화가 보이는가? 단지 하루 차이를 두고 상품을 검색했을 뿐인데, 상품의 숫자가 의외로 많이 차이가 나는 것을 볼 수 있다.

그런데 여기서 눈에 보이는 숫자의 차이만큼 새로운 상품이 등록되었다고 생각하면 안 된다. 누군가 스토어에 상품을 등록해서 숫자를 늘렸다면 누군가는 상품을 지워서 숫자가 줄어들었을 것이기 때문이다. 우리는 인식하지 못하지만, 지금 글을 읽고 있는 이 순간에도 단순히 눈에 보이는 상품의 숫자 차이보다 더 많은 제품이 등록되고 삭제되고 있다.

그러면 예를 들어 하루에 1,000개의 상품이 올라오는 키워드에 상품을 1개 올렸다고 가정해보자. 그럼 당연히 우리가 올린 제품도 1,000개 중 하나일 것이다. 그러면 우리는 몇 개의 제품과 경쟁해야 할까?

1,000개라고 생각한 사람도 있을 것이다. 아니다. 이미 올라와 있는 제품과 신규로 올라온 999개의 제품과 경쟁해야 한다. 따라서 어떤 방법으로 상품을 등록한다고 해도 올리자마자 상품이 상위로 노출되는 일은 없다고 봐야 한다. 특히 이제 막 시작하는 신규 상점의 경우 더더욱 상품이 상위에 노출된다는 것은 불가능에 가깝다.

하지만 그렇다고 실망할 필요는 없다. 앞서 말했지만 노력으로 할 수 있는 부분을 최대한 한다면 상품이 상위로 노출될 수 있는 확률을 높일 수 있기 때문이다.

상위 노출 5가지 전략

상품이 상위로 노출되는 데 필요한 5가지 전략을 설명하고자 한다. 처음 3개는 네이버의 로직이나 기준에 따라서 상위 노출이 가능하지만 노력한다고 되는 것이 아닌 방법이고, 다음 2개는 나의 노력에 따라서 충분히 상품을 상위로 올리는 것이 가능한 방법이다.

그렇다고 후자의 2가지만 실행할 것이 아니라 지금부터 알려주는 5가지 전략을 모두 적용하자.

01. 신규 스토어 전략

신규버프라는 말을 들어봤는가? 새로운 상점에 신규 제품을 올렸을 때 상위로 노출을 시켜준다는 속설이다. 스마트스토어를 운영하려 하거나 운영하고 있는 사람이라면 한 번쯤 들어봤을 단어다.

그런데 이건 틀린 말이다.

신규 상점이라고 해서 무조건 상품을 상위로 노출시켜준다는 것은 잘못된 정보다. 네이버에서도 공식적으로 신규 상점이라고 상품을 더 상위로 노출시켜주는 건 없다고 말한다.

그렇다면 왜 이런 루머가 생겨났을까?

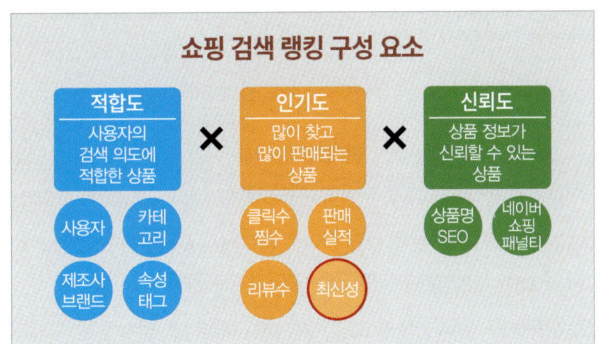

그림 6-6 쇼핑 검색 랭킹 구성 요소

위 이미지는 네이버 쇼핑 검색 랭킹 구성 요소를 보여준다. 한 마디로 그림의 여러 가지 항목을 종합해서 네이버 쇼핑 검색의 랭킹을 구성하는 것이다. 그런데 그중 최신성이라는 한 가지 항목에 주목해야 한다.

최신성과 함께 분류된 나머지 3가지 항목을 살펴보자. 클릭수/찜수, 판매실적, 리뷰수 이렇게 3가지 항목은 신규 스토어라면 전혀 가산점을 받을 수 없는 항목이다. 새로 스토어를 만들었는데, 클릭이나 찜이 있을 리가 없고 판매가 없으니 리뷰도 남았을 리 없기 때문이다.

그런데 여기서 최신성이라는 항목은 점수를 받을 수 있다. 최신성은 말 그대로 해당 상품이 얼마나 최근에 올려졌는가를 확인해서 가산점을 부여하는 것이기 때문이다. 단순히 새로운 상품을 올리면 최신성이라는 가산점을 받는다는 말이다. 내가 올린 상품이 운이 좋게도 네이버 쇼핑 검색 상단에 노출되었다면 최신성이라는 항목 점수를 받아서 노출된 것이라고 생각하면 된다.

02. 상품명 키워드 노출 전략

그림 6-6 쇼핑 검색 랭킹 구성 요소 이미지를 보면 오른쪽에 '신뢰도'와 신뢰도 아래에 '상품명 SEO' 요소가 있는 것을 확인할 수 있다. 즉, 네이버에서 원하는 방식으로 상품명을 만들어야 한다는 말이다.

하지만 기본적인 상품명SEO를 지킨다고 해서 상품이 상위로 노출이 될 수는 없다. 이때 꼭 하나 생각해야 할 부분이 바로 키워드 조합이다.

키워드는 기본적으로 '대표 키워드 + 세부 키워드'의 조합으로 설정하는데, 내가 판매하려는 제품의 대표 키워드를 검색하면 아래에 쇼핑연관이라고 해서 세부 키워드가 나온다.

예를 들어 [캐리어]라는 키워드를 검색하면 아래와 같다.

그림 6-7 키워드 검색 결과

이처럼 여러 키워드가 보인다. 이곳에서 내가 판매하려는 캐리어와 관련된 키워드가 있다면 그 키워드를 세부 키워드로 작성하는 것이다. 대체적으로 대표 키워드 1개와 세부 키워드 2~3개의 조합으로 상품명을 만든다.

주의할 점은 네이버의 '상품명 SEO' 부분을 보면 단어는 중복해서 사용하면 안 된다고 나와 있다. 다시 말해 '캐리어 + 24인치 캐리어'와 같이 작성하면 '캐리어'라는 단어가 중복된다.

중복되는 단어가 있는 상품명의 경우 '상품명 SEO' 부분에서 마이너스 점수를 받게 되므로 다른 제품들에 비해서 오히려 노출 순위가 밀리는 일이 발생할 수 있다.

03. 쇼핑 파트너 공식 블로그 활용 전략

네이버 쇼핑 파트너 공식 블로그라는 곳이 있다. 이에 관해서는 오랫동안 스토어를 운영했던 사람도 모르는 경우가 많다. 럭키투데이, 기획전을 신청할 수 있는 블로그다.

그림 6-8 네이버 쇼핑 파트너 공식 블로그

카테고리별로 신청이 가능하며 기획전은 신청하는 판매자들이 많다 보니 경쟁이 심한 편에 속하지만, 선택만 이루어진다면 네이버 쇼핑 메인에도 종종 노출되는 기회의 장이라고 할 수 있다.

그러니 블로그에 새로 올라오는 공지를 잘 확인해서 신청하도록 하자.

04. 상품 등록 전략

스마트스토어는 기본적으로 상품을 매일 등록해주는 것이 스토어에 도움이 된다. 네이버 입장에서도 상품을 등록하지 않는 스토어와 매일 상품을 등록하는 스토어 중에서 매일 상품을 등록하는 스토어가 더 도움이 되기 때문이다.

그래서 상품을 등록하는 행위 자체로도 스토어 지수라는 것에 영향을 미치고 상품을 상위 노출하는 데도 도움이 된다.

그런데 상품을 찾아다니다 보면 다음과 같은 상황이 아주 가끔 발견된다.

그림 6-9 네이버 쇼핑 검색 결과

네이버 쇼핑을 통해서 상품을 검색했을 때 위 이미지처럼 같은 판매자의 다른 상품 여러 개가 한 페이지에 검색 결과로 나오는 경우는 흔치 않은 일이다. 그렇다면 위 그림의 결과는 어떻게 해서 나오게 된 걸까?

스마트스토어는 처음 개설할 당시에 카테고리를 하나 고르도록 되어 있다. 이 말은 이미 스토어를 만들었을 당시에 네이버는 내 스토어를 내가 선택한 카테고리에 분류했다는 말이 된다. 눈에 보이지는 않지만, 네이버는 내가 선택한 카테고리로 내 스토어를 분류해 놨고 해당 카테고리에 상품을 등록하는 것이 다른 카테고리의 상품을 등록하는 것보다 유리하다는 말이다.

그래서 카테고리도 어느 정도 상품의 상위 노출과 연관성이 있다는 가설을 세우고 실험을 해보았다. 한 개의 카테고리에 매일 상품을 올려보는 실험을 한 것이다.

처음에 등록한 상품은 검색 결과의 20페이지 안에서도 찾을 수 없었다. 이렇게 대략 한 달 정도 기간 동안 매일 3~5개의 상품을 올려보았다. 이렇게 하자 1페이지에 올라오는 상품도 발견할 수 있었지만, 3~5페이지쯤으로 검색 페이지를 이동하자 내가 올려놓은 제품 5~10개 정도가 한 페이지에 올라와 있는 것을 확인할 수 있었다.

이렇게 대략 3개월 정도의 기간 동안 상품 등록을 했고 점점 많은 수의 상품이 검색 결과의 상단으로 올라오는 것을 확인할 수 있었다. 많은 상품이 1~5페이지에 노출됐고, 이런 방법으로 몇 명의 교육생들과 동일한 실험을 수행했는데, 매번 같은 결과를 확인했다.

내가 판매하고자 하는 카테고리가 확고한 판매자라면 상품의 상위 노출의 일환으로 같은 카테고리에 많은 상품을 꾸준히 올리는 것이 상품을 상위 노출시킬 수 있는 방법이다.

05. 카탈로그 전략

쿠팡에서는 위너시스템이라 부르고, 네이버에서는 카탈로그라고 부른다. 미국 아마존에서 먼저 도입한 시스템으로 동일한 제품은 동일하게 묶어서 판매할 수 있도록 하는 시스템을 말한다. 이는 원래 판매자를 위한 시스템은 아니고 구매자를 위한 시스템이다. 가격 비교를 통해서 저렴한 가격에 물건을 구매할 수 있게 돕는 시스템이다.

그림 6-10 네이버 쇼핑 마우스 검색 결과

즉, 누군가 이미 올려놓은 제품과 동일한 제품을 카탈로그로 묶어서 노출한다는 개념이다. 네이버 쇼핑 검색 결과 1페이지에 있는 제품을 카탈로그로 묶어서 등록할 수 있다면 손쉽게 1페이지에 내 상품을 노출시키는 것이 가능하다.

그림 6-10은 네이버에서 '마우스'라는 검색어로 검색한 1페이지의 결과다. 이미지 속 빨간색 표시 부분을 보면 909, 126 등 판매처가 많은 것을 확인할 수 있다. 즉, 동일한 제품을 909곳, 126곳의 판매처에서 판매하고 있다는 말이다.

어차피 동일한 제품을 판매할 예정이라면 카탈로그를 이용해서 상품을 등록하면 1페이지에 가격 비교로 묶여서 노출시킬 수 있다. 그러면 상품을 등록할 때 카탈로그를 이용해서 가격 비교로 묶어서 노출시키는 방법을 알아보자.

상품을 등록하는 화면에서 상품 주요 정보란을 보면 다음과 같다.

그림 6-11 상품 주요 정보란

위 그림의 [찾기] 버튼을 눌러보자.

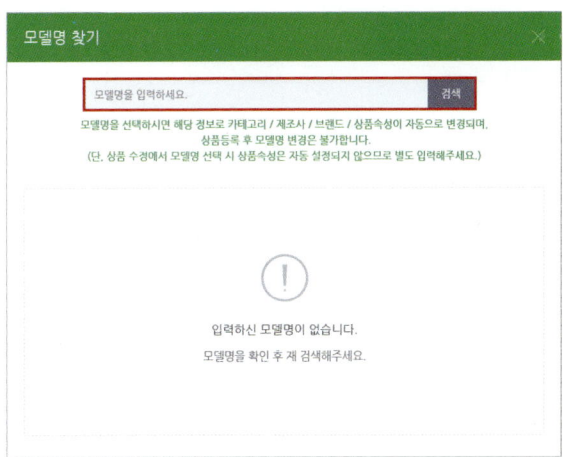

그림 6-12 모델명 찾기 창

이미지 모델명 입력란에 해당 모델의 모델명을 입력하고 검색한다.

예를 들어 그림 6-10에서 2번째 있는 [로지텍 M350]을 검색해보자.

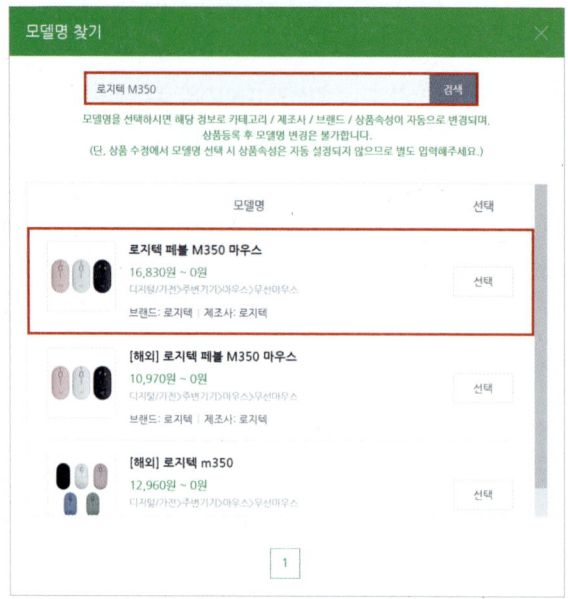

그림 6-13 모델명 검색 결과

위처럼 모델명을 입력하고 검색하면 로지텍 페블 M350 마우스 제품이 나온다. 그중 하나를 선택해 오른쪽 [선택] 버튼을 누르면 검색했던 제품의 정보가 자동으로 입력된다.

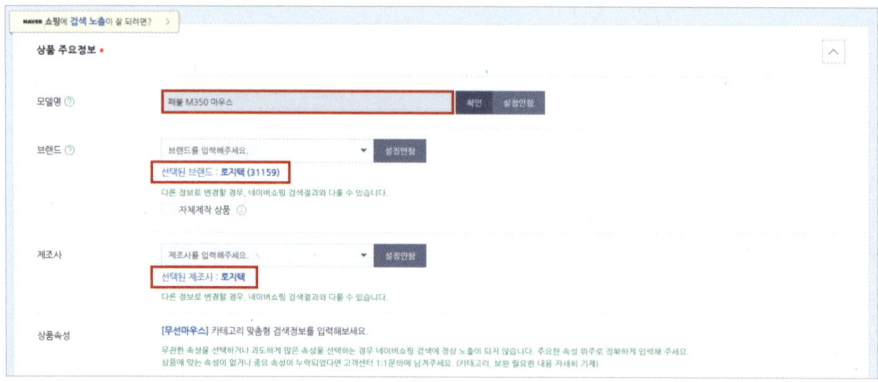

그림 6-14 상품 주요 정보 등록

이렇게 상품 주요 정보가 자동으로 입력되고 상품 등록을 마쳤다면 동일 제품이 아닐 경우 가격비교에서 제외되겠지만, 동일 제품이라면 1페이지에 있는 제품과 내가 올린 제품이 가격비교로 묶여서 노출될 것이다.

키워드 경쟁 강도로 알아보는 상위 노출 전략

요즘 새롭게 떠오르는 개념이 바로 키워드 경쟁 강도다. 간단하게 설명하자면 사람들이 검색은 많이 하는데, 상품 숫자가 적은 키워드라는 말이다.

예를 들어 검색 건수는 1만 건인데 상품 숫자가 1천 개라면 경쟁에서 유리하다는 개념이다. 사람들이 많이 검색하는데, 상품 숫자가 적다면 당연히 판매자들 사이의 경쟁이 적다는 말이 될 것이고 그만큼 제품이 판매되기 좋은 환경이라는 뜻이 된다. 하지만 좋아 보이는 개념에도 생각해봐야 할 부분은 있다.

키워드 경쟁 강도 알아보기

키워드 경쟁 강도를 알아볼 수 있는 툴에는 여러 가지가 있다. 9장에서 자세히 설명하겠지만, 간단하게 한 가지 툴로 키워드 경쟁 강도를 알아보는 방법을 알아보자.

바로 네이버 검색 광고에 있는 키워드 도구를 활용하는 방법이다.

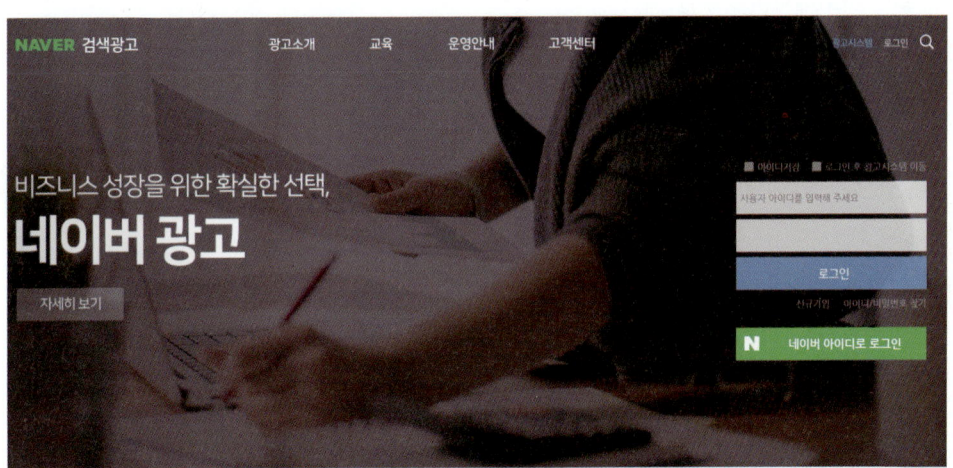

그림 6-15 네이버 검색 광고 사이트

- 네이버 검색 광고 사이트 주소 – https://searchad.naver.co

네이버 검색 광고 사이트에 접속해서 키워드 도구에 접근한다.

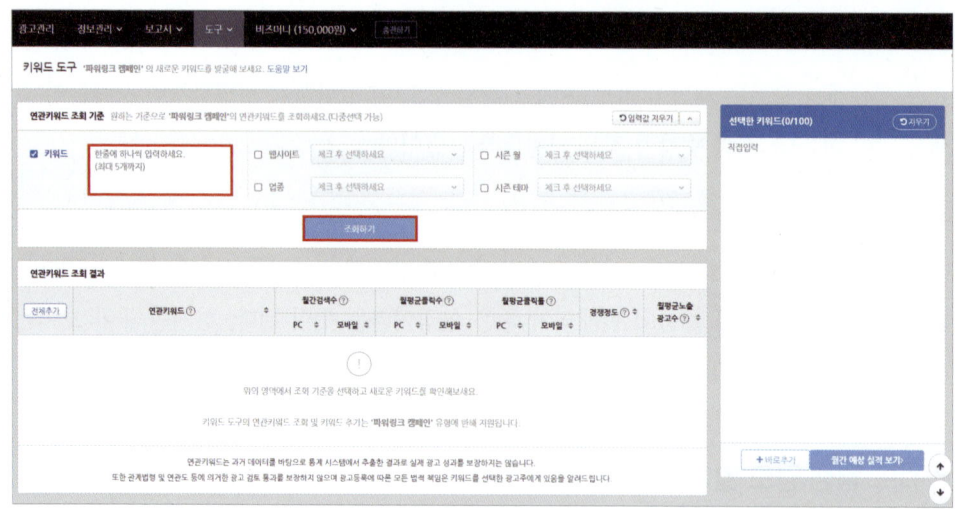

그림 6-16 키워드 도구 화면

키워드 도구 화면에 접속한 후 키워드 입력란에 내가 원하는 키워드를 넣고 [조회하기] 버튼을 누르면 입력한 키워드에 대한 자세한 리포트를 확인할 수 있다. 그럼 몇 가지 키워드를 넣고 조회해보자.

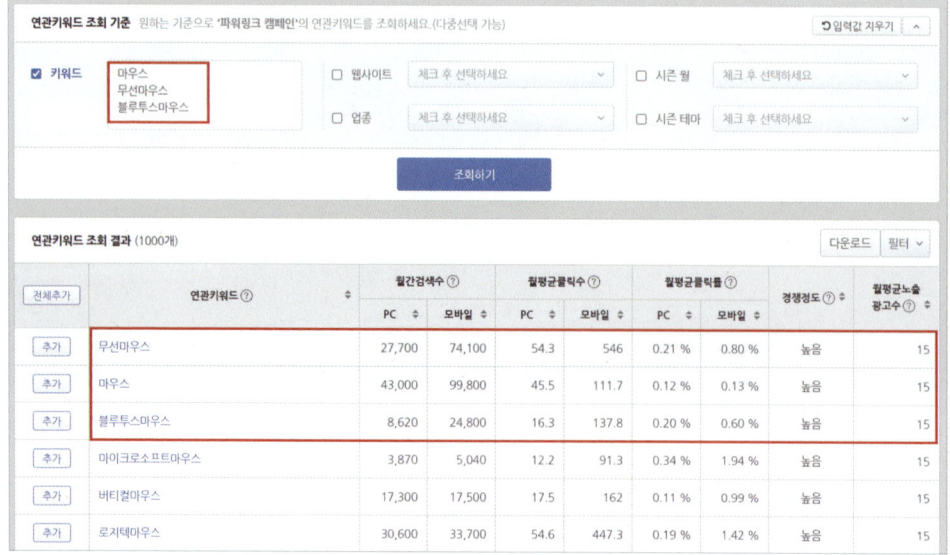

그림 6-17 키워드 도구 검색 결과

위 이미지는 마우스, 무선마우스, 블루투스 마우스의 3가지 키워드로 조회한 화면이다. 아래쪽 리포트를 보면 월간검색수, 월평균클릭수, 월평균클릭률 등의 정보를 확인할 수 있는데, 여기서 월간검색수 항목을 보면 된다.

- **무선마우스**: PC검색 27,700건, 모바일검색 74,100건, 총 101,800건
- **마우스**: PC검색 43,000건, 모바일검색 99,800건, 총 142,800건
- **블루투스 마우스**: PC검색 8,620건, 모바일검색 24,800건, 총 33,420건

이렇게 검색 수를 확인했다면 네이버 쇼핑에서 해당 키워드를 검색해서 상품 숫자를 확인한다.

- 무선마우스

그림 6-18 무선마우스 검색 결과

무선마우스 검색 결과다. 상품의 숫자는 총 859,840개다.

◆ 검색 수 101,800건, 상품 숫자 859,840개

검색 수 대비 상품의 숫자가 약 8.4배 많다는 것을 확인할 수 있다.

■ 마우스

그림 6-19 마우스 검색 결과

마우스 검색 결과다. 상품의 숫자는 총 3,629,466개다.

◆ 검색 수 142,800건, 상품 숫자 3,629,466개

검색 수 대비 상품의 숫자가 약 25.4배 많다는 것을 확인할 수 있다.

■ 블루투스 마우스

그림 6-20 블루투스 마우스 검색 결과

블루투스 마우스 검색 결과다. 상품의 숫자는 총 206,509개다.

◆ 검색 수 33,420건, 상품 숫자 206,509개

검색 수 대비 상품의 숫자가 약 6.2배 많다는 것을 확인할 수 있다.

위 결과를 종합해보면 검색 수 대비 상품의 숫자를 확인했을 때 각각 다른 결과를 보인다. 무선마우스 8.4배, 마우스 25.4배, 블루투스 마우스 6.2배다. 이 경우 키워드 경쟁 강도에서 가장 좋은 키워드는 블루투스 마우스가 된다.

얼핏 보면 그럴듯해 보인다. 사람들이 많이 검색하지만 상품의 숫자가 적으면 좋아 보이는 건 당연하다. 하지만 이 결과만 너무 맹신하면 안 된다.

키워드 경쟁 강도의 함정

키워드 경쟁 강도라는 말이 그럴듯하지만, 2가지 함정이 존재한다. 바로 **숫자의 함정**과 **데이터 왜곡의 함정**이다. 이 2가지 함정에 대해 알아보자.

01. 숫자의 함정

위 결과에서도 나타나듯이 키워드 경쟁 강도에서 보면 당연히 블루투스 마우스 키워드가 가장 좋은 키워드라고 볼 수 있다. 하지만 블루투스 마우스 키워드가 좋아 보이는 이유는 검색량 항목을 생각하지 않고 봤을 때 해당하는 내용이다.

기본적으로 블루투스 마우스의 검색량이 33,420건으로 무선마우스 101,800건, 마우스 142,800건에 비해서 가장 적은 것을 확인할 수 있다. 무선마우스와 마우스는 각각 블루투스 마우스보다 3.05배, 4.27배 많이 검색된다. 그만큼 더 많은 사람이 정해진 숫자의 상품을 본다는 말이다.

그런데 우리는 1~2페이지 안에 있는 상품들과 싸워야 한다. 네이버 쇼핑 검색 결과의 기본 값은 상품을 한 페이지에 40개씩 보여주는데, 2페이지까지 해봐야 80개의 상품이다. 그런데 여기서 상단과 중앙에 각각 3개씩 광고 상품이 올라오니 1페이지에 34개, 2페이지에 34개, 총 64개의 제품과 경쟁을 하는 것이다.

그렇다 보니 단순히 숫자상으로는 블루투스 키보드 키워드가 좋아 보이지만, 검색량이 많은 키워드가 좋을 수 있다.

02. 데이터 왜곡의 함정

데이터 왜곡이 어떤 것일까? 위에서 말한 숫자의 함정처럼 알아채기 쉽지 않은 것이 바로 데이터라는 녀석이다. 데이터는 어떻게 바라보느냐에 따라서 다양한 해석이 가능하다.

예를 들어 검색량 10,000건에 상품 숫자 1,000개인 키워드가 있다고 하자. 키워드 경쟁 강도 면에서는 더없이 좋은 상품이다. 심지어 검색량이 상품의 숫자보다 많다. 그래서 이런 키워드를 보고 좋다고 생각하는 판매자들이 마구마구 상품의 숫자를 채우기 시작한다. 그렇다면 뭐가 문제일까? 수치만 놓고 보면 이보다 좋은 키워드는 없을 것이다.

여기서 바로 데이터 왜곡의 함정에 빠지는데, 이런 키워드를 발견했다면 무조건 좋아서 상품을 올릴 것이 아니라 한 가지를 검정해야 한다.

- 상품의 판매가 활발하게 이루어지고 있는가?

키워드 경쟁 강도라는 숫자에만 너무 연연해서 키워드를 찾다 보면 가장 크게 놓치기 쉬운 부분이 실제 판매되고 있는 키워드인지 검증해 보는 것이다.

- 아무리 10만 건의 검색이 이루어지더라도 해당 키워드로 검색한 사람들이 실제 구매를 하지 않는다면 그게 과연 좋은 키워드라고 할 수 있을까?

어떤 키워드를 찾았다면 아무리 키워드 경쟁 강도가 좋다고 하더라도 광고를 제외한 최소 상위 10개 상품의 리뷰 수를 봐야 한다. 상품의 리뷰 수가 적다면 상품의 판매가 이루어지지 않는다는 말이다.

판매가 이루어지지 않는 상품을 소중한 시간을 써가면서 올려야 할 이유는 없다.

아무리 좋아 보이는 트렌드도 내가 정확히 이해하고 있지 못하다면 스토어에 적용하지 못하고 시간만 낭비하는 꼴이 될 수 있으니 주의하자.

다음 장에서는 해외구매대행을 하면서 가장 많이 마주하고 가장 많이 소통하는 배대지에 대해 알아보자.

07

배송대행지에 대하여

배송대행지란
배송대행지의 기본 역할
좋은 배대지를 선정하는 3가지 노하우
다양한 배송대행지 활용법
추천 배송대행지 2곳

이번 장에서는 해외구매대행 사업을 함에 있어서 가장 중요하다고 할 수 있는 배송대행지, 줄여서 배대지에 대해서 알아보려고 한다. 배대지를 잘못 선택한다면 나만 손해를 보는 것이 아니라 소비자들도 피해를 볼 수 있으니 좋은 업체로 잘 선택해야 한다.

배송대행지란

해외구매대행 사업 현장이나 일반인에게 배대지라는 이름으로 불리는 사업이 있다. 배송대행지를 줄여서 부르는 이름으로, 해외에 있는 물건을 한국으로 보내주는 사업이다.

해외구매대행 사업은 기본적으로 재고를 가지고 판매할 수 없는 사업이다. 그래서 주문이 들어오면 바로 해외에서 구매해서 한국으로 보내야 하는데, 한국으로 바로 보내주는 직배송 시스템을 지원하는 곳이 아니라면 한국으로 상품을 보낼 방법이 없다. 이때 사용하는 것이 바로 배대지다. 현지에서 구매한 상품을 배대지로 보내면 배대지에서 한국에 있는 구매자에게 보내주는 서비스를 기본으로 한다.

앞에서 언급한 직배송 시스템이란 판매처에서 해외배송이 가능한 경우 바로 한국의 소비자에게 물건을 보내주는 시스템을 말한다. 이렇게 직배송 시스템을 지원하는 곳이라면 배대지를 거치지 않고 한국의 소비자에게 상품을 보낼 수 있다는 장점이 있다. 하지만 그에 따른 단점도 존재하기 때문에 보통 배대지를 이용해서 구매대행을 진행한다.

배송대행지의 기본 역할

배송대행지는 단순히 배송을 대행해주는 역할만 하는 것이 아니다. 배송 이외에도 여러 가지 역할을 하는데, 우리가 알고 있어야 할 가장 기본적인 역할 2가지를 알아보자.

01. 상품의 배송

배대지의 가장 기본 역할은 배송을 대행해주는 일이다. 그래서 가장 착각하기 쉬운 부분이 배대지에서 고객에게 바로 상품을 보내준다고 생각한다. 하지만 배대지에서 바로 고객에게 상품을 전달하는 것은 아니고 중간 과정을 거쳐서 고객에게 상품이 전달된다. 그럼 어떤 과정을 거치는지 간단하게 알아보자.

중국 판매자 → 배대지 → 포워딩 업체 → 세관 통관 → 국내 택배 → 고객

위와 같은 순서로 고객에게 상품이 전달된다. 여기서 배대지는 중국 판매자가 보낸 상품을 받아서 포워딩 업체에 전달해주는 역할을 한다. 중국 판매자와 포워딩 업체의 중간에서 일어나는 과정을 담당해주는 것이 바로 배대지의 역할이다.

02. 상품의 검수

배대지에 따라 진행 방식이 다르고 서비스 비용이 조금씩 다르지만, 기본적으로 검수라는 시스템을 모든 배대지에서 운영한다.

중국 판매자로부터 상품이 도착하면 배대지는 상품에 대한 간단한 검수를 진행한다. 상자를 열어서 상품이 이상 없이 도착했는지를 확인하는 것이다. 이 과정에서 배대지마다 다르지만 실제 사진을 찍어서 보여주는 배대지도 있고 그렇지 않은 배대지도 있다.

사진을 찍어서 보내주는 경우 다음 사진과 같은 형식으로 제공한다.

그림 7-1 상품 실사 사진

그리고 배대지에서는 내가 작성한 주문서에 맞는 상품이 왔는지도 확인해준다. 이것 또한 배대지마다 다르기 때문에 내가 사용하는 배대지가 어느 정도 서비스를 해주는지 확인해야 한다.

좋은 배대지를 선정하는 3가지 노하우

앞에서 간단하게 언급했지만, 배대지의 역할이 구매대행 사업에서는 중요한 부분을 차지하기 때문에 좋은 배대지, 나에게 맞는 배대지를 찾는 것 또한 중요한 숙제 중 하나다.

그런데 배대지를 실제로 사용해 보지 않고 골라야 하기 때문에 어떤 기준을 가지고 배대지를 선정해야 할지 전혀 모른다. 그래서 여기서는 배대지를 선정할 때 어떤 점을 고려하면 좋을지 알아보려고 한다.

신생 배대지는 피하자

구매대행을 수년째 운영하면서 수많은 배대지를 사용해보았다. 5년 이상 운영한 배대지부터 이제 막 오픈한 배대지까지 다양하게 사용해보면서 느낀 점 중 하나는 신생 배대지는 되도록 피하자는 것이다.

현재 배대지 사업은 사업자 간의 경쟁이 심화되고 있는 시장이다. 그렇다 보니 신규로 오픈하는 배대지도 많고, 문을 닫는 배대지도 많다. 오픈한 지 2년 이상 된 배대지들은 일정 이상 회원을 보유한 곳이기 때문에 쉽게 문을 닫지 않는다. 나름 안정적으로 운영되고 있다는 뜻이다.

하지만 신규로 오픈하는 배대지들은 시장에 새로 진입하다 보니 회원을 유치하기 위해 무리한 이벤트를 진행하는 곳이 많다. 예를 들어 배대지는 대부분 예치금 제도로 일정 금액을 받고 배송비를 차감하는 형식으로 운영된다. 이런 점을 마케팅으로 활용하여 50만 원 예치금을 맡기면 50만 원을 더 주는 형식의 이벤트도 진행하는데, 간혹 초기에 예치금으로 받은 돈을 모아서 챙기고 문을 닫아 버리는 사기업체도 있다.

이런 면에서도 신규로 오픈하는 배대지는 되도록 피하는 것이 좋다.

고객 서비스가 잘 되는지 확인하자

배대지를 선정할 때 고객 서비스(Customer Service의 약자로, CS라 통칭한다)는 2가지 측면으로 확인해야 한다.

- 첫 번째로 전화 연결이 잘 되는 곳인지 확인한다. 현지에서 상품을 컨트롤할 수 없으므로 모든 업무를 배대지에 맡기게 되는데, 중간에 문제가 있거나 배송이 지연되는 등의 일이 있을 때 가장 먼저 연락하는 곳이 바로 배대지다.

이때 배대지에 전화 연결을 시도하는데, 전화 연결이 되지 않는다면 여러 가지 상황에 즉각적으로 대응할 수가 없다. 그래서 배대지를 선정할 때는 전화 연결이 수월하게 잘 이루어지는지 확인해야 한다.

- 두 번째로 CS 전용 사무실이 한국에 있는지 확인한다. 대부분의 영세한 배대지들은 중국에만 사무실을 가지고 있다. 한국에서 CS를 담당하는 곳이 없으면 인터넷전화, 카카오톡 등을 통해서 중국 현지에 있는 사무실 직원들과 연락해야 하는데, 중국 특성상 전화 연결이나 카카오톡 연결이 어려울 때가 많다.

또한 한국에 사무실이 있으면 한국 직원과 다이렉트로 연락을 취하고 CS 응대를 받을 수 있는 반면, 한국에 사무실이 없다면 중국인 직원과 CS를 처리해야 하는 일이 발생하는데 한국어에 능통한 직원이 업무를 보는 것이 아니라면 소통 자체에 어려움을 겪을 수도 있다. 그래서 배대지를 선정할 때 한국에 사무실이 있는지 여부도 확인해야 한다.

보상 규정이 있는지 확인하자

앞에서도 잠깐 언급했지만, 해외구매대행은 배대지에서 상품이 출발하여 포워딩 업체에 전달되고 세관에서 통관을 마친 후 국내 택배사로 상품이 인계되면 고객이 받는 시스템으로 배송이 이루어진다. 이렇게 복잡한 과정을 거쳐 상품이 고객에게 전달되는 과정에서 한 가지 문제가 발생할 수 있다.

바로 파손이나 분실이다. 분실의 경우 어떠한 방식으로도 보상을 받을 수 있다. 세관에 도착하기 전에 분실된 것이라면 포워딩 업체에서 보상하고, 통관 후에 택배사에서 분실되었다면 해당 택배사에서 보상받으면 된다.

하지만 파손의 경우 실제 파손된 위치를 특정할 수가 없다. 배대지에서는 분명 검수를 거쳐서 멀쩡한 상태로 배송을 시작했지만, 포워딩 업체에서 상품이 파손되거나 국내 택배사에서 배송하는 과정에서도 상품이 파손될 수 있기 때문이다.

이런 경우 파손된 위치를 특정할 수 없기 때문에 대부분 포워딩 업체나 택배사는 본인들의 잘못이 아님을 주장하게 되어 보상을 받을 수 있는 방법이 없어진다. 그러면 이 과정에서 발행하는 손해는 100% 판매자가 보게 되고, 고객과의 CS 처리도 판매자가 해결해야 하는 이중고를 겪을 수 있다. 이때 배대지에 보상 관련 규정이 있다면 100% 만족하는 보상이 이루어지지는 않더라도 최대한 규정에서 정한 보상 정도는 받을 수 있게 된다. 그래서 배대지를 선정할 때 자체 보상 기준이 있는지 확인해야 한다.

이렇게 배대지를 선정할 때 중요하게 생각하는 부분을 설명했다. 이 3가지 사항은 반드시 유의해서 배대지를 선정하는 것이 좋다.

다양한 배송대행지 활용법

배대지는 앞서 언급한 대로 배송을 대행해주거나 검수만을 진행해주는 곳은 아니다. 이 밖에도 다양한 배대지의 기능이 있다. 이 기능을 활용한 배대지 이용법을 알아보자.

구매대행 서비스

구매대행 사업을 하는데 배대지에 구매대행 서비스를 이용한다는 것은 무슨 말일까? 우리는 기본적으로 타오바오 사이트를 이용하여 상품을 구매하고 배송한다. 그런데 중국에는 타오바오 사이트만 있는 것이 아니고, 상품을 구매할 수 있는 다양한 사이트가 존재한다. 이때 사이트에서 신용카드 구매를 지원하지 않는다면 구매를 할 수 없다.

그림 7-2 배대지 구매대행 서비스

이럴 경우 배대지에서 구매대행 서비스를 제공하고 있다면 배대지에 구매대행을 신청할 수 있다. 구매대행 서비스를 신청하면 일정 수수료를 받고 해당 사이트에서 결제할 수 있는 다른 수단을 사용하여 대신 구매해준다. 그리고 상품이 배대지에 배송되면 일반 배송대행과 동일한 프로세스로 배대지에서 해당 상품을 국내 소비자에게 보내준다.

현지 반품 서비스

타오바오에서 상품을 주문해서 배대지에 도착한 후에 검수 과정을 거치는 과정에서 상품의 파손이나 오배송이 발견되었다면 어떻게 처리해야 할까?

기본적으로 타오바오에 상품 교환이나 환불을 신청하고 해당 상품을 다시 판매자에게 돌려보내야 한다. 이때 배대지에서 상품을 다시 판매자에게 보내주는 서비스를 한다. 물론 이때도 일정의 반품 수수료를 받고 진행하지만, 상품을 다시 포장해서 택배사에 접수하고 상품을 발송해 주는 서비스를 하는 것이다.

포장 보완 서비스

구매대행을 하면 다양한 상품을 소싱해서 판매하게 되는데, 유리 제품이나 플라스틱 제품 등 파손이 쉬운 제품을 판매하게 될 경우 한국으로 배송되는 과정에서 파손될 우려가 있어서 포장에 신경을 써야 한다. 이럴 때 이용할 수 있는 서비스가 바로 포장 보완 서비스다.

포장 보완 서비스를 신청하면 중국 판매자로부터 상품이 도착했을 때 상품의 기본 포장 외에 상품을 더 안전하게 배송할 수 있도록 추가로 에어캡을 감싸는 등의 포장을 더 해준다고 보면 된다.

통관 서류 작성 서비스

상품이 해외에서 한국으로 들어올 때 목록 통관으로 들어오는 제품의 경우 배대지에 작성하는 배송 대행 신청서만 있으면 문제가 되지 않는다. 하지만 목록 통관에 해당하지 않는 제품을 한국으로 들여올 때는 세관 신고서를 작성해야 하는데, 이 신고서 작성을 배대지에서 대신해준다. 물론 품목마다 서류가 다르기에 작성해야 하는 양식이 다르지만, 일정 수수료를 받고 신고서를 대신 작성해서 세관에 전달하는 역할도 해준다. 통관과 관련된 설명은 11장에서 자세하게 다루겠다.

추천 배송대행지 2곳

2017년부터 해외구매대행 사업을 해오면서 많은 배대지를 사용하고 현재도 다양한 배대지를 테스트하고 있다. 지금부터 소개할 배대지 2곳은 필자가 몇 년 전부터 사용해왔던 배대지로, 규모가 일정 수준 이상이며 빠른 CS를 장점으로 가지고 있다.

두 배대지에 직접 연락해서 이 책을 구입한 독자분들에게만 특별한 혜택을 준비했다. 각 배대지별로 다른 혜택이 있으니 확인해보자.

원클릭차이나 배송대행지

- 원클릭차이나 – https://www.oneclickchina.co.kr

그림 7-3 원클릭차이나 사이트

원클릭차이나 배대지가 제공하는 혜택은 다음과 같다.

- 원클릭차이나 배대지 가입 혜택

    1. 회원 등급 조정
    2. 5,000원 쿠폰 지급

- 혜택 받는 방법

책 구입 영수증을 촬영해서 **1:1문의** 게시판에 업로드하면 혜택을 받을 수 있다. 혜택을 받는 방법은 다음과 같다.

그림 7-4 원클릭차이나 인증 방법

- 원클릭차이나 해외 주소 확인 방법

원클릭차이나 사이트에 로그인한 다음 상단 메뉴에서 [나의 해외주소]를 클릭한다.

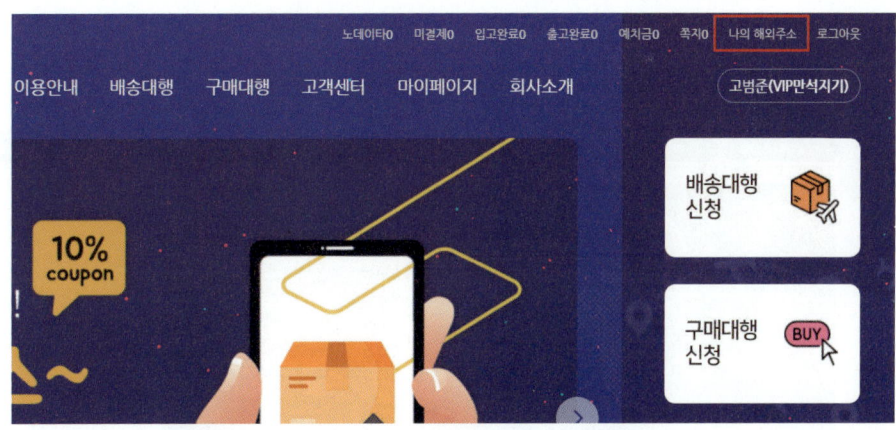

그림 7-5 원클차이나 나의 해외 주소 확인 메뉴

[나의 해외주소] 메뉴를 누르면 다음과 같은 화면이 나오는데 이 주소가 중국 내 원클릭차이나 해외 주소이다.

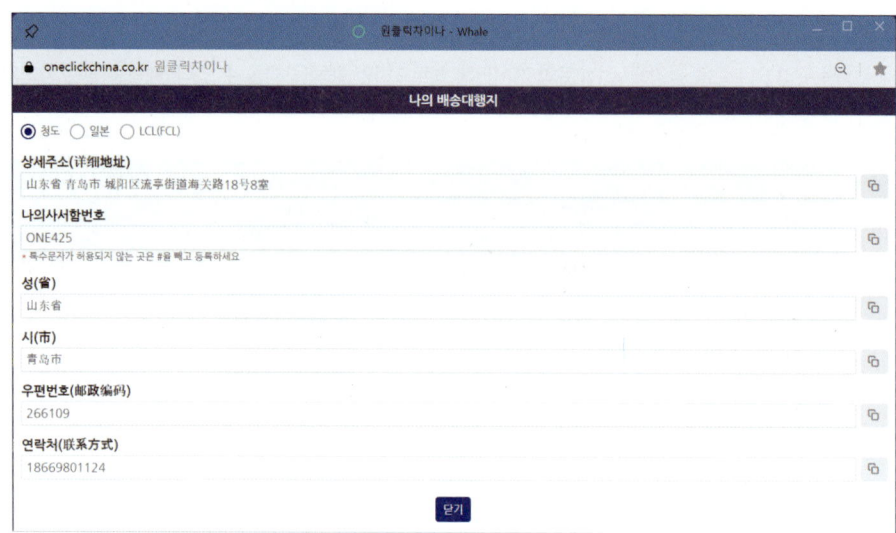

그림 7-6 원클릭차이나 해외 주소

타플 배송대행지

- 타플 – https://www.tapl.co.kr

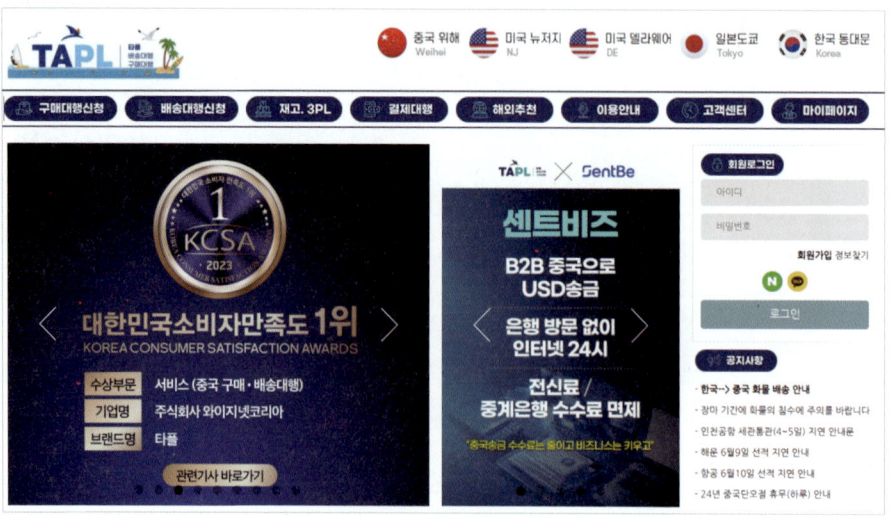

그림 7-10 타플 사이트

타플이 제공하는 혜택은 다음과 같다.

- **타플 배대지 가입 혜택**

    1. 회원 등급 조정
    2. 6,000원 쿠폰 지급

- **혜택 받는 방법**

    회원 가입 시 [추천인아이디] 란에 'XENO'라는 코드를 입력하면 바로 적용받을 수 있다.

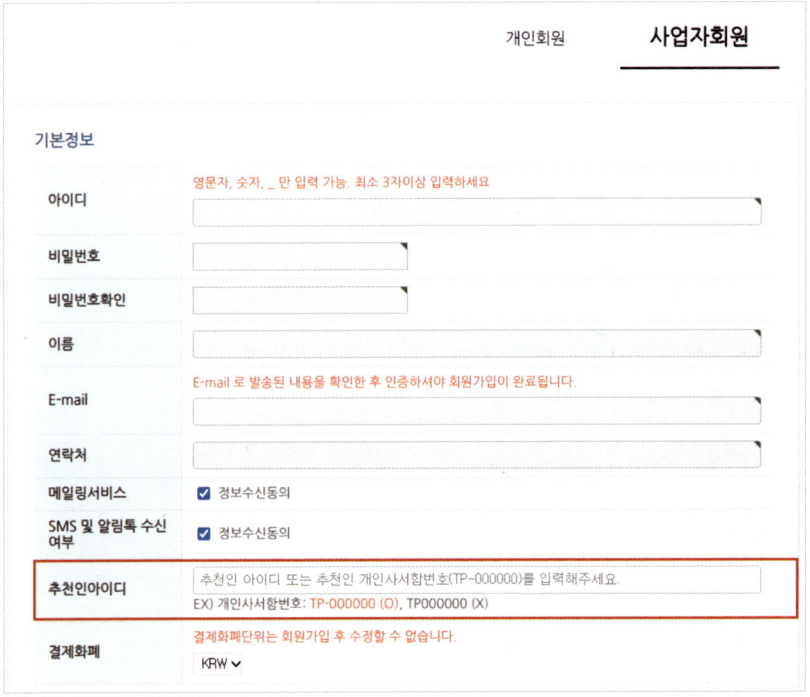

그림 7-11 타플 코드 입력

- **타플 해외주소 확인 방법**

그림 7-12 국가(지역)별 해외주소 확인 메뉴

타플에서 해외주소를 확인하려면 메인 화면 상단의 [중국 위해] 란을 누른다. 그러면 다음과 같은 창이 나오고 주소 상세사항을 확인할 수 있다.

그림 7-13 타플 해외 주소

그림의 주소는 타플의 중국 배대지 주소다. 이 주소를 타오바오에 등록하면 된다. 각 주소는 옆에 있는 복사 버튼을 활용해서 붙여 넣을 수 있다.

08

SEO를 알아야 돈이 보인다

SEO란 무엇인가?
SEO에서 가장 중요한 2가지
네이버 상품 등록 SEO 가이드
네이버쇼핑의 쇼핑 검색 알고리즘

SEO라는 말을 들어봤는가? 요즘은 여러 곳에서 정보가 넘쳐나니 한 번쯤 들어봤을 법한 단어다. SEO를 잘 맞춰서 상품을 올려야 상위 노출이 된다, SEO는 네이버에서 중요한 개념이다 등의 말을 한다.

이번 장에서는 소문만 무성하고 말도 많은 SEO에 대해 제대로 알아보자.

SEO란 무엇인가?

SEO란 Search Engine Optimization의 약자로 **검색 엔진 최적화**라고 부른다. 이 개념은 네이버가 아닌 구글(Google)에서 먼저 나온 개념이다. 짧게 설명해보자면, 어떻게 하면 내가 작성한 문서가 검색 엔진에서 상위에 검색될 수 있는지에 대한 규칙이라고 생각하면 된다.

그럼 기본적으로 SEO란 어떤 작업을 의미하는 것일까?

쉽게 예를 들어서 내가 블로그에 글을 작성했다고 가정하자. 그런데 누군가 네이버 검색창에 특정 단어로 검색했을 때 내가 작성한 글이 다른 글보다 상위에 노출되게 하고 싶을 때 제목, 내용의 구성, 키워드, 태그 등의 요소를 SEO에 맞게 적절히 배치해서 작성해야 한다는 것이다. 이렇게 했을 때 내가 작성한 글이 다른 글보다 검색 결과의 상위에 노출되는 것이다.

즉, SEO에 맞춰 상품을 등록하면 위에서 이야기한 블로그의 글처럼 검색 결과에서 상위에 노출될 수 있다.

SEO에서 가장 중요한 2가지

이제 SEO가 무엇을 뜻하는지 알았다. 네이버나 구글에서 말하는 SEO의 기준에는 여러 가지 구성요소가 있다. 하지만 우리가 알아야 할 개념은 가장 중요한 2가지 개념이다. 바로 IP와 체류 시간이다. 그럼 이 2가지 개념에 대해 자세히 알아보자.

다량의 IP 수집

IP란 우리가 사용하는 인터넷의 고유 주소를 의미한다. 그러면 다량의 IP를 수집한다는 것은 무슨 말일까? 내 블로그 혹은 내 스토어에 많은 사람이 방문하게 만든다는 의미이다. 즉, 내 블로그나 스토어에 사람들이 방문을 하게 되면 IP주소가 기록되는데 방문자가 많을수록 많은 IP가 기록된다. 바로 이 기록을 말하는 것이다.

이렇게 다량의 IP를 수집하기 위해선 내 스토어의 제품을 블로그에 올리고, 인스타그램, 페이스북, 카페 등 최대한 많은 곳에 노출하여 해당 게시물을 보고 상품 페이지에 들어올 수 있게 작업한다. 요즘 같은 시대에 직접 돈을 들여서 광고할 생각이 아니라면 인스타그램이나 페이스북 등의 SNS를 활용하여 노출하는 작업은 필수다. 스토어를 직접 광고에 노출하는 방법도 있을 수 있지만, 이렇게 하기보다 SNS에 페이지를 광고로 노출해서 스토어로 방문하도록 만드는 것이 좋다.

이렇게 여러 채널을 통해서 사람들이 내 스토어에 방문하면 많은 사람이 내 상품에 접근하게 되고 많은 IP를 얻은 상품이 되는 것이다. 즉, 인기 있는 페이지가 된다고 보면 된다. 어떤 키워드로 검색했을 때 사람들이 좋아하고, 인기 있는 페이지와 그렇지 않은 페이지 중에서 어떤 것을 먼저 보여줄 것인가? 당연히 사람들이 좋아하고 인기 있는 페이지를 먼저 보여줄 것이다. 이것이 바로 SEO의 핵심이다.

체류시간 늘리기

SEO에서 중요하게 생각하는 부분 두 번째는 바로 체류시간이다. 체류시간이란 내 스토어에 접속한 사람이 얼마나 오랜 시간 머물다 나가는지를 체크하는 것이다. 위에서 언급한 다량의 IP 수집으로 사람들이 많이 들어왔다면 이제는 그들이 오래 머물게 만들어야 한다.

기본적으로 좋은 게시물과 그렇지 못한 게시물은 어떤 차이를 보일까? 이것은 시간으로 확인해볼 수 있다. 좋은 게시물이라면 사람들이 오랜 시간 머물며 게시물을 볼 것이고 그렇지 않은 게시물의 경우 빠른 시간 안에 벗어날 것이기 때문이다. 이렇게 사람들이 들어와서 얼마나 오래 머무는지에 따라서 다른 사람들에게도 게시물을 추천할 것인지 아닌지를 SEO 시스템이 결정하는 것이다.

그래서 사람들이 한 번 상품의 상세 페이지에 들어오면 체류하는 시간을 길게 만들어야 한다. 상세 페이지에 보여줄 것을 만들어서 넣거나 다른 상품의 링크를 넣어서 최대한 내 스토어에서 오래 머물 수 있게 만들어야 한다.

요즘 스마트스토어에는 코디 제품이나 연관 제품을 진열할 수 있는 기능이 생각보다 잘 만들어져 있다. A라는 제품에 관심이 있는 소비자가 페이지에 방문했다면 A 제품과 비슷한 연관 제품을 보여주거나 함께 사면 좋을 제품을 추천함으로써 페이지에 더 오랫동안 머물게 할 수 있다. 스토어에서 이렇게 다른 상품을 추천하는 것으로 내 스토어에 오래 머물도록 만든다면, 블로그에서는 현재 보고 있는 게시물 가장 뒤에 함께 읽으면 좋을 글들을 추천하는 것으로 내 블로그에 오래 머물도록 만들 수 있다.

이렇게 다량의 IP 모으기와 체류시간 늘리기는 우리가 요즘 많이 보는 유튜브(Youtube)에도 적용된다. 다량의 IP 모으기는 조회수, 체류시간은 시청 지속 시간이라는 것으로 설명이 가능한데, 조회수가 높고 시청 지속 시간이 길다면 좋은 영상으로 간주하고 유튜브 알고리즘으로 더 많은 사람들에게 해당 영상을 뿌려주는 것과 같다.

네이버 상품 등록 SEO 가이드

네이버에는 상품 등록 SEO 가이드라는 것이 있다. 네이버 스마트스토어에서 상품을 등록할 때 이런 기준에 따라서 상품을 올리는 것이 좋다고 알려주는 가이드다. 이 가이드 상에서 중요하게 생각하는 항목이 5가지가 있다. 하나하나 알아보자.

카테고리

내가 판매하고자 하는 제품 중에서 **블라우스**라는 제품이 있다고 하자. 이 제품을 등록하기 위해서 카테고리에 블라우스라고 적었더니 다음과 같이 선택할 수 있는 카테고리가 3개가 나왔다.

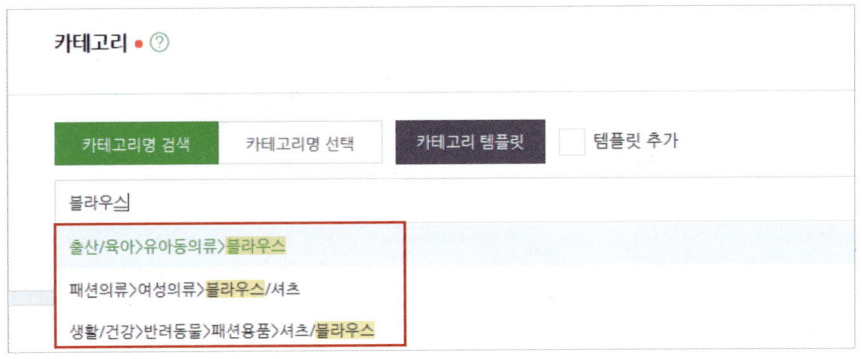

그림 8-1 상품 등록 카테고리 선택

그림에서 보듯이 3가지 카테고리가 나오는데, 내가 판매하려는 제품의 제품군을 확인하고 선택해야 한다. 카테고리 선택이 잘못될 경우 해당 상품의 판매가 중지되거나 금지까지 될 수 있다.

꼭 내가 판매하려는 제품의 카테고리를 잘 확인하고 등록해야 한다. 또한 판매하려는 제품을 네이버 검색창에 검색해보고 1페이지에 나오는 제품들과 동일한 카테고리로 설정하는 게 좋다. 그래야 해당 키워드로 제품을 검색하는 사람들에게 노출되기 때문이다.

제품명

제품명은 기본적으로 상품을 네이버에서 검색할 때 가장 우선해서 검색 대상이 되는 요소다. **수영복**이라고 검색했을 때 광고를 제외한 검색 영역에서 제품명에 **수영복**이라고 작성된 제품이 우선적으로 노출된다.

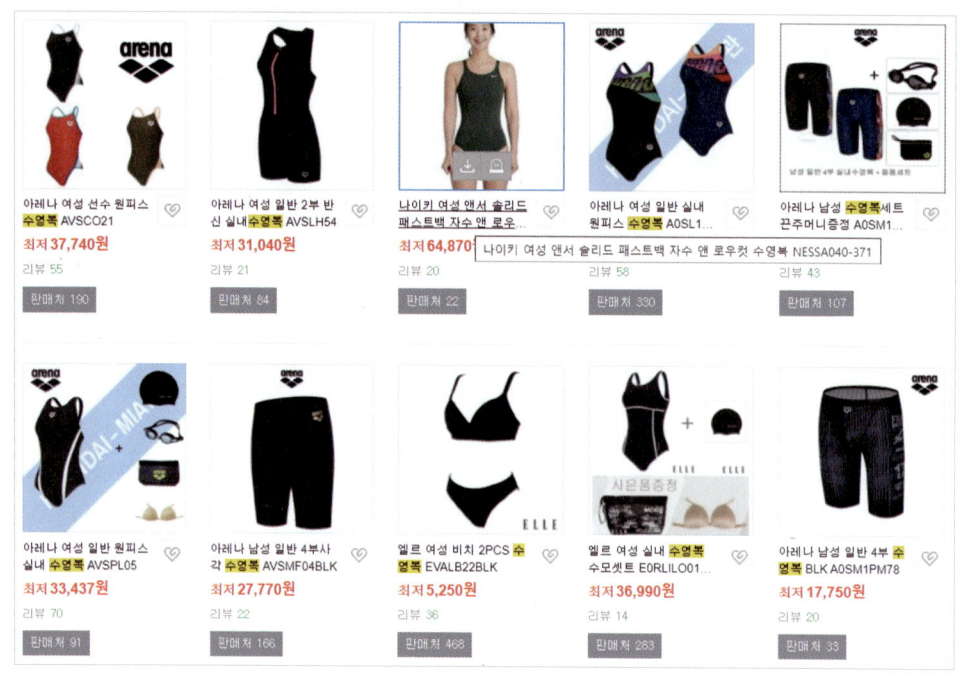

그림 8-2 수영복 검색 화면

위에서 보다시피 **수영복**이라는 검색어로 네이버에 검색한 결과를 보면 같은 1페이지 상단에 검색된 제품들이 보일 것이다. 그런데 검색된 제품명을 보면 **수영복**이라는 키워드가 포함되어 있는 제품만 노출되는 것을 확인할 수 있다. 이렇게 제품명에는 반드시 판매하려는 상품의 대표 키워드를 넣어서 작성하는 것이 좋다.

이미지

상세 페이지의 이미지는 네이버에서 요구하는 SEO의 요건에 포함되지 않는다. 여기서 말하는 이미지는 대표 이미지와 추가 이미지를 말한다. 대표 이미지 1개와 추가 이미지(최대 9개)는 최대한 깔끔한 만들어 주는 것이 좋다. 가능하다면 하얀색 바탕에 제품의 이미지만 뚜렷하게 보이는 사진이 좋다.

그림 8-3 네이버 쇼핑 검색 SEO 예시1

하지만 네이버에서 상품을 검색하다 보면 다음과 같은 이미지도 볼 수 있다.

그림 8-4 네이버 쇼핑 검색 SEO 예시2

이런 이미지의 제품이 쇼핑 검색 상단에 있다. 네이버에서 말하는 이미지 SEO 가이드를 전혀 준수하지 않고 이미지를 올렸음에도 상단에 있는 상품들이 있는데, 이런 상품들은 이미 판매량이 많아서 페이지 상단에 올라와 있을 확률이 높다. 저런 제품이 있다고 해서 그와 비슷하게 이미지를 올리면 안 된다. 신규로 올라가는 제품은 판매량이 높을 수 없기 때문에 이미지 SEO 가이드에 맞지 않은 상품은 노출 순위가 뒤로 밀린다는 것을 명심하자.

상품 속성

상품 속성은 [상품 주요 정보] 란에 있는 상품 속성에 관한 내용이다. 상품의 카테고리를 정하고 나면 하단의 상품 주요 정보란에 다음과 같은 내용이 생기는 것을 볼 수 있다. 다음 이미지를 살펴보자.

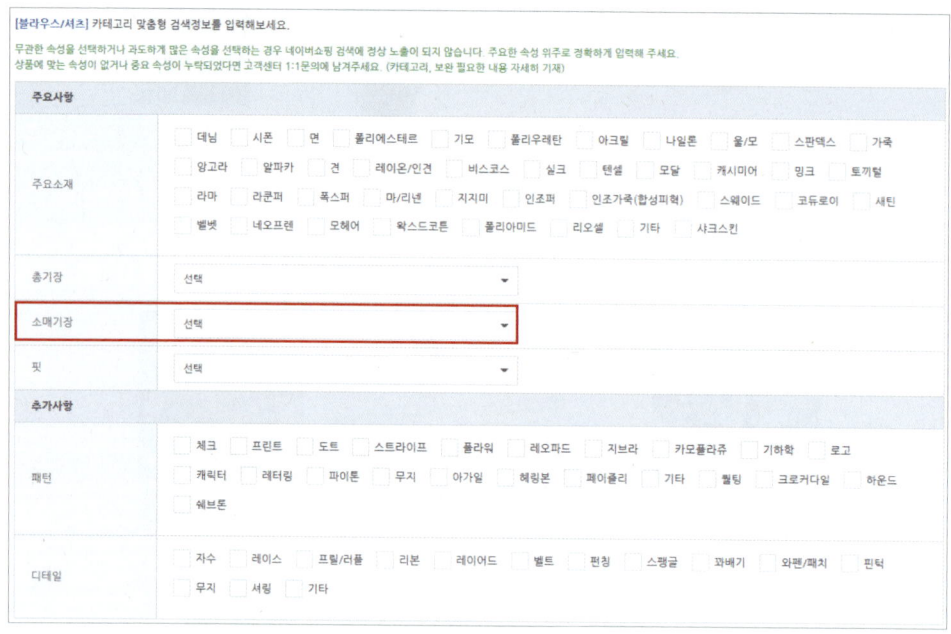

그림 8-5 상품 주요 정보 입력 란

위 이미지는 **블라우스**라는 카테고리를 선택했을 때 나오는 정보 화면이다. 이 부분이 중요한 이유는 이미지 속 **소매기장** 부분을 기억하고 다음 이미지를 보면 알 수 있다.

그림 8-6 네이버쇼핑 블라우스 검색 화면

그림 8-6에서 이미지에서 빨간색 박스 안에 있는 소매기장 부분을 보자. 상품 주요 정보란에서 봤던 **소매기장**이라는 항목이 있을 것이다. 이것이 네이버 쇼핑 검색 화면의 옵션에 들어가 있는 모습을 볼 수 있다. 내가 소매기장이라는 항목의 정보를 잘 등록해 놓았다면 소매기장 부분을 선택했을 때 내 제품이 같이 노출되는 것이다.

해당 정보를 넣지 않으면 소매기장 부분을 선택했을 때 내 제품은 노출되지 않는 불상사가 생길 수 있다. 그래서 상품 주요 정보란은 상당히 중요한 부분이다. 하지만 모든 카테고리에 해당하는 것은 아니니 본인이 선택하려는 카테고리를 먼저 네이버 쇼핑에서 검색해본 뒤에 옵션에 선택할 수 있는 정보가 있다면 등록하는 것을 추천한다.

상품 태그

마지막으로 상품 태그다. 많은 사람이 좋은 키워드를 찾기 위해서 여러 가지 유료 프로그램이나 사이트를 이용하는 것으로 알고 있다. 하지만 그렇게 만들거나 찾은 키워드는 제품의 이름이나 상세 페이지에만 넣을 것을 추천한다.

여기서 뽑아낸 키워드를 상품 태그 부분에 넣는 것은 신중하게 고민해봐야 한다. 네이버에서는 태그 부분에 넣어도 되는 태그와 그렇지 않은 태그를 구분하고 있다. 즉, 노출이 가능한 태그와 불가능한 태그가 있다는 말이다. 여러분이 만들어 놓은 키워드를 넣어보는 것은 추천하지만, 노출되지 않는 항목이라는 문구가 보인다면 과감하게 삭제할 것을 권한다.

태그 입력란은 다음과 같다.

그림 8-7 상품 태그 입력란

그림처럼 미리 만들어져 있는 태그들이 보인다. 기본적으로는 그중에서 태그를 선택하는 것을 추천한다. 그 이유는 앞에서 언급했듯이 네이버에서 해당 카테고리에서 노출이 유리한 태그들을 모아 놓은 것이기 때문이다.

이미지에는 나와 있지 않지만, **요즘 뜨는 HOT 태그** 영역에 태그가 나와 있다면 그곳에서 선택하는 것도 좋은 방법이다. 또한 네이버에서는 기본적으로 감성 태그 항목의 태그를 선택할 것을 추천하고 있다.

또한 노출을 위해 어떤 태그를 넣고 싶다면 [태그+대표 키워드] 형식으로 네이버 검색창에 검색해본 후 태그와 대표 키워드를 포함한 상품이 검색된다면 넣고 상품이 검색 결과에 나오지 않는다면 넣지 않는 것도 한 가지 방법이다.

네이버쇼핑의 쇼핑 검색 알고리즘

위 SEO 부분에서도 잠깐 설명했지만, 네이버쇼핑에도 당연히 SEO가 적용되기 때문에 상품 검색 알고리즘이라는 것이 있을 것이다. 네이버쇼핑의 쇼핑 검색 알고리즘에 대해 알아보고 내 스토어에 어떻게 적용할 수 있는지 알아보자.

쇼핑 검색 알고리즘이란?

알고리즘이란 깊게 파고들면 개념 자체가 어렵기 때문에 여기서는 간단하게 설명한다. 가령 내비게이션으로 길을 검색할 때 최단거리, 무료도로, 추천도로 이런 식으로 검색 결과를 보여준다. 이런 결과에는 실제로 수많은 검색된 길 중에서 해당 항목에 맞는 길을 찾아서 보여주는 알고리즘이 적용되어 있는 것이다. 이렇듯 알고리즘은 원하는 결과를 도출할 수 있게 만들어 놓은 공식이라고 보면 된다.

이런 공식이 네이버 쇼핑에도 있다. 네이버 쇼핑 검색 알고리즘이란 쉽게 설명하면 네이버 쇼핑 검색에서 상위에 노출되는 상품을 어떤 기준으로 노출시킬 것인지를 선정하는 기준이라고 할 수 있다. 이렇게 정해진 기준에 의해서 점수를 부여하고 높은 점수를 받은 상품을 상단에 노출시켜주는 방식이라고 생각하면 된다.

네이버쇼핑에 있는 알고리즘을 파악해서 내 상품에 적용한다면 당연히 상위 노출에 유리할 것이다. 그럼 네이버쇼핑 검색 알고리즘의 구성 요소를 알아보자.

쇼핑 검색 랭킹 3가지 구성요소

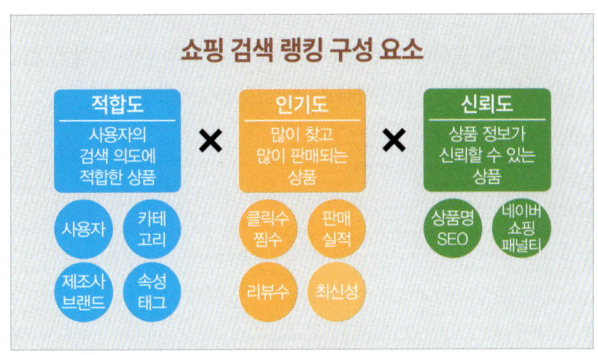

그림 8-8 쇼핑 검색 랭킹 구성 요소

위 이미지는 네이버쇼핑 검색 랭킹 구성 요소를 그림으로 표현한 것이다. 이미지를 보면 알겠지만 크게 3가지로 구분된다. 적합도, 인기도, 신뢰도 이렇게 총 3가지 구성 요소로 되어 있는 것을 확인할 수 있다.

각 항목을 자세히 알아보자

- **적합도**: 이용자가 입력한 검색어가 상품명, 카테고리, 제조사/브랜드, 속성/태그 등 상품 정보의 어떤 필드와 연관도가 높을지, 검색어와 관련하여 어떤 카테고리의 선호도가 높을지 산출하여 적합도로 반영한다.
- **인기도**: 해당 상품이 가지는 클릭수, 판매실적, 구매평, 찜, 최신성 등의 고유한 요소를 카테고리 특성을 고려하여 인기도로 반영한다. 인기도는 카테고리별로 다르게 구성되어 사용된다.
- **신뢰도**: 네이버 쇼핑 페널티, 상품명 SEO 등의 요소를 통해 상품이 이용자에게 신뢰를 줄 수 있는지 산출하여 신뢰도로 반영한다.

적합도/ 인기도/ 신뢰도 알아보기

그럼 적합도, 인기도, 신뢰도에 포함되어 있는 각각의 구성요소에 대해 자세히 알아보자.

01. 적합도의 2가지 구성요소

- **필드 연관도**

    검색어가 '나이키'인 경우 '나이키'는 브랜드 유형으로 인식되어 상품명에 '나이키'가 입력되어 있는 것보다 브랜드에 '나이키'로 매칭되어 있는 것이 우선적으로 노출된다.

- **카테고리 선호도**

    상품을 등록할 때 카테고리를 설정하는 곳에서 '블라우스' 검색어의 경우 여러 카테고리의 상품이 검색되지만, [패션의류 > 여성의류 > 블라우스/셔츠] 카테고리의 선호도가 매우 높다.

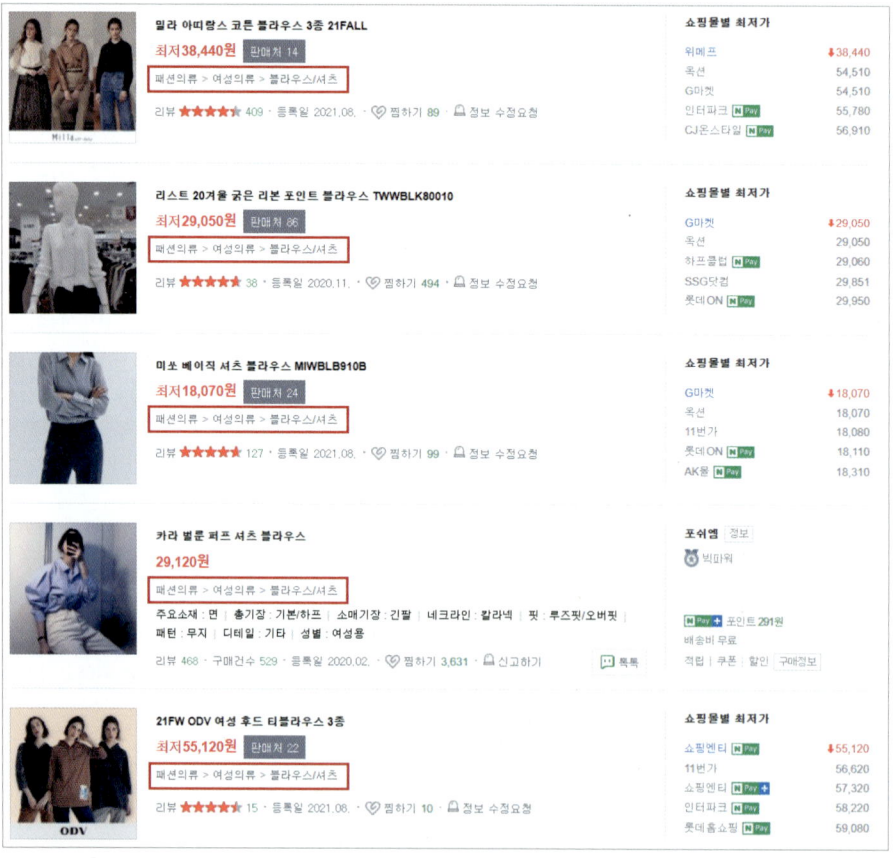

그림 8-9 블라우스 검색 1페이지 화면

검색 알고리즘은 해당 카테고리의 상품을 먼저 보여줄 수 있게 추가 점수를 준다. 네이버에서 '블라우스'라는 검색어로 검색해보면 알 수 있듯이 여성의류의 '블라우스'만 상위에 노출되고 나머지 카테고리는 뒤쪽에 노출되는 것을 확인할 수 있다.

02. 인기도의 5가지 구성요소

- 클릭 수
  최근 7일 동안 쇼핑 검색에서 발생된 상품 클릭 수를 지수화한다.

- 판매 실적
  최근 2일, 7일, 30일 동안 쇼핑 검색에서 발생한 판매수량, 판매금액을 지수화한다. 스마트스토어의 판매실적, 리뷰는 네이버페이를 통해 자동 연동되며, 부정거래가 있을 경우 페널티를 부여한다. (가구매, 지인구매 등을 하면 페널티 위험성이 높다.)

- 구매평 숫자
  개별 상품의 리뷰 숫자를 카테고리별로 상대적으로 환산하여 지수화한다.

- 찜 숫자
  개별 상품의 찜 숫자를 카테고리별로 상대적으로 환산하여 지수화한다.

- 최신성
  상품 DB의 등록일을 기준으로 상대적으로 지수화하여 신상품을 한시적으로 상단에 노출이 가능하게 돕는다.

03. 신뢰도의 2가지 구성요소

- 네이버 쇼핑 페널티
  구매평/판매실적 어뷰징, 상품정보 어뷰징 등에 대해서 상품이나 몰 단위로 페널티를 부여한다.

- 상품명 SEO 스코어
  상품명 가이드라인을 벗어난 상품에 대한 페널티를 부여한다.

이렇게 다양한 요소로 네이버 쇼핑에 상품의 노출과 순위를 결정짓는다. 각각의 구성요소를 잘 파악해서 상품의 상위 노출에 도움이 될 수 있게 하자.

다음 장에서는 여러 가지 마케팅 도구를 활용하여 내 스토어의 현재 상태를 알아보고 앞으로의 운영 전략을 세우는 방법을 알아보자.

09

마케팅 도구를 활용한 스토어 전략 구성

통계로 접근하는 스토어 전략
활용하기 좋은 키워드 도구 3가지
트렌드를 알아보기 좋은 툴 3가지

스토어 전략은 온/오프라인을 막론하고 요즘 시대에 상품을 판매하기 위해서는 꼭 가지고 있어야 하는 전략이다. 스토어 전략을 만들고 싶어도 만들지 못하는 이유는 어떻게 해야 하는지 모르고 어떤 데이터를 가지고 진행해야 하는지 모르기 때문이다.

그래서 요즘에는 해외구매대행 사업을 하는 사람들에게 도움을 주기 위해서 여러 가지 프로그램이나 사이트가 개발되고 있다. 하지만 대부분 프로그램과 사이트가 유료로 운영되기 때문에 이제 막 시작하는 초보에게는 금액적인 부담이 있다.

이번 장에서는 유료 프로그램이나 사이트를 설명하기보다 무료로 사용할 수 있는 여러 가지 툴에 대해 알아보고 그것들을 어떻게 활용해서 내 스토어 전략을 수립할 수 있을지에 대해 알아보자.

통계로 접근하는 스토어 전략

네이버에서 통계를 확인할 수 있는 곳은 2곳이다. 바로 **네이버 애널리틱스 사이트**와 **스마트스토어 판매자 센터에 있는 통계 영역**이다. 이 2곳에서 내 사이트에 대한 통계를 확인할 수 있다. 그런데 통계라고 하면 무조건 어렵다고 생각하는 사람이 많다. 가장 큰 이유는 바로 너무 많은 데이터의 양 때문이다.

스토어 전략을 세우기 위해서 통계 사이트에 들어갔지만, 너무 많은 양의 데이터를 보고 당황하게 된다. 겁을 먹은 판매자들은 다시는 통계 사이트를 보지 않게 된다. 하지만 통계는 스토어를 운영하는 사람이라면 반드시 참고해야 할 자료다. 그럼 어떤 방법으로 통계를 확인할 수 있는지 알아보자.

네이버 애널리틱스 분석

네이버에는 **애널리틱스**라는 통계 사이트가 있다. 스마트스토어와 연동해서 스마트스토어에 접속하는 사람들의 통계를 보여주는 사이트다.

- 네이버 애널리틱스 사이트 주소 – https://analytics.naver.com

그림 9-1 네이버 애널리틱스 사이트

위 이미지는 네이버 애널리틱스 사이트 화면이다. 4장에서 설명한 방법으로 애널리틱스를 연동하면 다음과 같은 화면을 볼 수 있다.

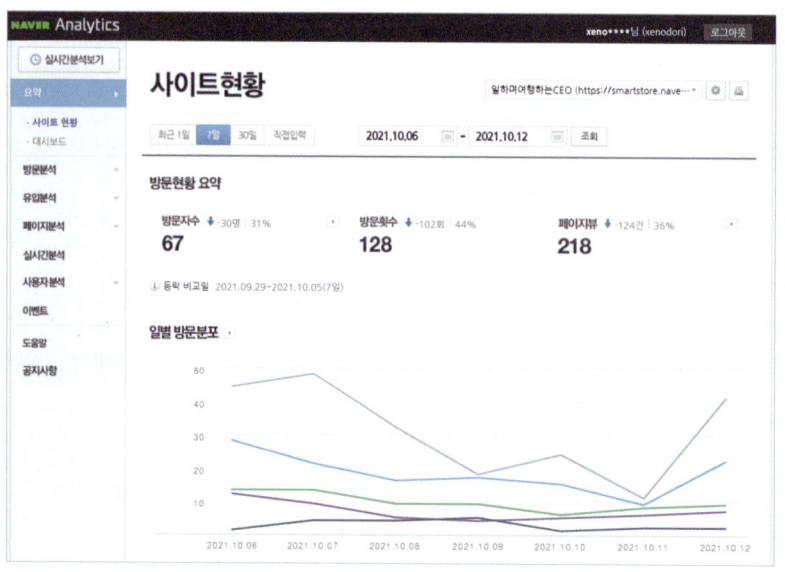

그림 9-2 네이버 애널리틱스 접속 화면

그림 9-2는 애널리틱스 접속 화면이다. 이곳에는 많은 정보가 있다. 왼쪽 메뉴를 보면 요약, 방문분석, 유입분석, 페이지분석, 실시간분석 등 많은 데이터가 보인다. 이곳에서 어떤 데이터를 봐야 하는지 알기가 어렵다.

물론 모든 데이터가 스토어에 도움이 되는 데이터임에는 틀림 없지만, 이 책을 읽고 있는 대부분 독자는 이제 막 스토어를 시작했거나 시작하려는 사람일 것이다. 그렇다면 이 많은 데이터 중에서 어떤 것을 봐야 할까?

앞서 SEO에 대해 배우면서 중요한 2가지가 뭐라고 했는지 기억하는가? 많은 사람이 들어와서 오래 머물다 나가도록 해야 한다고 했다. 그런데 통계 사이트는 이미 들어온 사람들에 대한 데이터이므로 이제 얼마나 오래 머물다 나가는지를 봐야 한다.

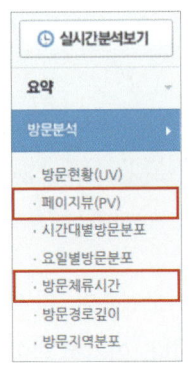

그림 9-3 네이버 애널리틱스 메뉴

그림 9-3에 표시된 2가지를 보면 된다. 페이지뷰(PV)와 방문체류시간은 내 스토어에 방문한 사람들이 얼마나 많은 페이지, 즉 얼마나 많은 상품을 봤으며 얼마나 오래 머물다 나갔는지를 나타내는 지표다. 당연히 데이터상 페이지뷰 수치가 높고, 방문체류시간은 길수록 좋은 것이다.

판매자 센터의 통계 분석

네이버 애널리틱스 사이트가 방문자의 통계를 기반으로 데이터를 보여준다면, 판매자 센터의 통계는 내 스토어에서 일어나는 구매와 관련된 내용을 기반으로 데이터를 보여준다. 그래서 애널리틱스 사이트와 판매지 센터의 통계는 전혀 다른 부분을 참고해야 한다.

다시 말하면, 판매가 일어나기 전까지는 애널리틱스 사이트를 더 많이 확인해야 하고 판매가 이루어지는 시점부터는 판매자 센터의 통계 영역도 같이 참고해야 한다. 판매자 센터의 통계는 판매에 더 치우친 방향으로 통계를 보여주기 때문이다.

하지만 판매가 이루어지지 않은 시점에서도 판매자 센터에서 참고해야 할 한 가지 통계가 있다. 그럼 판매가 이루어지지 않았더라도 판매자 센터의 통계 영역에서 어떤 내용을 참고해야 하는지 알아보자.

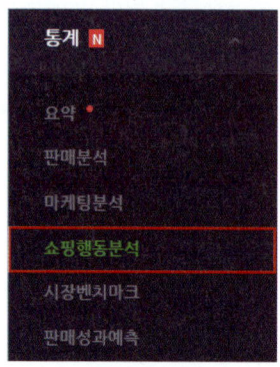

그림 9-4 판매자 센터 통계 메뉴

판매자 센터의 통계 역시 많은 내용을 보여준다. 하지만 여기서는 딱 한 가지만 보겠다. 통계 영역의 쇼핑 행동 분석 탭이 그것이다. 여기서 봐야 할 것은 페이지별 탭이다. 쇼핑 행동 분석 탭의 상단을 보면 상품별/페이지별의 2가지 영역으로 나뉘어 있다. 이곳에서 페이지별을 눌러보자.

그림 9-5 쇼핑 행동 분석 통계

[페이지별] 버튼을 누르면 다음과 같이 페이지별 행동 화면이 나타난다.

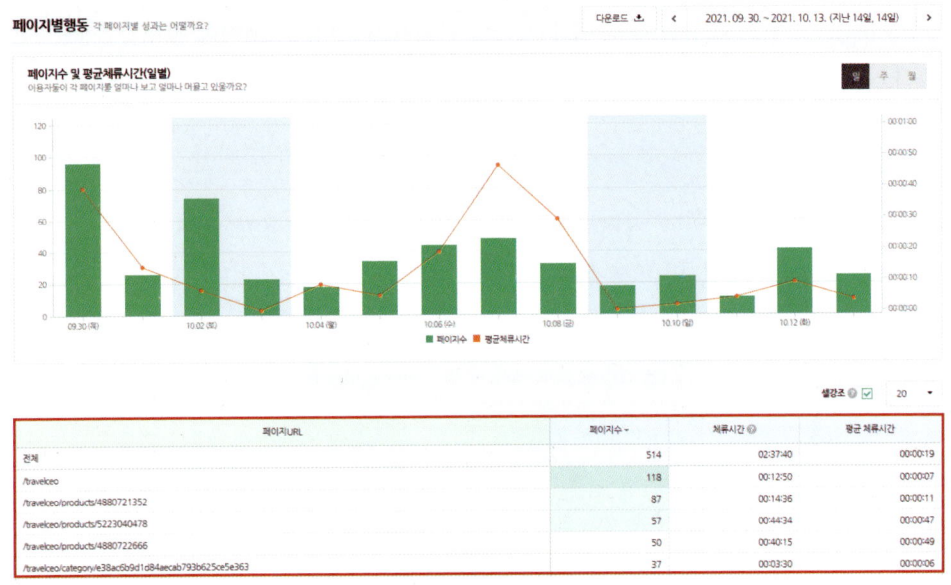

그림 9-6 페이지별 행동 화면

페이지별 행동에서는 내 스토어의 어떤 페이지에 사람들이 많이 들어오는지에 관한 통계를 보여준다. 초기 스토어 운영자들은 판매량이 없기 때문에 판매량 분석의 데이터보다는 이 부분을 주목해서 봐야 한다.

사람들이 많이 들어오는 페이지란 네이버 쇼핑 검색 결과 어딘가에 노출되어 사람들이 방문하고 있는 페이지라는 뜻이다. 더 중요한 것은 페이지가 사람들의 관심을 끌어서 상품을 눌러본다는 말이다. 결국 구매를 위해서 상품을 눌러 들어왔다는 말이 된다.

그럴 경우 어떤 상품에 사람들이 구매 의사를 보이는지 알 수 있다.

통계를 활용한 스토어 전략

앞서 **네이버 애널리틱스**와 **판매자 센터 통계 영역**에서 확인할 수 있는 통계에 대해 알아봤다. SEO 영역에서도 이야기했듯이 우리의 목적은 많은 사람을 내 스토어로 불러모아서 나가지 못하게 하는 것이다. 즉, 페이지뷰와 방문 체류 시간을 늘리는 것이다. 그러면 이제 확인한 통계를 내 스토어에 적용하는 좋은 방법에 대해서 알아보자.

네이버 애널리틱스 통계를 활용한 전략

네이버 애널리틱스 통계에서 확인했던 페이지뷰와 방문 체류 시간을 늘리는 방법을 한 가지 소개하겠다. 평소 쇼핑을 하기 위해서 다른 판매자의 스마트스토어에 들어갔을 때 다음과 같은 이미지를 본 사람이 있을 것이다.

그림 9-7 상품 링크

이 그림처럼 상세 페이지 중간에 다른 상품의 링크를 걸어주는 것이다. 상품의 링크를 하나만 걸기도 하고 여러 개를 걸기도 하는데, 이렇게 원래 들어왔던 상품과 비슷한 상품을 링크로 걸어주면 관심이 있는 사람들은 다른 상품을 보기 위해서 해당 링크를 누르게 된다. 그러면 페이지뷰 숫자가 늘어나고 자연스럽게 방문 체류 시간도 늘어난다.

이렇게 사람들의 방문을 유도한 다음 최대한 내 스토어에 오래 머물 수 있게 만드는 것만으로도 내 스토어에 많은 도움이 되고, 그 과정에서 소비자는 다른 마음에 드는 제품을 발견할 수 있고 구매까지도 이어질 수 있다.

판매자 센터의 통계를 활용한 전략

판매자 센터의 통계 영역에서 페이지별 방문자 수를 확인했다. 어떤 페이지로 사람들이 많이 들어오는지를 보여주는 통계였다. 사람들이 들어온다는 것은 대표 이미지 속 상품이 마음에 들었다는 말이다. 가격도 물론 고려 대상이지만, 사람들 대부분 이미지를 보고 들어온다.

소비자가 관심을 가지고 상세 페이지에 들어왔다면 가장 먼저 하는 행동이 무엇일까? 바로 상세 페이지를 확인하는 것이다. 내가 골라서 들어온 제품이 어떤 제품인지 알기 위해서 가장 먼저 상세 페이지를 살펴보게 되는데, 여기서 한 가지 해외구매대행만의 단점이 존재한다.

해외구매대행 상품은 상세 페이지를 구매대행 사업자가 직접 수정해서 올리다 보니 상세 페이지의 퀄리티에 한계가 있다. 그래서 많은 판매자들이 상세 페이지 속 한자를 그대로 노출하거나, 심지어 상품의 옵션이나 설명조차도 한글이 아닌 한자로 된 이미지를 그대로 올리는 경우가 많다.

한국 소비자 사이에서 중국 상품의 이미지가 많이 좋아지긴 했지만, 그래도 아직까지 중국 상품이라고 하면 많은 소비자가 제품의 퀄리티를 의심한다. 그런데 상품의 상세 페이지에 한자가 그대로 있다면 더욱 믿음이 가지 않을 것이다.

그렇다고 모든 제품의 상세 페이지를 완벽한 한글화하는 것은 힘들기 때문에 적당히 타협하거나 한자가 있는 상세 페이지를 올릴 수밖에 없다. 이때 사람들이 많이 들어오는 페이지를 통계에서 확인했다면 상세 페이지 속 한자를 한글화해주는 것이 좋다. 다음 이미지를 확인해보자.

다음 이미지의 왼쪽은 한자로 설명되어 있는 상세 페이지, 오른쪽은 한글로 수정한 상세 페이지다. 여러분이라면 어느 사이트에서 구매할 것 같은가? 당연히 한자보다는 한글로 번역되어 있는 사이트에서 구매할 것이다.

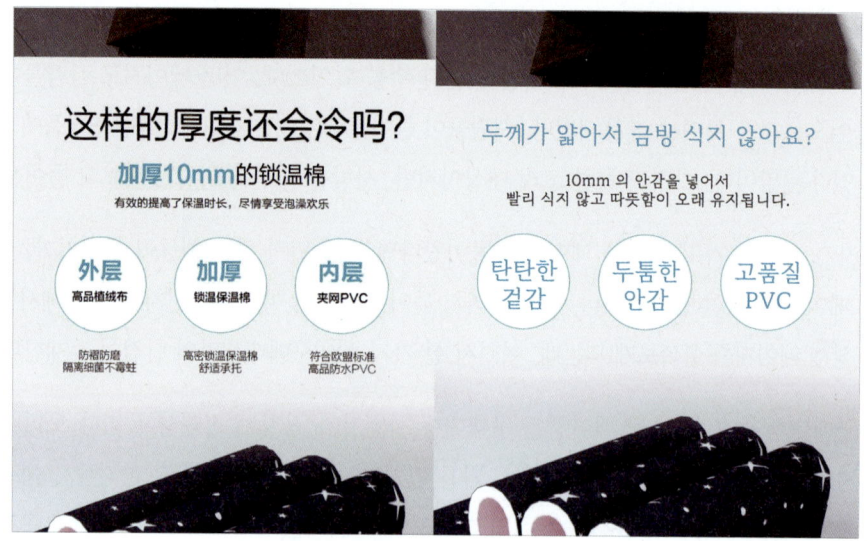

그림 9-8 상세 페이지 중국어와 한글 비교

이처럼 사람들이 많이 들어온다는 말은 구매할 확률이 높다는 말이다. 그런 상품의 상세 페이지는 적극적으로 번역해서 한글로 설명을 올려주는 것이 중요하다. 모든 상세 페이지를 다 정확한 한글로 번역해서 올릴 수 없다면 적어도 사람들이 많이 들어오는 상세 페이지라도 한글화해주는 것이다.

활용하기 좋은 키워드 도구 3가지

키워드 조합으로 상품명을 만든다는 것은 다 알고 있을 것이다. 이 키워드를 잘 활용해서 상품명을 지으면 SEO에도 도움이 되고 상품의 상위 노출에도 중요한 영향을 미친다. 그래서 키워드의 중요성이 요즘 들어 더 강조되고 있다.

그런데 키워드를 뽑기 위해 만들어진 사이트들이 완전 무료인 사이트는 없다. 하지만 유료로 전환하지 않아도 충분히 내가 원하는 키워드는 뽑을 정도의 무료 기능을 제공한다. 물론 광고가 보이거나 유료로 전환할 경우 더 많은 키워드를 뽑거나 좋은 기능을 제공하지만, 그렇게까지 할 필요는 없다고 생각한다. 여기서는 키워드 사이트를 활용해서 키워드를 뽑는 과정을 알아본다.

01. 블랙키위 – https://blackkiwi.net

그림 9-9는 블랙키위 사이트에서 '마우스'라는 키워드로 검색한 결과다. 이 사이트는 기본적으로 블로그, 카페의 키워드를 분석해준다. 그래서 월간 콘텐츠 발행량 등의 데이터가 나오는데, 블로그와 카페에서 발행되는 콘텐츠가 많다는 것은 사람들의 관심이 많다는 뜻이다. 그림 하단을 보면 연관 키워드를 20개까지 보여준다.

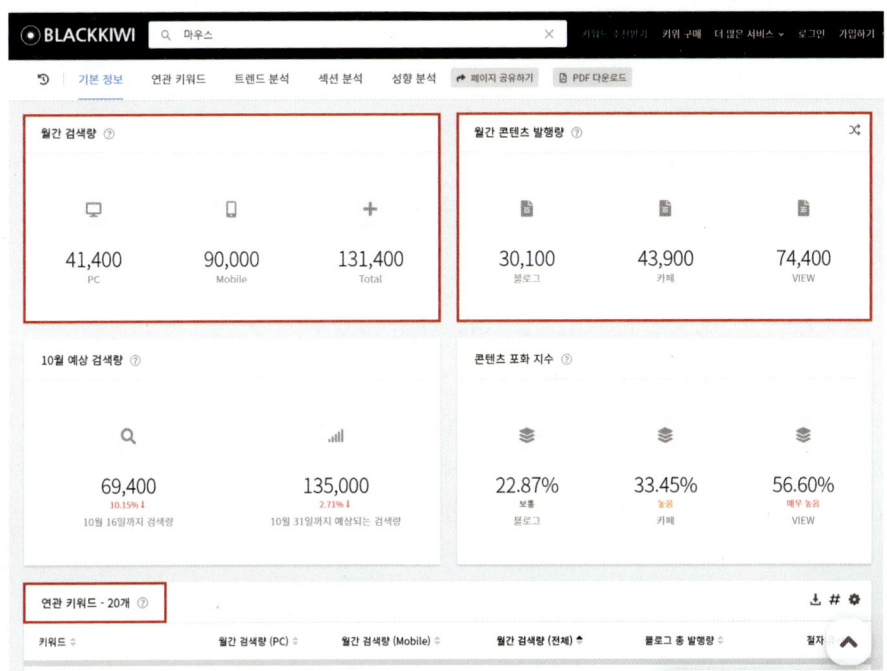

그림 9-9 블랙키위 키워드 사이트

02. 키자드 – https://keyzard.org/keyzard

그림 9-10은 키자드 사이트에서 '마우스'라는 검색어로 검색한 결과를 보여준다. 이 사이트는 **연관 키워드**와 **자동 완성 키워드**를 보여주는데, 자동 완성 키워드는 네이버, 다음, 구글의 3가지 사이트의 결과를 보여준다.

이 사이트의 장점은 3가지 대표 검색 사이트를 한 번에 비교해서 볼 수 있다는 것이다. 그 세 가지 사이트에서 공통으로 포함된 키워드라면 키워드 중요성만큼은 한 번에 검증할 수 있다.

그림 9-10 키자드 키워드 사이트

03. 키워드 마스터 - https://whereispost.com/keyword

그림 9-11은 키워드마스터 사이트에서 '마우스'라는 검색어로 검색한 결과다. 이곳은 관련 키워드를 한눈에 볼 수 있도록 표시해주고 해당 키워드를 클릭하면 하단에 키워드가 리프트에 표시되면서 각종 검색량과 조회수 등을 표시해준다.

관련 키워드를 따로 검색하지 않고 클릭 한 번으로 검색량 수치를 볼 수 있다.

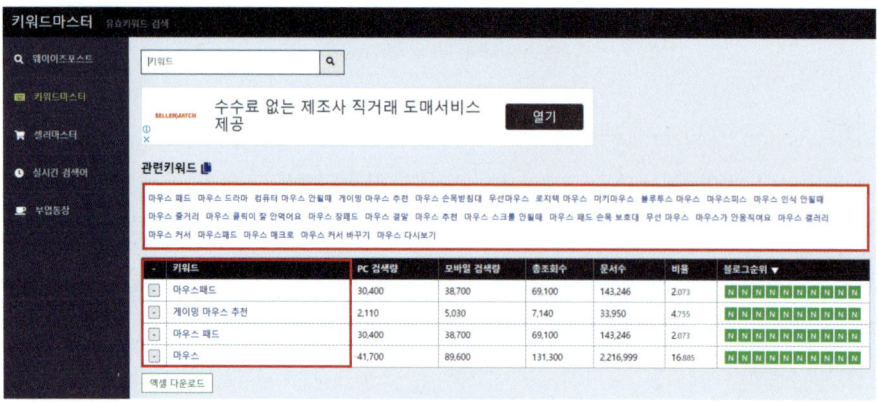

그림 9-11 키워드마스터 사이트

또한 다음 이미지처럼 새로운 키워드를 검색하면 기존 키워드 검색 결과에 추가로 새로운 키워드를 한 번에 보여준다. 즉, 여러 가지 키워드를 검색해서 한 번에 비교해 볼 수 있다는 장점도 있다. 이렇게 비슷한 관련 키워드를 한 번에 검색해서 검색량이나 조회수 등을 한눈에 비교해 보는 장점이 있는 사이트이다.

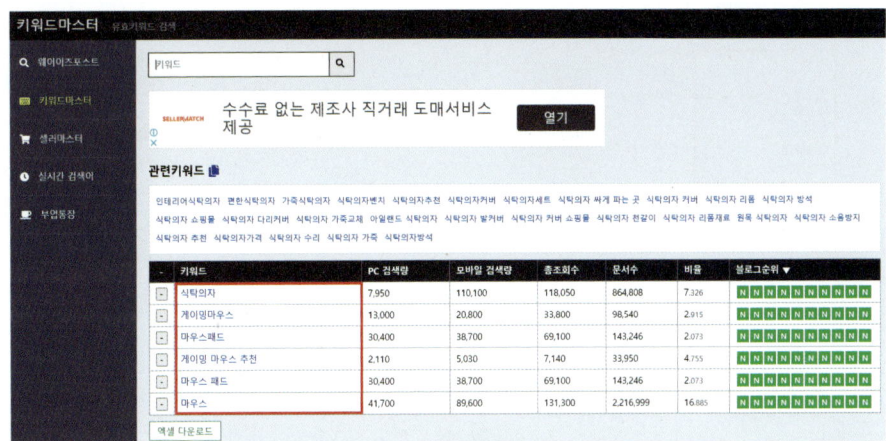

그림 9-12 키워드마스터 사이트 추가 검색

트렌드를 알아보기 좋은 툴 3가지

트렌드를 아는 것도 구매대행 사업을 할 때 중요한 부분이다. 실제로 판매가 잘 되는 상품을 찾는 방법으로도 트렌드를 알 수 있기 때문이다. 트렌드를 잘 알면 미리 트렌드에 맞춰 상품을 소싱할 수 있고, 새로 뜨는 트렌드들을 유심히 보고 빠르게 대응하는 것도 가능하다. 그럼 트렌드를 알아보기에 좋은 3가지 툴을 알아보자.

네이버 데이터랩

- 네이버 데이터랩 – https://datalab.naver.com
  네이버 데이터 랩에서는 분야별 인기 검색어를 볼 수 있다. 내가 판매하고자 하는 분야를 선택하면 검색어 상위 10위까지의 현황을 볼 수 있다.

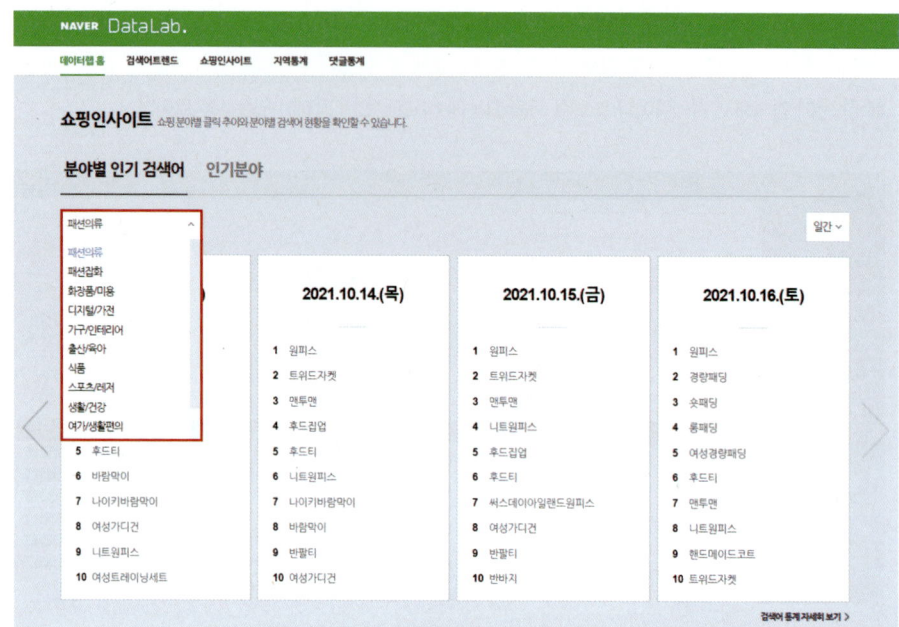

그림 9-13 네이버 데이터랩 사이트

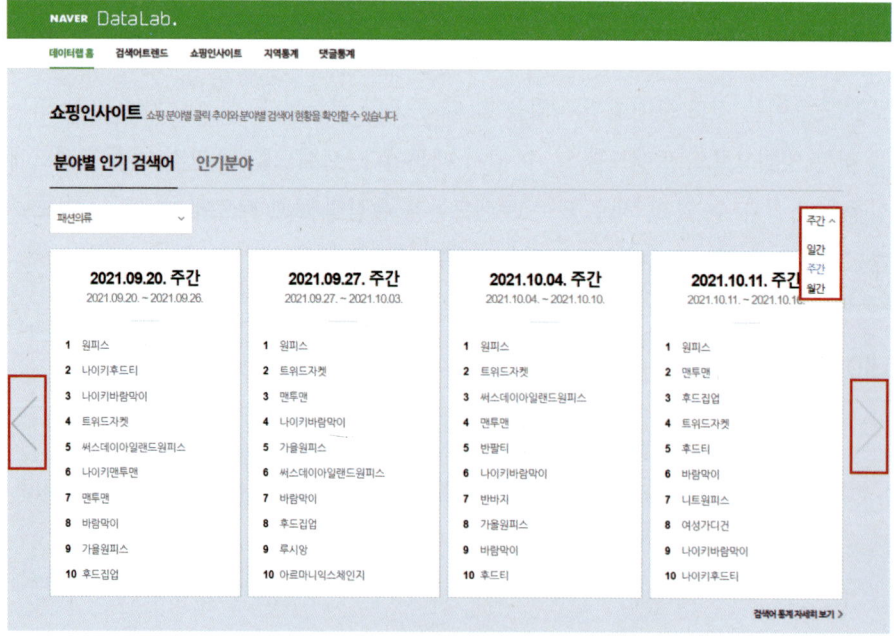

그림 9-14 네이버 데이터랩 기간별 검색

또한 위 이미지처럼 검색 기간을 일간, 주간, 월간 이렇게 3가지로 볼 수 있는데, 3가지를 하나씩 선택해서 데이터를 확인하면 1위부터 10위까지 순위 변화를 확인할 수 있다. 이미지 속 오른쪽, 왼쪽 화살표를 클릭하면 기간을 앞뒤로 변경해 볼 수 있는데, 과거의 내역과 현재의 내역을 확인하면 검색어의 기간에 따른 변화까지도 확인이 가능하다.

카카오 트렌드

- 카카오 트렌드 – https://datatrend.kakao.com

다음 이미지는 카카오 트렌드 사이트다. 카카오 트렌드 사이트는 검색어 입력 시 다양한 검색 옵션을 제공한다.

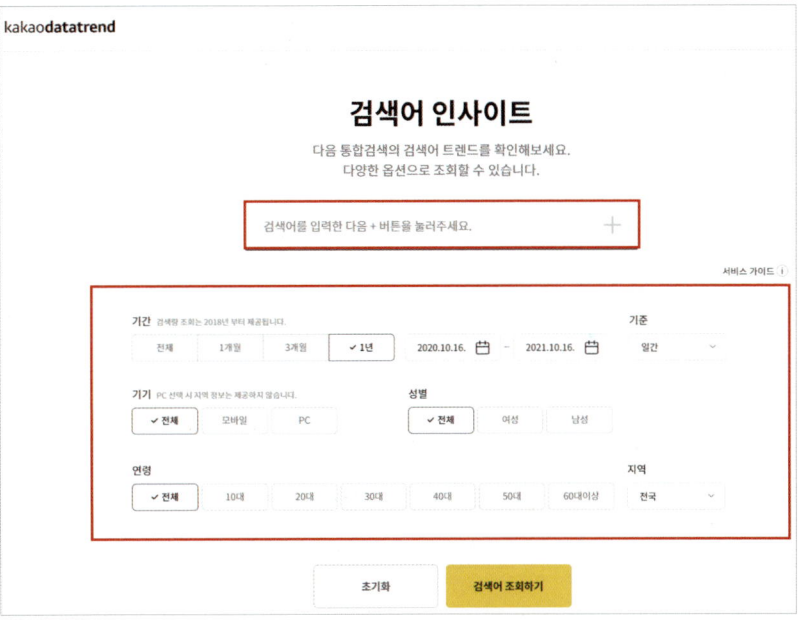

그림 9-15 카카오 트렌드 사이트

'마우스' 키워드를 각종 옵션을 선택해서 검색해봤다.

그림 9-16 카카오 트렌드 검색 옵션

검색 결과를 확인하면 서울에 사는 30대, 40대의 마우스 검색 결과를 나타낸다. 이미지를 보면 30대보다 40대의 검색량이 월등히 많은 것을 알 수 있다. 실제 마우스를 검색해서 구매하는 사람들은 30대보다 40대가 더 많다는 것이다. 이렇게 연령별, 지역별 검색량을 확인할 수 있다.

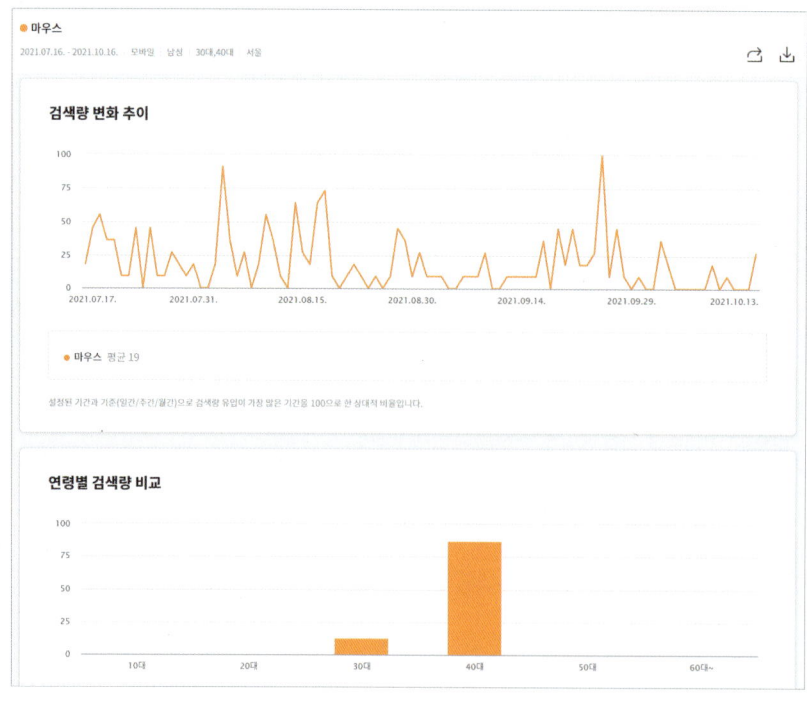

그림 9-17 카카오 트렌드 검색 결과

Google 트렌드

- Google 트렌드 – https://trends.google.com

Google 트렌드 사이트의 장점은 전 세계를 대상으로 데이터를 검색해 볼 수 있다는 것이다. 물론 우리는 한국을 골라서 검색한다.

그림 9-18 google 트렌드 사이트

Google 트렌드 사이트에서 '마우스' 키워드로 검색을 한 결과다. 빨간색 표시 부분을 보면 나라, 기간, 카테고리, 사이트 종류의 총 4가지 검색 옵션을 제공한다.

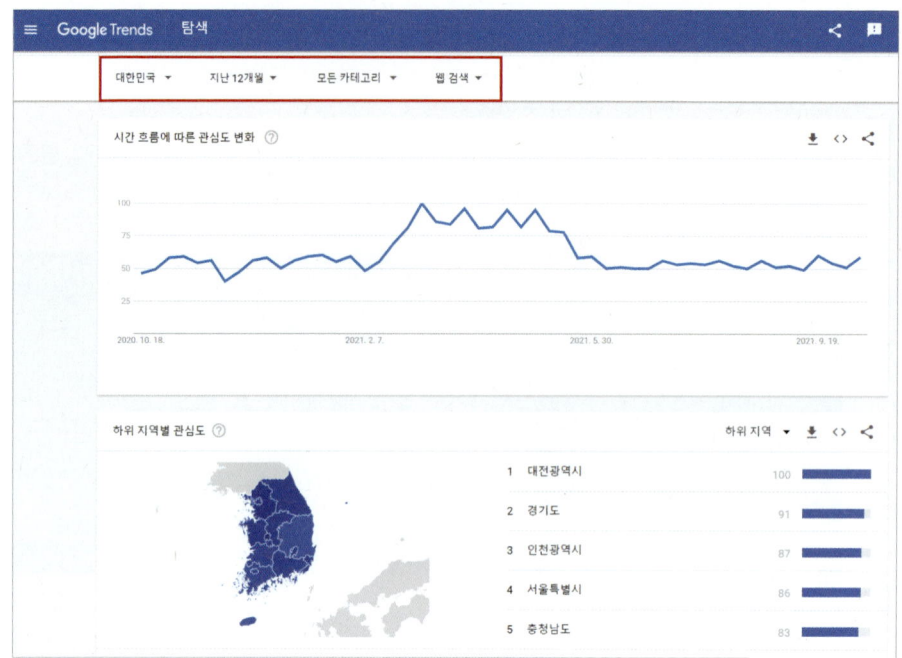

그림 9-19 google 트렌드 검색 옵션

이번 장에서는 여러 가지 마케팅 도구를 활용한 스토어 전략에 대해서 알아봤다. 다음 장에서는 해외구매대행 사업에서 중요한 세금 신고하기에 대해 알아보자.

10

구매대행 세금 알아보기

구매대행만의 특별한 세금 계산법
구매대행의 세금은 소명으로 끝난다
소명에 꼭 필요한 구매대행 내역서 작성 방법

구매대행업을 하려면 세금 신고가 중요하다는 말은 많이 들어봤을 것이다. 국내에서 물건을 구매해서 판매하면 매입에 대한 자료를 증빙하기가 쉽다. 국내에서는 모든 거래에 전자세금 계산서/현금영수증 등을 발행하기 때문에 국세청에 자동으로 매입내역이 신고되기 때문이다.

하지만 구매대행은 매입 자료가 국세청에 자동으로 등록되지 않는 문제로 인하여 판매자들이 많은 어려움을 겪는다. 이번 장에서는 구매대행 사업을 운영함에 있어 가장 중요한 세금에 대하여 알아보자.

구매대행만의 특별한 세금 계산법

구매대행업의 경우 기존에는 서비스업으로 지정되어 있었다. 현재는 소매업으로 변경되었지만, 세금 계산법은 기존과 동일하다. 구매대행은 기본적으로 해외에서 물건을 대신 구매해주고 수수료를 받는 사업 방식이다. 그래서 수수료에 대해서만 세금을 납부하면 된다.

흔히 알고 있는 위탁판매 사업의 경우 상품을 구입하는 곳이 국내라서 카드로 결제하거나 현금으로 결제하더라도 앞에서 언급한 대로 매입 증빙자료가 국세청으로 바로 넘어가는 시스템으로 되어 있다. 하지만 구매대행의 경우 해외에서 카드를 이용해서 구매하거나 해외송금 등을 진행해서 상품을 구입하다 보니 매입 증빙이 국세청 기록에 남지 않는다. 그래서 매입 자료를 제외한 순이익 부분만 세금 신고를 하게 된다.

매입의 증빙이 되는지 되지 않는지에 따라서 얼마나 큰 차이를 보이겠냐고 생각하겠지만, 이것이 가장 큰 차이를 불러온다. 다음 이미지를 보면서 자세히 알아보자.

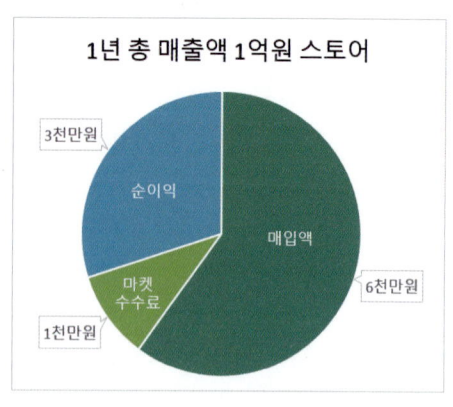

그림 10-1 매출 1억 스토어

그림 10-1처럼 예를 들어 총 매출액이 1억 원인 스토어에서 매입액은 6천만 원, 마켓 수수료는 1천만 원, 순이익은 3천만 원이라고 가정해 놓고 위탁판매 사업과 구매대행 사업이 세금을 신고하는 방법에 어떤 차이를 보이는지 알아보자.

- **위탁판매 사업의 세금 계산법**

    [총 매출 1억 원 신고] - 매입액 6천만 원 - 마켓 수수료 1천만 원 = 순이익 3천만 원

    총 매출액 1억 원을 국세청에 신고하면 매입액과 마켓 수수료는 자동 공제되어 순이익이 계산되고 순이익에 대해서 세금을 부과한다.

- **구매대행 사업의 세금 계산법**

    [순이익 3천만 원 + 마켓 수수료 1천만 원 신고] - 마켓 수수료 1천만 원(공제) = 순이익

    순이익 3천만 원과 전자세금계산서가 발행된 마켓 수수료 1천만 원을 매출로 신고하면 마켓 수수료가 자동 공제되어 순이익이 계산되고 순이익에 대해서 세금을 부과한다.

위탁판매의 경우 매출 신고를 1억 원으로 진행하지만 구매대행은 매출 신고를 4천만 원으로 진행한다. 같은 1억 원을 판매한 사업인데, 두 사업자 간 매출 신고 금액은 6천만 원의 차이가 발생한다. 물론 결론적으로 순이익에 대해서만 세금을 납부하는 것은 같다고 할 수 있지만, 매출 신고 금액이 차이를 보인다.

그런데 여기서 매출액이 문제가 된다. 실제 운영에서 총 판매 금액은 1억 원이다. 하지만 신고는 4천만 원만 진행한다. 이때 사라진 6천만 원의 행방이 문제가 된다. 이 사라진 6천만 원의 행방을 자세히 밝히지 못하면 마켓 수수료를 제외한 총 9천만 원을 순이익으로 계산하게 되고 실제 순이익 3천만 원에 대한 세금을 부과하는 것이 아니라, 9천만 원에 대한 세금을 부과하게 된다. 이렇게 되면 더 많은 세금을 내야 하기 때문에 순이익이 줄어드는 것도 문제가 되지만, 탈세 혐의를 쓸 수 있다. 그래서 해외구매대행 사업은 사라진 6천만 원의 행방에 대해서 **소명**이라는 것을 해야 한다.

구매대행의 세금은 소명으로 끝난다

해외구매대행은 세금 신고 시 신고하는 금액이 총 매출 금액과 다르기 때문에 발생하는 문제를 소명이라는 것으로 처리해야 한다. 모든 사업자가 다 소명이 나오는 것은 아니지만, 요즘 해외구매대행 사업자들이 늘어나면서 세무서에서 소명 자료를 요청하는 빈도수가 예전보다 높아지고 있는 추세다.

하지만 소명 자료를 준비해두지 않는 판매자가 아직 많고 정확한 자료를 준비하지 못하는 판매자도 많다. 구매대행 강의에는 이미 구매대행 사업을 하는 사람들도 오는데, 그간 구매대행 사업을 하면서 판매한 자료를 정리해 놓지 않거나 잘못된 방법으로 정리해서 피해를 보는 사례가 많았다.

그렇다면 구매대행의 소명은 어떻게 준비해야 할까? 구매대행의 소명은 자료로 증빙해야 한다. 앞에서 예를 들었지만 1억 원의 매출이 발생했지만 국세청에 세금을 신고할 때 매출을 4천 만원으로 신고하기 때문에 실제 판매 내역과 신고 내역 간의 6천만 원이라는 갭이 발행하게 된다. 소명은 바로 이 6천만 원의 금액이 매입 금액이라는 것을 증명하는 것이다.

그런데 소명이라는 것도 모든 판매자에게 나오는 것이 아니고 선택적으로 소명 요청이 나오다 보니 많은 판매자가 그 부분을 생각하지 못하고 넘어가기도 한다. 1~2년 운영하는 동안 나오지 않던 소명 요청이 3년차, 4년차에 나올 수 있는데, 이때 소명 자료를 정확히 제출하지 못하면 지난 사업 년도의 매출까지 모두 소명해야 하는 경우가 발생한다.

그래서 매년 구매대행 사업을 운영하면서 소명 요청이 나오지 않더라도 소명 자료는 구매대행 사업을 하는 기간과 이후 기간까지도 보관하고 있어야 한다. 구매대행 사업을 운영하면서 한 번도 소명 요청을 받아본 적 없다는 판매자들도 자료는 보관하고 있어야 하며, 소명 요청에 응해서 자료를 제출하고 소명이 통과되는 것이 구매대행 세금 납부의 끝이라고 생각해야 한다.

소명에서 가장 중요한 것은 정확한 판매 내역이라고 할 수 있는데, 판매 내역이란 언제, 어디서, 누구에게 어떤 물건을 판매해서 얼마의 이윤을 남겼는지에 대해 작성한 내역이다. 그 내용이 세금 신고를 하면서 작성한 매출 내역과 일치하는지를 매칭해봐야 한다. 총 금액이 맞는 것도 중요하지만, 1:1로 매칭해서 실제 판매 자료와 내가 작성한 자료가 맞는지도 확인해야 한다. 그러기 위해서는 판매한 모든 내역이 자세하게 정리되어 있어야 한다.

그럼 구매대행 사업에서 매우 중요한 구매대행 소명 자료에 어떠한 내역이 필요한지, 어떻게 정리하는지 그 방법을 배워보자.

소명에 꼭 필요한 구매대행 내역서 작성 방법

소명 자료가 구매대행 사업자들에게 얼마나 중요한 자료인지는 이제 잘 알았을 것이다. 그럼 어떤 내용으로 소명 자료를 만들어야 하며, 어떤 양식으로 준비해야 하는지 구매대행 내역서라는 파일을 보면서 알아보자.

그림 10-2 구매대행 내역서 양식

위 그림의 양식이 바로 구매대행 내역서다. 이 구매대행 내역서 양식은 필자가 구매대행 사업을 운영하면서 지속해서 사용하는 자료이고, 소명을 위한 자료로 사용 가능한지에 대해 세무사에게도 검증을 받은 양식이다. 즉, 믿고 사용해도 된다. 글씨가 너무 작아서 잘 보이지 않지만 각 부분에 대해서 하나씩 설명해보겠다.

판매처	구매자	수취인	주문날짜	상품	옵션
스토어팜	홍길동	고길동	2018-01-01	홍길동 모자	색상선택: 2. GREY

그림 10-3 구매대행 내역서 부분 설명 1

- **판매처**: 우리가 온라인으로 상품을 판매할 수 있는 루트는 여러 곳이 있다. 기본적으로 우리가 많이 사용하는 스마트스토어가 있을 것이고, 11번가, G마켓, 인터파크, 옥션 등의 오픈 마켓 채널, 그리고 쿠팡, 티몬, 위메프 등의 소셜 마켓 등이 있다. 실제로 상품을 판매한 몰의 이름을 적으면 된다.

- **구매자/수취인 이름**: 상품을 판매하다 보면 주문서에 이름이 2개 나오는 경우가 있다. 실제 구매자와 받는 사람이 다른 경우다. 선물을 하는 경우도 있고, 포인트나 적립금 등의 이유로 가족들이 하나의 아이디를 사용해서 물건을 구매할 때도 구매자와 수취인이 다를 수 있다. 이런 경우를 대비해서 구매자와 수취인 이름을 적어 놓는다.

- **주문날짜**: 구매자가 상품을 주문한 날짜다. 이건 판매처에 주문이 들어온 날짜와 매칭하기 위해서 필요한 항목이다. 판매처에 주문이 들어온 날로 작성한다.

- **상품**: 구매자가 구매한 상품의 이름을 적는다. 기본적으로 상품명을 적으면 된다.

- **옵션**: 상품이 단일 상품일 경우 공란으로 비워 놓는 것이 가능하지만, 옵션이 있는 상품이라면 옵션도 작성해야 한다. 상품의 정확한 가격을 알기 위해 옵션도 작성하자.

소비자 결제금액 (판매금액-쿠폰 등 할인금액)	수수료 (오픈마켓 판매수수료)	정산금액 (입금액)	해외구매일자	상품구매 (외화)	총 매입금액 (카드결제 금액)
₩59,900	₩3,594	₩ 56,306	2018-01-01	23,000	₩ 40,000

그림 10-4 구매대행 내역서 부분 설명 2

- **소비자 결제금액**: 실제 구매자가 결제한 금액을 말한다. 쿠폰이나 적립금을 사용해서 저렴하게 결제했다면 그 금액을 적는다. 마켓에서는 실제 구매자가 결제한 금액을 기준으로 수수료를 받기 때문이다.

- **수수료**: 마켓에서 상품을 판매하고 판매 금액에 대해서 일정 %로 수수료를 차감하는데, 이 수수료를 적는 곳이다. 여기서 제공하는 구매대행 내역서에는 이 부분을 공란으로 비워도 자동으로 입력된다. 양식을 새로 만들어서 사용하는 사람이라면 이 항목을 꼭 적도록 하자.

- **정산금액**: 마켓에서 수수료를 제외하고 셀러에게 정산해주는 금액이다.

- **해외구매일자**: 해외구매대행은 재고를 두고 판매하면 안 되는 사업이라서 새로운 주문이 들어올 때마다 매번 새롭게 구매해야 한다. 실제 구매한 내역을 증빙해야 하기 때문에 구매일자를 적어서 자료를 남겨야 하고 이 내역이 카드 승인 내역과 매칭되는지 확인해야 한다.

- **상품구매**: 현지 금액으로 작성한다.
- **총 매입 금액**: 신용카드로 상품을 구입하는 경우가 많기 때문에 대부분 카드 승인일에 나오는 실제 결제 금액을 한화로 적으면 된다. 해외 상품을 구입할 때는 전표 매입일이 다를 수 있기 때문에 구매 후 바로 금액을 적지 않고, 실제 전표 매입 후 결제 금액이 표기되면 적는다.

배대지결제 (국제배송료)	마진	마진율
₩ 7,000	₩ 9,306	16%

그림 10-5 구매대행 내역서 부분 설명 3

- **배대지 결제**: 배대지 결제 비용이다. 배대지에서 한국으로 상품을 보낼 때 나오는 택배 비용인데, 통관비용을 상품의 가격에 넣어서 판매한다면 배대지에서 대납 가능하기 때문에 통관수수료가 나온다면 이곳에 같이 합쳐서 적는다. 그리고 한국으로 오는 상품 중에서 부피가 큰 것은 화물로 넘어가는 경우가 있다. 이 경우에도 화물 비용은 배대지 결제 비용에 같이 넣어준다.
- **마진**: 이곳은 실제 상품을 판매하고 정산 받은 금액에서 수수료와 각종 비용을 제외한 금액을 적는 곳이다. 엑셀 양식에 수식이 적용되어 있어 자동으로 계산이 되니 신경 쓸 필요가 없다. 마진은 상품을 판매하고 얻은 순이익을 말한다.
- **마진율**: 이것은 구매대행 상품을 판매하면서 판매가 대비 얼마나 이익율이 나오는지 보는 칸이다. 이곳 또한 자동 수식이 입력되어 있어 계산이 된다.

문자충전금	
배송비	
착불비	
사은품	
취소수수료	
인터넷전화	

그림 10-6 구매대행 내역서 부분 설명 4

- **기타 항목**: 마지막으로 기타 항목인데, 이곳은 구매대행 사업을 운영하면서 고객에게 문자를 보낼 일이 생겼을 때 문자 업체를 이용하는 경우 문자 메시지를 보내는 데 발생한 비용을 적거나 반품 등의 사유로 발생하는 배송비, 사은품 내역, 인터넷 전화 비용 등 사업을 운영함에 있어서 발생하는 비용을 적어 놓는 곳이다. 이 항목을 작성하면 마진에서 제외하고 매출 신고를 할 수 있어 세금을 줄일 수 있다.

이처럼 구매대행 내역서에 많은 내용을 작성하는데, 이것들을 하나하나 빠짐없이 작성하자. 매일 하루의 마무리를 구매대행 내역서를 적는 것으로 끝내는 것도 좋다. 나중에 하자는 생각으로 하루이틀 미루다 보면 작성하기가 어려워진다. 이렇게 작성된 엑셀 양식을 구매대행 사업을 하는 동안에는 꼭 보관하고 있다가 혹시나 모를 세금 소명에 대비하는 것이 좋다.

다음 장에서는 한국으로 상품을 보낼 때의 배송과 통관에 관하여 알아보자.

11

한국으로의
배송/통관에 대하여

기본적인 배송 프로세스
목록 통관 vs. 일반 통관
관부가세 측정 방법
관부가세는 누가 내나요?

구매대행의 끝이 세금이라면, 중간의 모든 과정은 배송과 통관이 이루고 있다고 해도 과언이 아니다. 애초에 배송 시스템이 없었다면 구매대행 사업 자체가 없었을 것이고, 구매대행 사업을 통해서 돈을 벌지도 못했을 것이다. 이처럼 발달한 배송 시스템 덕분에 구매대행 사업을 할 수 있는 것이다.

이번 장에서는 상품이 배대지에 도착한 후 한국으로 발송되는 과정에서 일어나는 모든 상황에 대해 알아보려고 한다.

기본적인 배송 프로세스

중국에서 배대지까지 배송되는 것은 우리가 어떤 방식으로도 개입할 수가 없다. 그냥 기다렸다가 배대지에서 받는 것 말고는 할 수 있는 게 없다. 하지만 배대지에서 한국으로 오는 모든 과정은 우리가 개입해서 얼마든지 유연하게 대처가 가능하다. 그럼 한국으로 오는 기본적인 과정을 알아보자.

실제 해외 배송 프로세스

그림 11-1 해외 배송 프로세스

그림 11-1은 바로 배대지에서 국내 소비자에게 상품이 가는 과정을 정리해 놓은 것이다. 상품이 배대지에서 바로 국내 소비자에게 간다고 생각하기 쉽지만, 실제 소비자에게 상품이 도착하기까지 중간에 많은 과정을 거치게 된다.

이 과정 중 상품의 인계가 몇 번이나 일어날까? 배대지에서 포워딩 업체로 한 번, 포워딩 업체에서 세관으로 한 번, 세관에서 국내 배송사로 한 번, 배송사에서 소비자에게 한 번, 이렇게 총 4번의 상품 인계가 일어난다. 생각보다 복잡하다고 생각할지 모르지만, 우리가 이 과정에서 신경 써야 할 것은 없다.

다만 위 과정 중간에 상품의 파손이나 분실 등의 문제가 발생한다면 배대지를 통해서 문제를 해결해야 한다. 여기에서 한 번 더 배대지의 중요성이 드러난다. 배대지를 잘 선택했는지 그렇지 못했는지에 따라 우리가 할 수 있는 일이 적어지고 CS에 제대로 된 대처를 할 수 없어서 고객과의 마찰이 생길 여지가 생기기 때문이다.

목록 통관 vs. 일반 통관

통관 절차를 거치지 않고는 어떠한 상품도 한국으로 들어올 수 없다. 구매대행 사업을 하면서 수많은 통관 과정을 거치는데, 실제로 우리 눈에 보이지 않기 때문에 없는 과정처럼 인식하는 경우가 많다. 하지만 대부분의 상품이 목록 통관이라는 이름으로 통관되고 있다. 그래서 통관 과정에 대해 자세히 알기가 어렵다.

배대지에 작성하는 배송대행 내역서 상의 내용을 토대로 목록 통관이 이루어지고 그 서류는 포워딩 업체를 통해 세관으로 전달된다. 이때 통관 방식은 2가지가 있다. 바로 목록 통관과 일반 통관이다. 각각에 대해 자세히 알아보자.

목록 통관

상품을 받는 사람의 이름, 전화번호, 물품명, 가격, 중량이 기재된 목록만으로 통관이 되는 제도다. 수입 신고가 생략되기 때문에 관세나 부가세가 면제되고 절차가 간단하다 보니 통관 자체도 빠르게 진행된다는 장점이 있다.

단, 상품의 가격이 미국 200달러, 이외 국가 150달러 이하일 때만 목록 통관이 가능하며, 그 금액을 초과할 경우 일반 통관으로 전환된다. 또한 금액을 초과하지 않더라도 품목에 따라 목록 통관으로 진행되지 않고 일반 통관으로 진행되는 경우도 있다.

목록 통관 제외 품목은 다음과 같다.

6. 목록통관에서 제외되는 품목은?

□ 아래표와 같이 의약품, 건강기능식품, 검역대상물품 등과 한약재는 목록통관에서 배제(⇒정식 수입신고절차를 밟아 통관여부 결정)

< 목록통관 배제대상 물품 예시 >

번호	구 분	예 시(빈번 반입품)
1	의약품	파스, 반창고, 거즈・붕대, 항생물질 의약품, 아스피린제제, 소화제, 두통약, 해열제, 감기약, 임신테스터기, 발모제 등
2	한약재	인삼, 홍삼 등
3	야생동물 관련 제품	'멸종 위기에 처한 야생 동・식물의 국제거래에 관한 협약(CITES)'에 따라 국제거래가 규제된 물품 (예) 상아제품, 악어가죽 제품, 뱀피 제품 등
4	농림축수산물 등 검역대상물품	커피(원두 등), 차, 견과류, 씨앗, 원목, 조제분유, 고양이・개 사료, 햄류, 치즈류 등
5	건강기능식품*	비타민 제품, 오메가3 제품, 프로폴리스 제품, 글루코사민 제품, 엽산 제품, 로열젤리 등
6	지식재산권 위반 의심물품	짝퉁 가방・신발・의류・악세사리 등
7	식품류・과자류	비스킷・베이커리, 조제커피・차, 조제과실・견과류, 설탕과자, 초콜릿식품・소스・혼합조미료 등
8	화장품	(기능성화장품(미백・주름개선・자외선 차단 등), 태반화장품, 스테로이드제 함유 화장품 및 성분 미상 등 유해화장품에 한함)
9	통관목록 중 품명・규격・수량・가격 등이 부정확하게 기재된 물품	
10	기타 세관장 확인대상물품	총포・도검・화약류, 마약류 등

* 이 표에서 설명하는 건강기능식품은 일반적으로 통칭하는 용어로, 식약처에서 정의하는 건강기능식품과 상이할 수 있음

그림 11-2 목록통관 제외 품목

그림 11-2의 목록에 해당하는 물건들은 목록통관으로 진행이 되지 않는다.

일반 통관

목록 통관이 아닌 모든 통관을 말하며 간이통관신고와 일반수입신고로 나뉜다.

- **간이통관신고**: 일반인이 자가 사용 목적으로 구입하여 들여오는 물품을 간단한 통관 절차로 신고하는 것을 말한다. 물품 가격이 150달러 초과 2,000달러 이하인 상품에 적용된다. 때로는 구매수량이 많을 때 간이통관신고를 하기도 한다.
- **일반수입신고**: 목록 통관, 간이 통관 신고 대상 제품 이외의 물품으로 2,000달러를 초과하는 물품을 신고하는 것이다. 또한 판매용으로 수입 신고를 할 때도 이 신고를 한다.

위처럼 통관은 크게 2가지로 이루어지고, 세부적으로 3가지 방식으로 통관을 신청할 수 있다. 그러면 각 통관의 장단점을 다음 표를 통해 확인해보자.

	장점	단점
목록 통관	• 통관이 빠르다. • 관부가세 발생이 없다.	• 반입 가능 수량이 적다. • 통관일에 150불 이상 상품이 겹치면 관부가세 대상이 된다. • 목록 통관 대상임을 확인해야 한다.
간이 통관	• 목록 통관에 비해 수량 제한이 적다. • 가격 제한이 자유롭다. • 일반 통관보다 수수료가 저렴하다.	• 관부가세가 발생한다. • 통관 소요시간이 목록 통관에 비해 길다.
일반 통관	• 다량 수입이 가능하다. • 공식 판매가 가능하다. • 관부가세 매입내역 증빙이 된다.	• 통관수수료, 창고료가 발생한다. • 관부가세를 납부한다. • 원산지 표시가 필요하다. • 인증 대상 품목은 통관이 까다롭다.

보다시피 각각의 통관 방법에 따라 장단점이 있다 보니 내가 주문하려는 제품이 어떤 통관 방식으로 진행이 가능한지 미리 확인해보는 것이 좋다.

관부가세 측정 방법

관부가세를 측정하는 방법은 2가지다. 관부가세 계산기를 이용한 관부가세 계산 방법과 직접 품목별 관부가세 표를 확인하고 계산해보는 방식이다. 이 2가지 방법에 대해서 알아보자.

네이버 관부가세 계산기로 계산하기

네이버에서 **관부가세 계산기**를 검색하면 다음과 같은 결과 나온다.

그림 11-3 네이버 관부가세 계산기

관부가세 계산기는 품목별로 관부가세를 자동으로 계산해주는 사이트다. 이곳에 적당한 상품을 넣고 금액을 계산해보자.

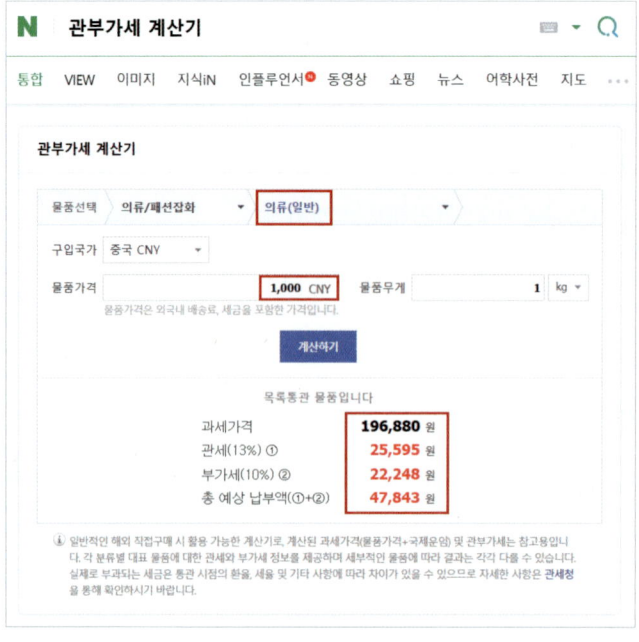

그림 11-4 의류 관부가세 계산 결과

물품을 의류로 설정하고 물품 가격을 미화 기준 150불을 넘겨서 계산해보았다. 과세가격, 즉 물품의 가격은 196,880원이고, 관세는 의류 기준 13%인 25,595원, 부가세는 10%인 22,248원으로, 총 47,843원이 발생된다고 알려준다.

물론 실제 금액은 그날그날 환율에 따라 달라질 수 있지만, 이를 통해 대략 판매하려는 물품의 관세와 부가세가 어떻게 나오는지 확인할 수 있다.

품목별 관부가세 표를 보고 직접 계산하기

관세청에서는 품목별로 관부가세를 정해 놓고 있다. 물론 네이버 계산기로 계산해봐도 되지만, 네이버 계산기의 한 가지 단점으로 물건의 무게에 따라 관부가세가 변경된다는 단점이 있다. 앞에서 설정한 의류를 기준으로 같은 금액이지만 무게를 1kg에서 2kg으로 바꿔서 계산해보았다.

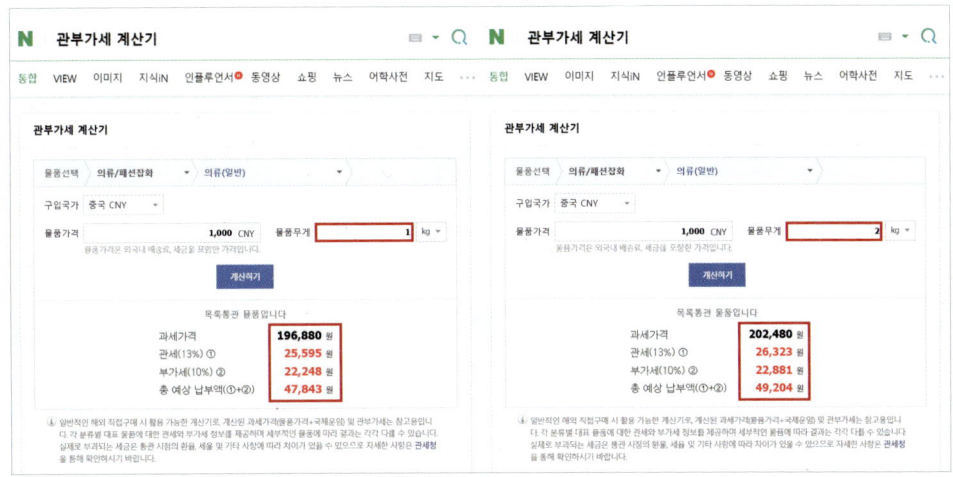

그림 11-5 의류 관부가세 계산기 결과 무게 변경

변경된 건 무게밖에 없는데도 과세가격이 변동된 것을 볼 수 있다. 그에 따라 관부가세 금액까지 변동이 생겼다. 실제 관부가세 금액은 변동이 없지만, 계산기 상에 변동이 있다. 이런 단점과 위에서 언급한 환율에 따른 금액 변동 때문에 직접 계산을 해보는 것이고 관부가세 계산 정도는 직접 해봐서 어떻게 하는지 방법을 알고 있는 것이 좋다.

기본적으로 관부가세는 미화 150불(미국 200불)이 넘어가면 납부한다. 관부가세는 상품의 가격에 관세를 더한 금액에 부가세율을 적용한다. 예를 들어 20만 원 상품에 관세율이 8%, 부가세율이 10%라면 단순하게 관세 8% 16,000원에 부가세 10% 20,000원으로 계산해서 36,000원을 관부가세라고 계산하기 쉽지만, 실제 계산은 다르다. 다음 계산을 확인해보자.

실제 우리가 부담해야 하는 관부가세 금액을 계산하는 방법은 다음과 같다. 과세금액 20만 원에 따른 관세 8%는 16,000원이다. 부가세는 과세금액에 관세를 더한 216,000원의 10%인 21,600원이 된다. 그래서 납부해야 할 관부가세는 관세 16,000원+부가세 21,600원으로 총 37,600원이 된다.

물론 이것은 관부가세만 납부해야 하는 경우에 해당하지만, 품목에 따라 개별소비세, 교육세, 농특세, 주세 등이 추가로 부과되기도 한다.

관부가세는 누가 내나요?

관부가세는 상품을 구매한 소비자가 내는 것이다. 하지만 구매대행 특성상 물건을 전달하는 주체가 구매대행 사업자이다 보니 관부가세를 누가 내야 하는 것인가 결정하는 데 어려움을 겪는 판매자가 많다.

해외구매대행으로 상품을 판매할 때 관부가세는 2가지 방식으로 납부가 가능하다. **판매자 납부**와 **구매자 납부** 2가지다. 각 방식으로 판매할 때 장단점이 있으니 확인해보고 한 가지 방식을 정하는 것이 좋다. 그럼 각각의 차이점에 대해서 알아보자.

구매자 납부 방식

일반적으로 해외에서 직구했을 때 면세 범위를 넘어가는 금액의 상품일 경우 세관에 관부가세를 납부하는 것처럼, 해외구매대행으로 상품을 판매할 때 상품의 가격만 받고 판매했을 경우 구매자는 직접 세관에 관부가세를 납부해야 한다. 상품이 세관에 도착한 후 통관을 거치는 과정에서 관세사로부터 관부가세 납부 연락을 받고 직접 납부한다.

상품의 가격에 관부가세가 포함되어 있지 않아서 상품 가격이 저렴해 보인다. 그리고 2개, 3개를 구매했을 때 물품의 가격에 대한 관부가세만 납부하면 된다는 장점도 있다.

하지만 구매자 입장에서는 관부가세를 직접 납부해야 한다는 불편함이 있다. 또한 구매자가 관부가세를 납부하게 되면 세관에서 관부가세 납부를 하라는 연락을 받게 되는데, 이때 상품의 원가가 공개된다. 상품의 원가가 공개되어 버리면 원가+배송비와 구매한 가격을 비교해 판매자의 마진이 역으로 계산이 되어 버린다는 단점도 있다.

판매자 납부 방식

관부가세를 구매자 대신에 판매자가 대납하는 방식이다. 판매자가 관부가세를 납부하기 위해서는 구매자에게 먼저 관부가세를 받아야 하는데, 가장 쉬운 방법은 상품의 가격을 책정할 때 미리 관부가세를 계산해서 상품 가격에 포함하는 방식이다.

관부가세를 대납하는 방법으로는 배대지를 통한 납부 방법이 있다. 모든 배대지가 이 서비스를 제공하는 것은 아니지만, 많은 배대지에서 관부가세 대납 서비스를 제공한다. 상품을 한국으로 보낼 때 관부가세 대납 서비스를 신청하면 미리 충전해 놓은 배대지 예치금에서 관부가세를 대납하게 된다.

판매자 납부 방식은 상품의 가격에 관부가세가 포함되어 있기 때문에 구매자가 관부가세를 납부해야 하는 불편함이 줄어드는 장점이 있다. 하지만 관부가세가 포함되어 있기 때문에 접하는 가격이 비싸다고 느낄 수 있다는 단점이 존재하고 2개, 3개를 구매할 때 관부가세를 중첩으로 내야 해서 가격이 비싸지는 단점도 있다.

이 두 가지 판매 방식 중 많은 판매자가 판매자 납부 방식으로 상품을 판매한다. 그 이유를 알아보자.

첫 번째로는 관부가세를 직접 내야 한다는 점이 한 번도 관부가세 납부를 해본 경험이 없는 구매자로 하여금 불편함을 느끼게 만들어 구매를 꺼려 하게 만든다. 실제로 구매대행 사업을 하면서 판매해보면 의외로 관부가세를 직접 납부해본 경험이 없는 구매자가 많다. 어떻게 납부해야 하는지 몰라서 무섭다는 문의를 받아본 경험도 있다.

두 번째로는 구매자 납부 방식의 경우 역으로 마진을 계산할 수 있다는 단점이 있는데, 사실 이 부분이 더 크게 작용한다. 마진을 계산할 때 현지 상품의 금액부터 배송비, 서비스 수수료, 세금, 배대지 비용 등 많은 부분을 고려하지만, 구매자들은 그렇게 복잡한 비용이 발생한다는 것을 모르기 때문에 구매가에서 관부가세 기준 금액을 **빼면** 모두 마진이라고 생각하게 된다.

그렇게 계산한 후 생각보다 많은 금액을 마진으로 남긴다고 생각하고 항의하는 고객도 있다. 실제 상품이 배송되는 과정에서 발생하는 모든 비용을 설명해도 납득하지 못하는 경우가 많다.

지금까지 구매대행을 하면서 많이 겪어야 하는 배송과 통관에 대해 알아보았다. 다음 장에서는 구매대행 사업을 함에 있어 도움되는 꿀팁을 알아보겠다.

12

구매대행에 도움되는
다양한 꿀팁 대방출

구매대행에 도움되는 브라우저 2가지

이미지 속 중국어 번역하기

타오바오 이미지 쉽게 다운로드 받기

타오바오 동영상 다운로드 방법

구매대행 사업을 우직하게 처음부터 하나하나 알아가는 과정도 물론 시작하는 사람에게는 도움이 되겠지만, 자칫 쓸데없는 정보에 시간을 허비하기도 한다. 그런 시간 낭비나 불편함을 덜어주기 위해 여기서는 초보 구매대행 도전자들에게 도움이 될 만한 꿀팁을 알려주겠다.

구매대행에 도움되는 브라우저 2가지

인터넷 브라우저에는 익스플로러/Edge(마이크로소프트), 크롬(구글), 웨일(네이버), 사파리(애플), 파이어폭스, 오페라 등 다양한 브라우저가 있다. 브라우저를 선택할 때는 윈도우나 맥OS(애플)에서 다 사용 가능한 브라우저를 선택하는 것이 좋은데, 가장 추천하는 브라우저 2가지는 **크롬 브라우저**와 **웨일 브라우저**다. 이 2가지 브라우저 모두 강력한 기능을 자랑한다. 그럼 바로 알아보자.

구글 크롬 브라우저

- 크롬 브라우저 – https://www.google.co.kr/chrome

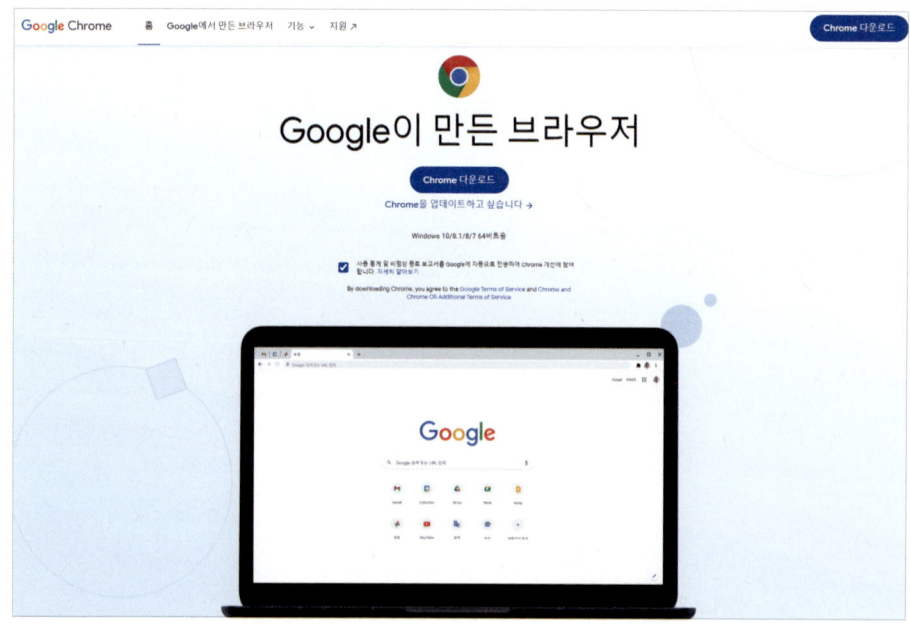

그림 12-1 구글 크롬 브라우저 다운로드

크롬 브라우저는 구글에서 만든 프로그램이다. 윈도우와 맥OS에서 모두 사용 가능하며 다양한 장점이 존재하는 브라우저로, 위 주소를 통해서 다운로드 받아 사용할 수 있다.

크롬 브라우저를 추천하는 가장 강력한 이유는 바로 번역 기능에 있다. 크롬 브라우저를 이용해서 타오바오를 접속해 보자.

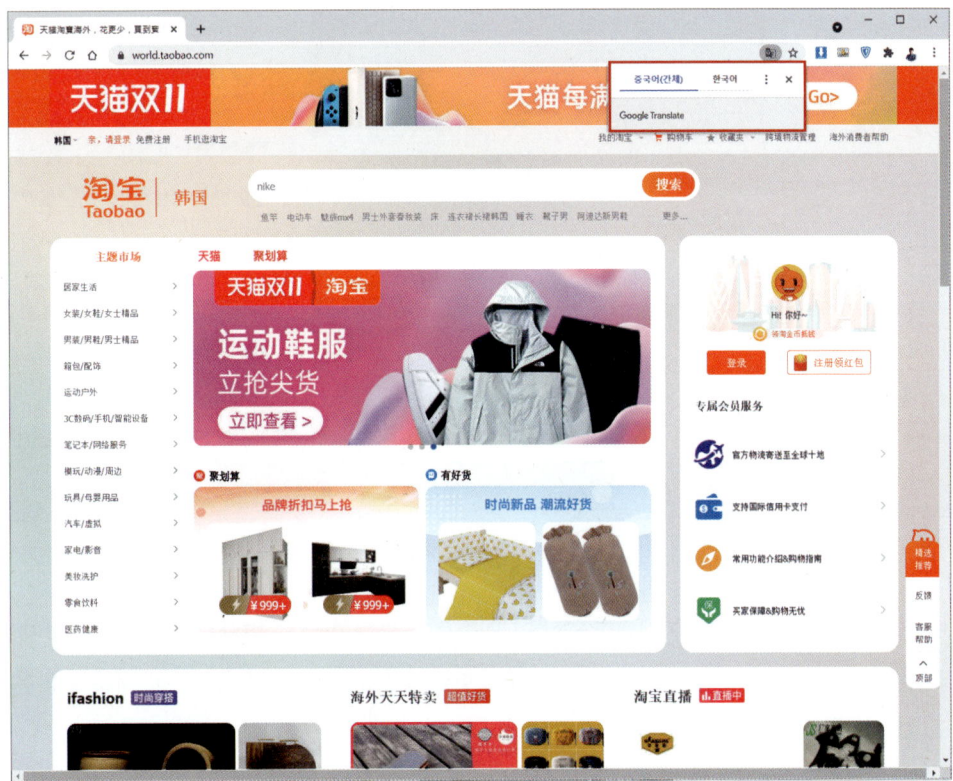

그림 12-2 크롬 브라우저로 타오바오 접속

그림처럼 타오바오 사이트에 접속하면 상단에 조그만 팝업창이 나온다. 바로 번역을 진행할 것인지 보여주는 것이다. 이곳에서 한국어를 선택하면 다음과 같이 사이트가 번역된다.

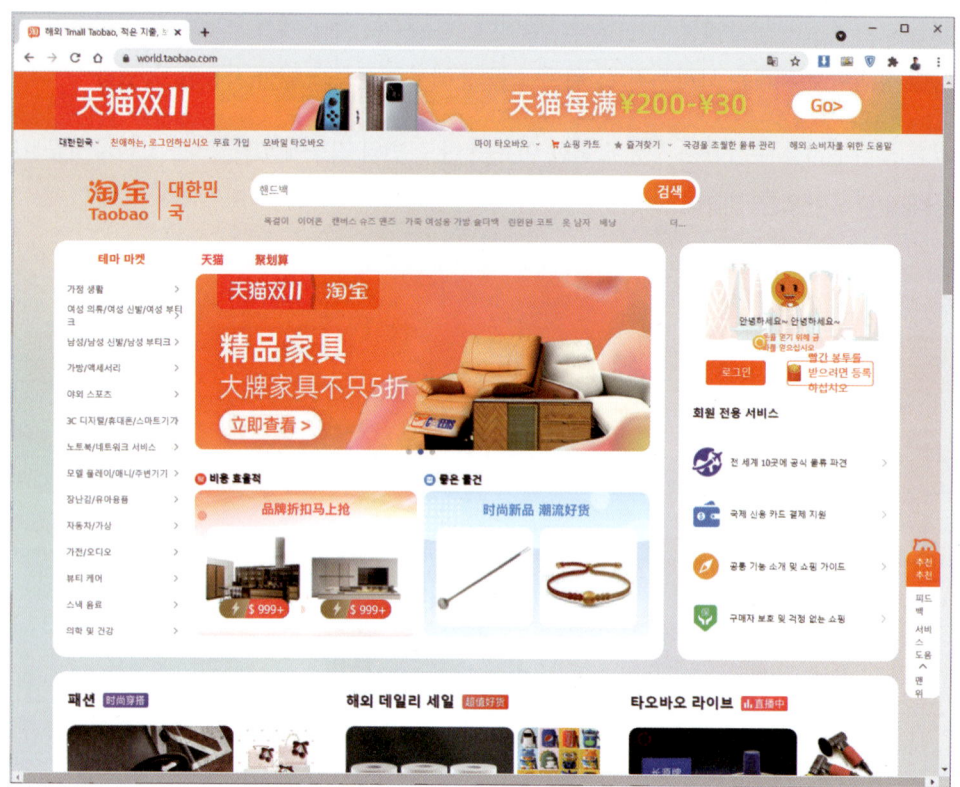

그림 12-3 크롬 브라우저 번역 기능

보다시피 그림 내 중국어를 제외한 중국어 텍스트가 모두 한글로 변환된 것을 볼 수 있다. 크롬 브라우저 자체 기능으로 중국어를 바로 한국어로 번역한 것이다. 이 점 때문에 많은 구매대행 판매자가 크롬 브라우저를 사용한다.

또 하나의 큰 장점은 바로 수많은 확장프로그램을 사용할 수 있다는 것이다. 확장 프로그램에 대해서는 뒤에서 자세히 다루겠다.

네이버 웨일 브라우저

- 웨일 브라우저 – https://whale.naver.com

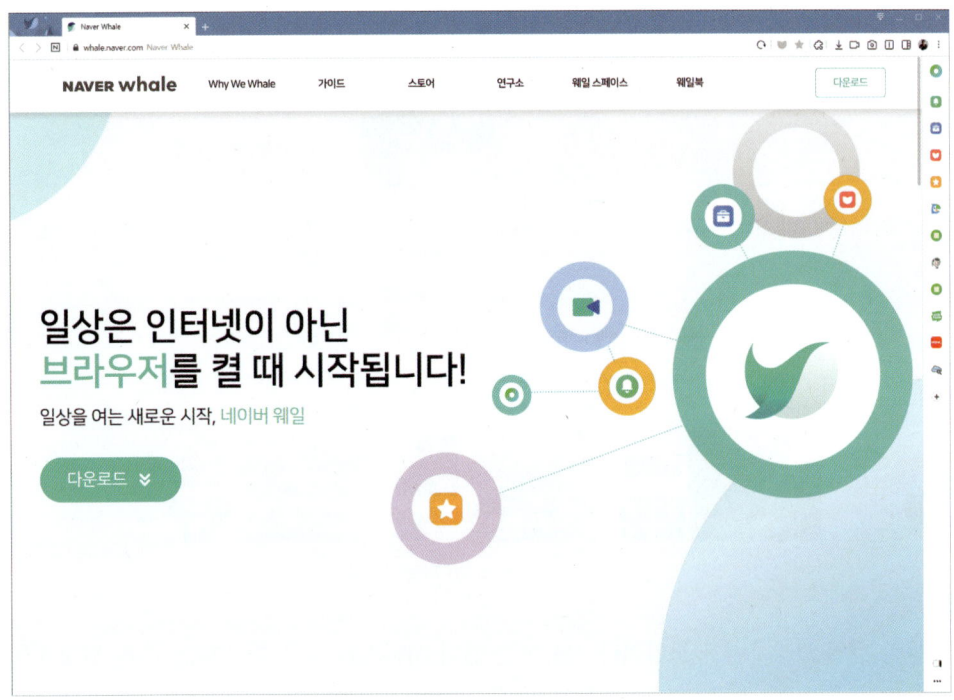

그림 12-4 네이버 웨일 브라우저 다운로드

웨일 브라우저는 네이버에서 만든 프로그램이다. 웨일 브라우저 또한 윈도우와 맥OS에서 모두 사용 가능하다. 위 주소를 통해서 다운로드 받을 수 있다.

웨일 브라우저는 크롬 브라우저에서 제공하는 대부분 기능을 같이 사용할 수 있다. 확장 프로그램까지도 호환으로 사용 가능한 것이 많다. 그리고 크롬 브라우저에서 제공하는 번역 기능도 지원한다.

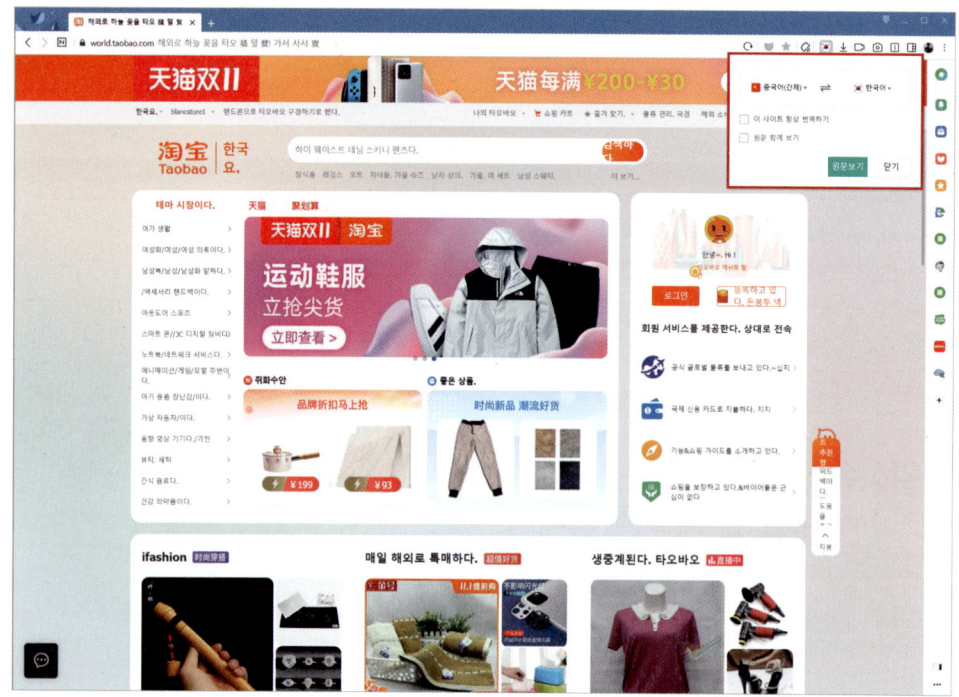

그림 12-5 웨일 브라우저 번역 기능

크롬과 웨일 브라우저가 모양이나 사용하는 번역 서비스는 서로 다르지만, 우리 입장에서는 비슷한 기능을 제공한다. 여기서 또 하나의 큰 장점이 있는데, 바로 이미지 속 중국어도 번역할 수 있는 기능이 있다는 것이다. 이 기능에 대해서는 바로 다음 절에서 설명하겠다.

이렇게 크롬, 웨일 2가지 프로그램을 추천한다. 구매대행 사업을 운영함에 있어서 가장 많이 봐야 할 것이 바로 이 프로그램들이다. 이 2가지 프로그램은 필수로 설치해놓고 사용하자.

이미지 속 중국어 번역하기

구매대행 사업을 함에 있어 가장 큰 난관은 바로 언어다. 미국이나 유럽 지역의 상품을 소싱하는 경우 대부분 사이트가 영어로 표기되어 있다. 그렇다 보니 아무래도 수월하게 번역할 수 있다.

하지만 중국에서 상품을 소싱하는 경우는 대부분 사이트가 중국어로 되어 있다고 봐야 한다. 그래서 중국어를 모르면 메뉴를 눌러서 들어가 보는 것조차 어렵다. 그렇기 때문에 중국어를 번역할 수 있는 툴을 많이 알아 두는 것이 좋다.

중국어를 번역하는 방법은 여러 가지가 있지만, 사용하는 기기에 따라서 모바일로 번역하는 방법과 PC로 번역하는 방법이 있다.

모바일을 이용한 중국어 번역

모바일을 이용한 중국어 번역을 하기 위해서는 2가지 앱(애플리케이션, 줄여서 어플, 앱이라 표현한다)을 설치해야 한다. 구글 번역기와 파파고 번역기다.

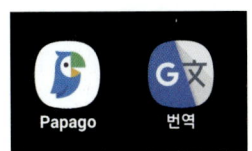

그림 12-6 모바일용 번역기

구글 번역기 사용법

다음은 구글 번역기 실행 화면이다. 상단 언어 선택 부분에서 왼쪽은 변환해야 하는 언어를 선택하고 오른쪽은 변환하고 싶은 언어를 선택한다. 그림 12-7에서는 중국어를 한국어로 번역한다고 선택되어 있다. 입력창에 중국어를 텍스트로 넣을 수도 있지만, 이미지에 있는 중국어를 번역해야 하기 때문에 그 아래의 [카메라] 버튼을 누른다.

그림 12-7 구글 번역기

[카메라] 버튼을 누르면 위처럼 카메라가 켜지면서 카메라로 텍스트를 가리키라는 메시지가 나오는데, 이때 카메라로 원하는 중국어가 있는 이미지를 비춘다.

그림 12-8 구글 번역기 카메라

카메라로 번역하고자 하는 중국어를 비추면 위 이미지처럼 일반 텍스트 이외에도 이미지 속에 있는 중국어가 한국어로 번역되는 것을 확인할 수 있다.

그림 12-9 구글 번역기 즉시 번역

구글 번역기는 카메라로 글씨를 인식해서 번역해주기 때문에 카메라를 비출 수 있는 곳이면 어느 곳에 있는 글자든 번역이 가능하다. 위 이미지는 모니터를 비춘 것인데, 번역이 정상적으로 잘 되는 것을 확인할 수 있다.

파파고 번역기 사용법

그림 12-10은 파파고 번역기 실행 화면이다. 파파고 번역기도 구글 번역기와 마찬가지로 상단에 원하는 언어를 선택한 후 [이미지] 버튼을 눌러 카메라를 활성화한다.

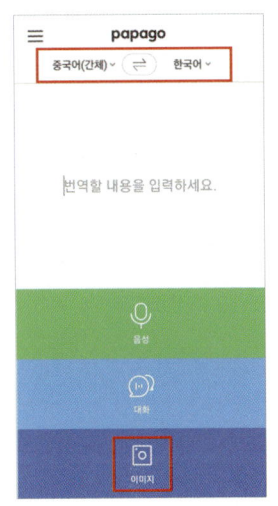

그림 12-10 파파고 번역기

파파고 번역기의 [이미지] 버튼을 누르면 위와 같은 화면이 나오는데, 구글 번역기와는 다르게 [촬영] 버튼이 있는 것을 볼 수 있다. 변환하고자 하는 중국어를 카메라로 비추는 것은 동일하지만, 파파고는 사진을 촬영해야 번역해준다. 타오바오 화면을 비추고 촬영을 해보자.

그림 12-11 파파고 번역기 이미지

파파고로 타오바오 사이트를 촬영했더니 촬영한 사진 속 중국어가 모두 한국어로 번역된 것을 확인할 수 있다. 파파고 번역기 또한 구글 번역기와 마찬가지로 카메라를 이용해서 언어를 변환하는 것이기 때문에 중국어가 표기된 곳을 카메라로 비출 수 있다면 어느 곳이든 번역이 가능하다.

그림 12-12 파파고 번역기 번역

기타 무료, 유료 번역기 어플이 있지만, 위에서 언급한 2가지 구글 번역기와 파파고 번역기가 가장 좋은 성능을 갖고 있고, 무료라는 강력한 이점이 있다. 이 2가지 어플을 이용하여 중국어를 쉽게 한국어로 번역하자.

PC를 이용한 중국어 번역

앞에서 모바일을 이용한 중국어 번역 방법을 알아봤다면 이번에는 PC를 활용한 중국어 번역 방법을 알아보자. 확장 프로그램을 활용한 복잡한 방법도 있지만, 이번에는 아주 간단하고 쉬운 방법을 알려주고자 한다. 바로 앞에서 설치했던 네이버 웨일 브라우저를 활용하는 방법이다. 그럼 어떻게 이미지 속 중국어를 번역할 수 있는지 알아보자.

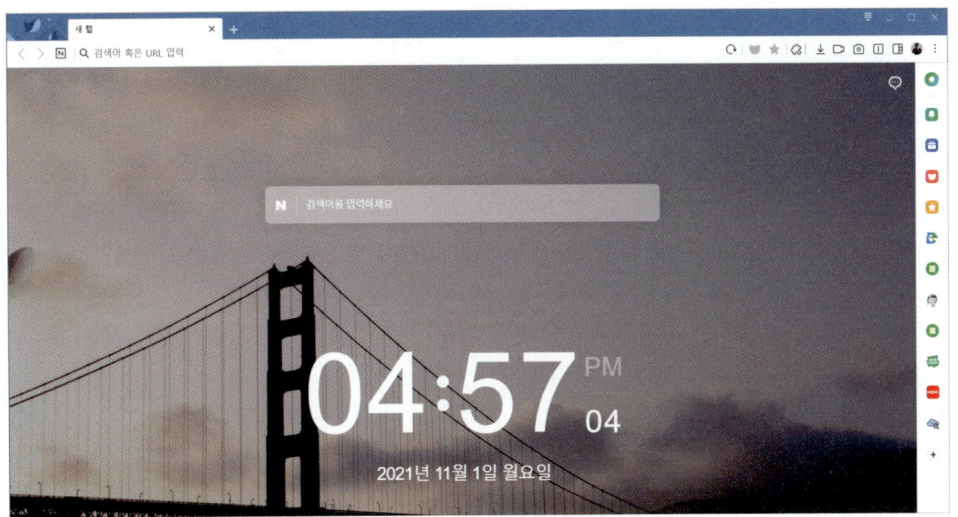

그림 12-13 네이버 웨일 브라우저

네이버 웨일 브라우저는 기본 기능으로 이미지 번역 기능을 가지고 있다. 이 기능을 이용하여 중국어를 한국어로 변환하면 된다. 먼저 웨일 브라우저를 이용해서 타오바오에 있는 중국 상품의 상세 페이지에 들어가보자.

그림 12-14 웨일 브라우저로 이미지 번역 – 중국 상품의 상세 페이지

235

위 이미지는 중국 타오바오 사이트에 있는 상품의 상세 페이지이다. 인터넷 페이지에 있는 이미지는 모두 번역 가능하므로 어떤 상세 페이지에 접속해도 무관하다. 이미지 속 붉은 상자 안에 중국어가 보일 것이다. 그럼 이제 중국어를 한국어로 번역해보자. 번역 기능을 이용하기 위해 이미지 위에 마우스를 올린 후 마우스 오른쪽 버튼 클릭한다.

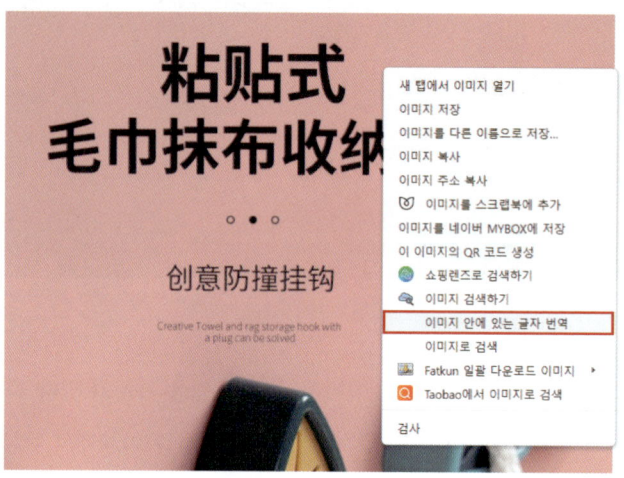

그림 12-15 웨일 브라우저로 이미지 번역 - 이미지 안에 있는 글자 번역 선택

마우스 오른쪽 버튼을 클릭하면 위 이미지처럼 팝업창이 나오는데, 그중에서 [**이미지 안에 있는 글자 번역**]이라는 메뉴를 클릭한다.

그림 12-16 웨일 브라우저로 이미지 번역 - 번역할 언어와 번역하고 싶은 언어 선택

그러면 전체적으로 이미지가 어두운 색으로 변하면서 새로운 팝업창이 하나 나타난다. 모바일 번역기에서 봤던 창과 비슷한 느낌의 팝업창이다. 왼쪽에는 번역을 진행할 언어가 있고 오른쪽은 번역을 하고 싶은 언어가 표시된다. 그림에서는 중국어를 한국어로 변역하겠다고 선택한 것이다.

그리고 그 아래를 보면 [**글자가 있는 영역을 선택하세요**]라고 쓰인 글이 보일 것이다. 이 상태에서 번역하고자 하는 중국어 영역을 마우스로 선택하면 된다.

그림 12-17 웨일 브라우저로 이미지 번역 – 번역하고자 하는 영역 선택

마우스를 드래그해서 원하는 중국어 영역을 선택하면 위 이미지처럼 해당 영역이 밝아지는 것이 보인다. 이렇게 번역하고자 하는 중국어 영역을 선택하자.

그림 12-18 웨일 브라우저로 이미지 번역 – 번역된 내용 확인

보다시피 번역을 위해 선택했던 중국어와 한국어로 번역된 내용을 새로운 팝업창으로 확인할 수 있다. 한국어를 영어로 바꿔 선택하면 영어로 번역될 것이다. 이렇게 쉽게 네이버 웨일 브라우저의 기본 기능으로 이미지의 중국어를 한국어로 번역할 수 있다.

중국어 번역 꿀팁

위에서 중국어를 한국어로 번역해보면 번역이 순조롭게 되는 경우도 있지만 그렇지 않고 이해할 수 없는 말로 번역되는 경우도 볼 수 있다. 다음 이미지처럼 말이다.

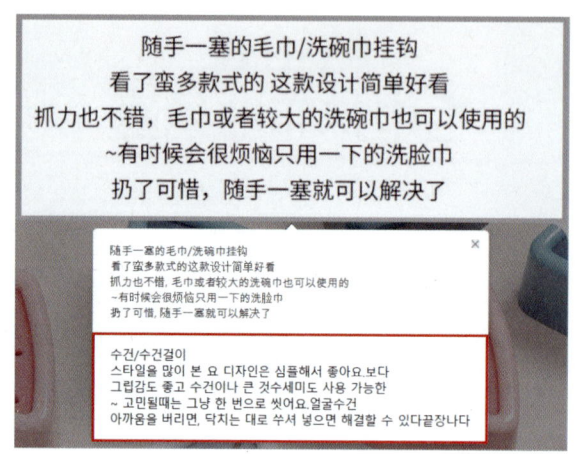

그림 12-19 이상한 번역 결과

분명 한국어로 번역된 것은 맞지만, 읽어보면 문장을 쉽게 이해하기 어렵다. 다소 과격한 표현도 보인다. 이건 번역기의 잘못은 아니고 언어의 구조 때문에 번역기가 정확한 번역을 하지 못하는 것이다.

요즘에 영어↔한국어 간 번역 서비스를 사용해 보면 번역이 상당히 깔끔한 것을 알 수 있다. 불과 2000년대 초중반만 하더라도 지금처럼 영어↔한국어 간 번역이 원활히 이루어지지 않고 상당히 어색한 번역 결과를 받는 경우가 많았다.

그때 영어를 한국어로 조금 더 정확하게 번역하기 위해서 영어→일본어→한국어 순으로 번역하기도 했다. 당시에는 영어와 일본어의 번역이 매끄럽고, 일본어와 한국어의 번역이 매끄럽게 처리됐기 때문에 영어를 일본어로 번역한 결과를 한국어로 번역하면 번역 결과가 더 좋았다. 반대로 한국어를 영어로 번역할 때도 한국어→일본어→영어로 번역했다.

현재는 중국어↔한국어 번역의 결과보다 중국어→영어→한국어로 번역하는 과정을 거치면 조금 더 정확한 번역 결과를 기대할 수 있다. 물론 이렇게 진행한다고 하더라도 100% 완벽한 결과를 얻을 순 없지만, 중국어를 바로 한국어로 번역한 결과보다는 정확한 결과를 얻을 수 있다.

예를 들어 중국어→영어→한국어로 번역하는 과정을 알아보자.

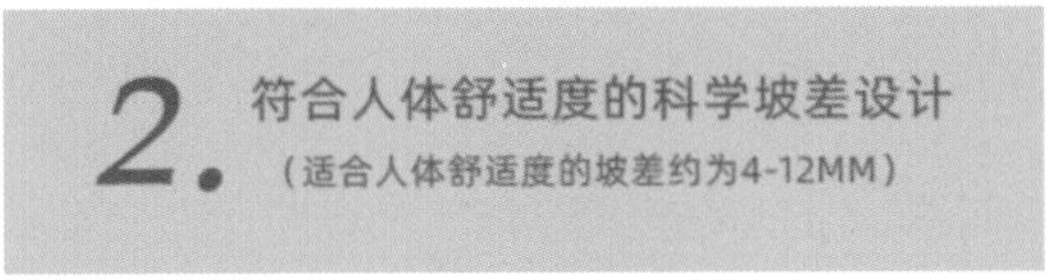

그림 12-20 중국어 번역 예시

위 중국어 문장을 중국어→한국어로 번역했을 때의 결과는 다음과 같다.

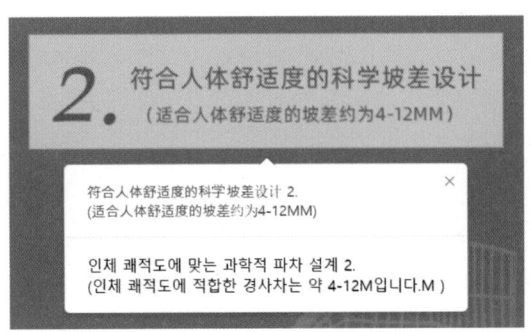

그림 12-21 중국어→한국어 번역 결과

위 이미지에 번역된 한국어 결과물을 보면 어딘가 모르게 부자연스럽다. 중국어를 바로 한국어로 번역하면 자연스럽지 못하거나 때로는 이해할 수 없는 말로 번역되는 경우도 있다. 이럴 때 바로 중국어를 영어로 번역해보는 것이다.

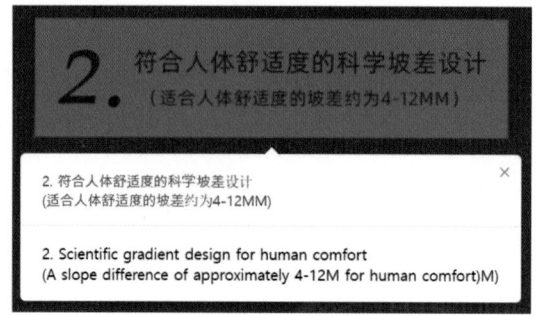

그림 12-22 중국어→영어 번역 결과

위 이미지는 같은 중국어를 영어로 번역한 결과다. 이렇게 나온 영문을 다시 번역기를 이용하여 한글로 번역해보자.

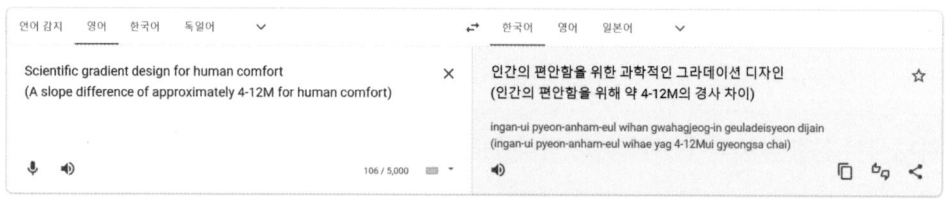

그림 12-23 영어→한국어 번역 결과

위 이미지처럼 번역된 결과물이 나왔다. 그럼 앞에서 수행한 2가지 번역 방식을 이용한 번역 결과물을 비교해보자.

중국어 → 한국어 번역	중국어 → 영어 → 한국어 번역
인체 쾌적도에 맞는 과학적 파차 설계 2. (인체 쾌적도에 적합한 경사차는 약 4-12M입니다.M)	인간의 편안함을 위한 과학적인 그라데이션 디자인 (인간의 편한함을 위해 약 4-12M의 경사 차이)

그림 12-24 번역 결과물 비교

번역된 결과물을 확인해보면 중국어→한국어로 번역한 결과물보다 중국어→영어→한국어로 번역한 결과물이 더 알아보기 쉽고 매끄럽게 번역된 것으로 보인다. 이렇게 번역을 진행할 때 중국어를 한 번에 한국어로 번역해서 결과가 만족스럽지 못하다면 영어로 번역을 진행하고 한국어로 다시 번역해 보는 것이 더 좋은 경우가 많다.

지금까지 이미지 속 중국어를 한국어로 번역하는 다양한 방법에 대해 알아보았다. 다음 장에서는 타오바오에서 이미지와 동영상을 다운로드 받는 방법을 알아본다.

ChatGPT를 활용한 중국어 번역

앞서 모바일과 PC, 그리고 브라우저를 활용한 중국어 번역 방법에 대해 알아봤다. 더불어 요즘 한창 떠오르는 ChatGPT를 활용해서 중국어를 번역하는 방법을 소개한다. ChatGPT를 활용하는 방법의 장점은 빠르고 정확하다는 것이다.

반대로 단점도 있는데, 많은 양의 업무를 처리하려면 유료 서비스를 이용해야 한다는 점이다. 하지만 무료 서비스를 사용해도 일정량의 중국어를 번역할 수 있다. 그럼 어떤 식으로 ChatGPT를 활용해 중국어를 번역할 수 있는지 알아보자.

먼저 ChatGPT를 사용할 수 있는 OpenAI 사이트 주소로 접속한다.

- ChatGPT 사이트 – https://openai.com/ChatGPT

그러면 다음과 같은 화면이 나타난다.

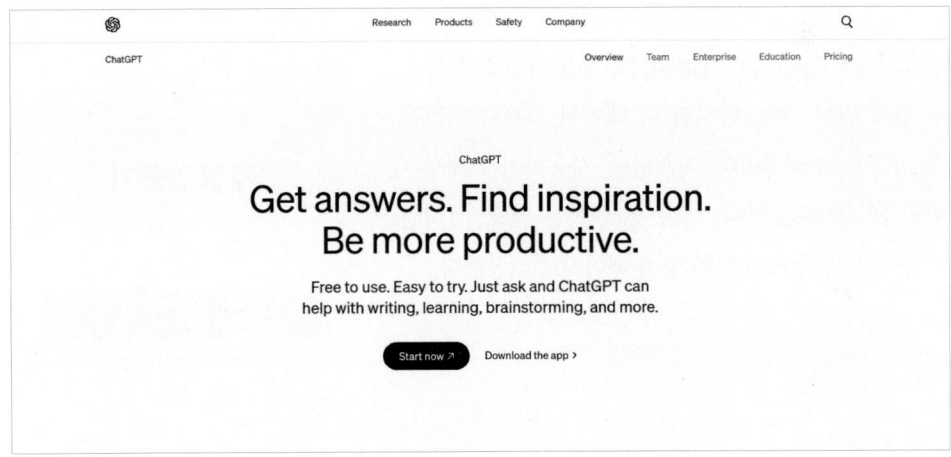

그림 12-25 OpenAI의 ChatGPT 사이트

사이트에 접속한 후 [Start now] 버튼을 누르면 ChatGPT를 사용할 수 있다. 버튼을 누르면 다음과 같은 화면이 나타난다.

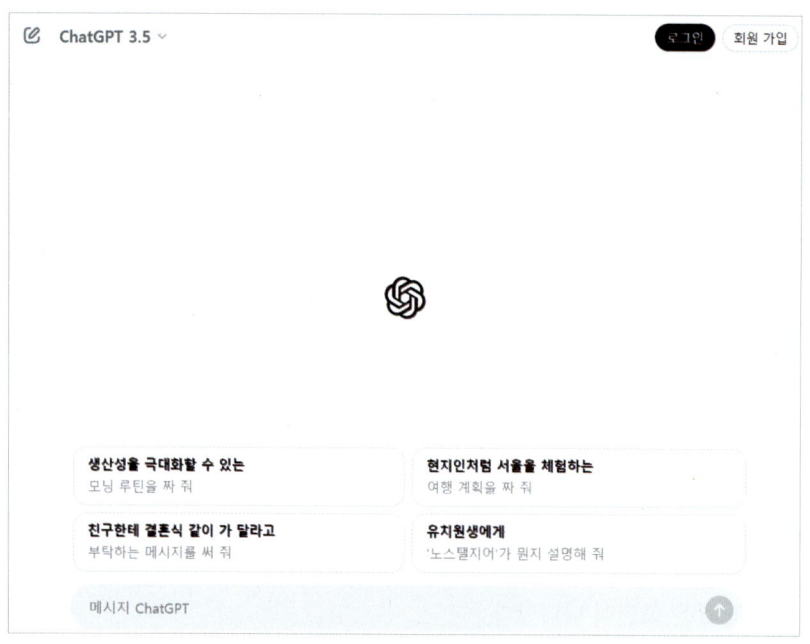

그림 12-26 ChatGPT 사이트

로그인하지 않을 경우 ChatGPT 3.5 버전을 사용할 수 있게 되어 있다. 하지만 이 책에서 소개할 버전은 ChatGPT 4o 버전이다. 이 버전을 사용하기 위해서는 회원가입을 해야 한다. 이를 위해 화면 위쪽의 [회원가입] 버튼을 누르면 가입 양식 페이지로 이동한다.

그림 12-27 ChatGPT 가입 양식

회원가입은 이메일 주소를 사용하거나 Google, Microsoft, Apple 계정 등을 이용할 수 있다. 본인이 원하는 방식으로 가입을 진행하자. 그러면 다음과 같이 ChatGPT 4o를 사용할 수 있는 페이지가 나타난다.

그림 12-28 ChatGPT 4o 버전 화면

이처럼 ChatGPT 4o 버전을 사용할 수 있는 페이지에 접속되면 이제 중국어를 번역할 준비가 끝났다. 그럼 이제 우리가 번역하고자 하는 중국어가 있는 이미지를 준비한다. 예를 보여주기 위해 이미지 하나를 준비했다.

그림 12-29 중국어 이미지

이미지를 준비했다면 ChatGPT 프롬프트 입력창 왼쪽의 클립 모양 버튼을 누른 다음 [컴퓨터에서 업로드]를 눌러 이미지를 업로드한다.

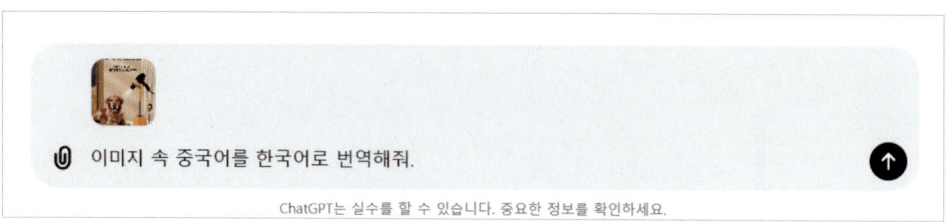

그림 12-30 ChatGPT에 중국어 이미지 업로드

이미지를 업로드한 후 프롬프트 창에 "이미지 속 중국어를 한국어로 번역해줘"라고 입력한다. 입력하는 내용은 동일하지 않아도 된다. 명령어를 입력한 후 오른쪽에 보이는 위쪽 화살표 버튼을 누르면 다음과 같이 중국어를 번역해 준다.

이미지 속 중국어를 한국어로 번역해줘.

이미지 속 중국어를 한국어로 번역해드리겠습니다.

중국어:
宠物吹风机支架

解放双手·随意造型
适用于市面上大多数吹风机

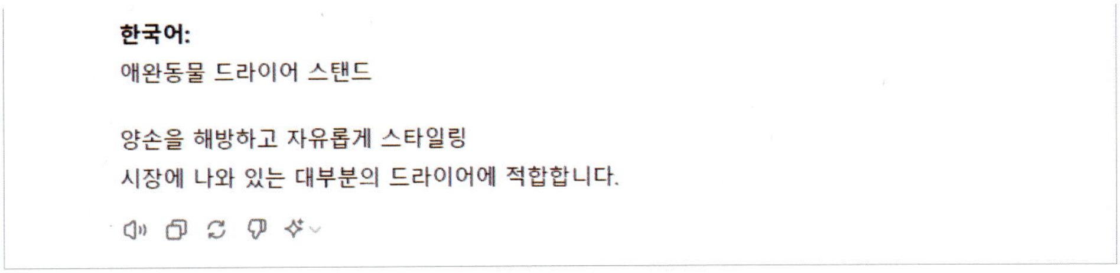

한국어:
애완동물 드라이어 스탠드

양손을 해방하고 자유롭게 스타일링
시장에 나와 있는 대부분의 드라이어에 적합합니다.

그림 12-31 중국어 번역 결과

기존에는 이미지 속 중국어를 추출해서 번역하는 번거로운 과정을 거치거나 자동 번역 기능을 활용해 종종 부자연스러운 결과물을 받아본 경험이 있을 것이다. 하지만 ChatGPT를 활용하면 중국어를 추출하는 과정도 필요 없고, 자연스럽게 번역된 한국어 결과물을 얻을 수 있다는 장점이 있다.

ChatGPT로 번역한 결과를 앞서 설명했던 파파고와 구글 번역기의 번역 결과와 비교해 보자.

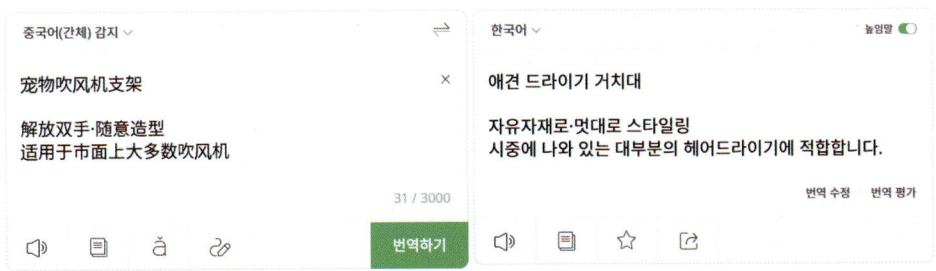

그림 12-32 파파고 번역 결과

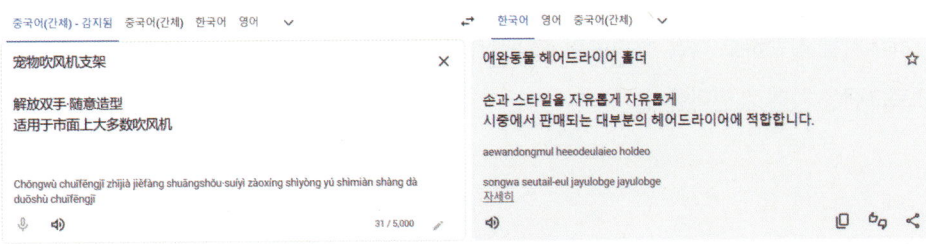

그림 12-33 구글 번역기 번역 결과

번역 결과를 확인해보면, 파파고와 구글 번역기 모두 ChatGPT를 활용했을 때보다 번역 결과가 부자연스러운 것을 확인할 수 있다.

ChatGPT의 경우 이미지뿐만 아니라 텍스트로 번역을 요청해도 아주 자연스러운 번역 결과를 보여준다. 중국의 판매자와 대화하는 중에도 중국어를 복사해서 붙여 넣고 번역하는 과정을 통해 보다 빠르고 정확하게 대화할 수 있게 도와준다.

또한 ChatGPT는 문서를 업로드해서 번역된 결과물을 받아볼 수도 있다. ChatGPT를 활용하면 이렇게 다양한 자료나 문서를 중국어로 쉽고 빠르고 정확하게 번역할 수 있다.

타오바오 이미지 쉽게 다운로드 받기

구매대행 상품을 사이트에 올리기 위해서는 기본적으로 상품의 이미지가 꼭 필요하다. 그래서 사이트마다 상품을 찾고 이미지를 다운로드 받는 과정이 필수인데, 이때 이미지를 하나하나 수동으로 다운로드 받을 수도 있지만, 그렇게 하면 업무 효율이 떨어지고 너무 많은 시간을 이미지를 다운로드 받는 데 할애해야 하는 단점이 있다.

그런 단점을 보완하기 위해 이미지를 다운로드 받는 여러 가지 방법이 있는데, 그중 가장 활용하기 좋은 2가지 크롬 확장 프로그램인 Image downloader와 Fatkun을 활용한 다운로드 방법과 웨일 브라우저의 기능을 이용한 이미지 다운로드 방법을 알아보겠다.

확장 프로그램 다운로드 방법

크롬 확장 프로그램을 사용하기 위해서는 먼저 확장 프로그램을 다운로드 해야 한다. 크롬 브라우저를 실행하고 다음 화면처럼 ❶ 메뉴(점 3개로 표시) → ❷ 도구 더보기 → ❸ 확장 프로그램을 차례로 선택한다.

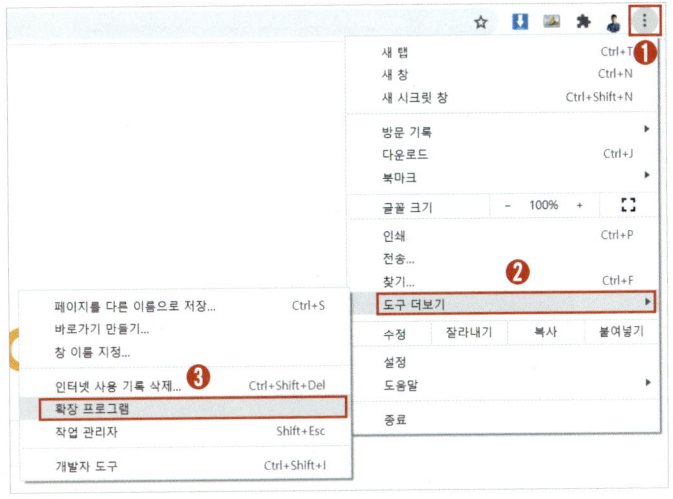

그림 12-34 크롬 브라우저 확장 프로그램

차례대로 선택했다면 다음과 같은 화면이 나올 것이다.

다음 화면은 크롬 브라우저에 설치되어 있는 확장 프로그램을 보여주는 목록이다. 이곳에서 화면 왼쪽 상단의 빨간색 네모 안의 [메뉴] 버튼을 누르자.

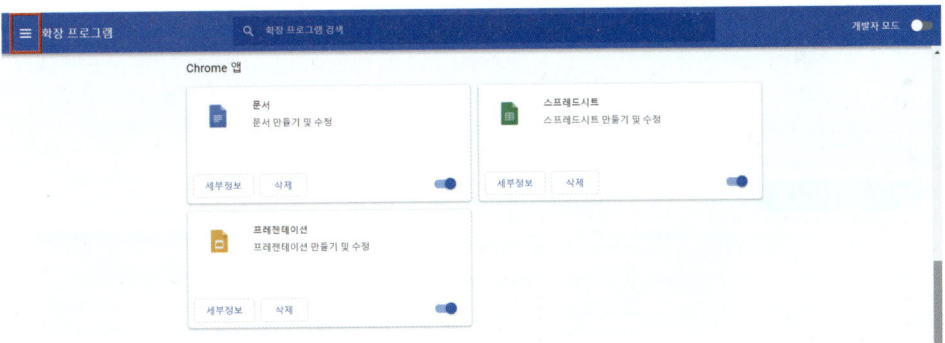

그림 12-35 크롬 브라우저 확장 프로그램 설정

[메뉴] 버튼을 누르면 위 그림처럼 왼쪽 하단에 [**Chrome 웹 스토어 열기**]라는 메뉴가 보일 것이다. 이 메뉴를 클릭한다.

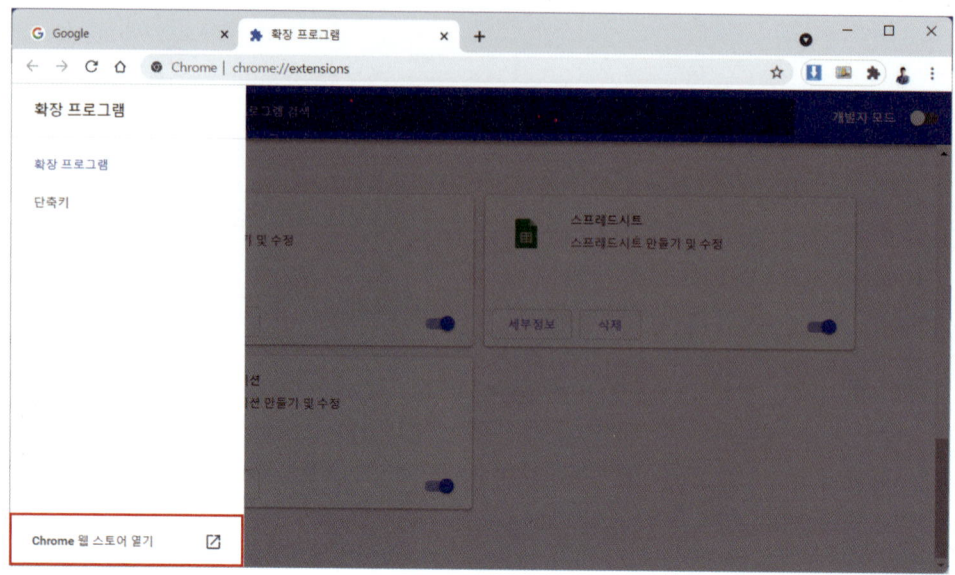

그림 12-36 크롬 브라우저 확장 프로그램 설치

크롬 브라우저 웹 스토어에 접속했다면 검색창에 Image downloader와 Fatkun을 검색해서 설치한다.

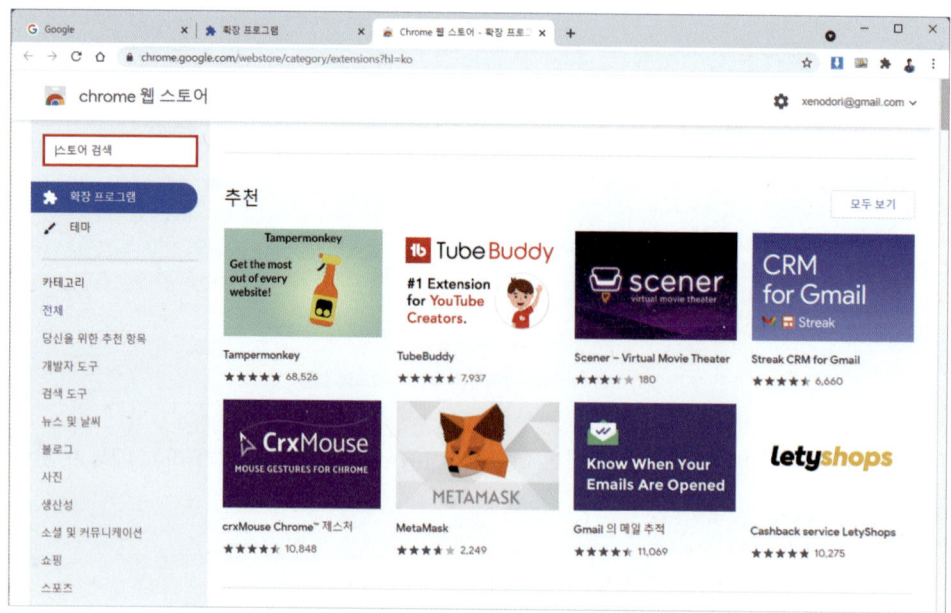

그림 12-37 크롬 브라우저 웹 스토어

- Image downloader 확장 프로그램

그림 12-38 Image downloader

- Fatkun 확장 프로그램

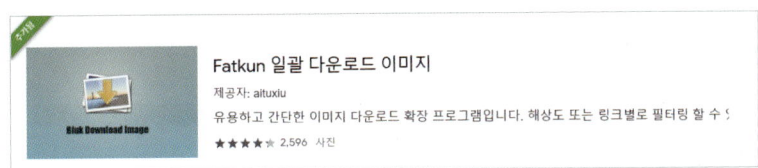

그림 12-39 Fatkun

위 2가지 확장 프로그램을 설치했다면 활용을 위한 설정법을 알아보자.

크롬 브라우저 url 창 옆을 보면 퍼즐 모양 아이콘이 있다. 이 아이콘을 눌러보자.

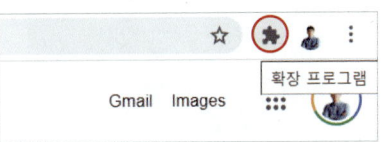

그림 12-40 확장 프로그램 설정

위 이미지처럼 Fatkun과 Image downloader 프로그램 옆에 핀 모양 아이콘이 보이는데, 둘 다 클릭한다.

그림 12-41 확장 프로그램 사용 설정

그러면 위 이미지처럼 2가지 프로그램 아이콘이 표시된다. 이렇게 해서 이미지를 다운로드 받기 위한 준비는 끝났다. 그럼 이제 각 프로그램을 이용한 이미지 다운로드 방법을 알아보자.

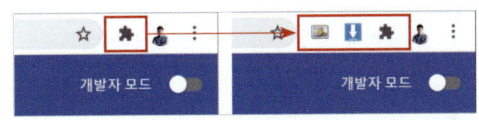

그림 12-42 확장 프로그램 핀 고정

Image downloader 활용하기

Image downloader(이하 이미지 다운로더라 칭한다) 프로그램을 활용하기 위해서 타오바오 사이트에 접속한다.

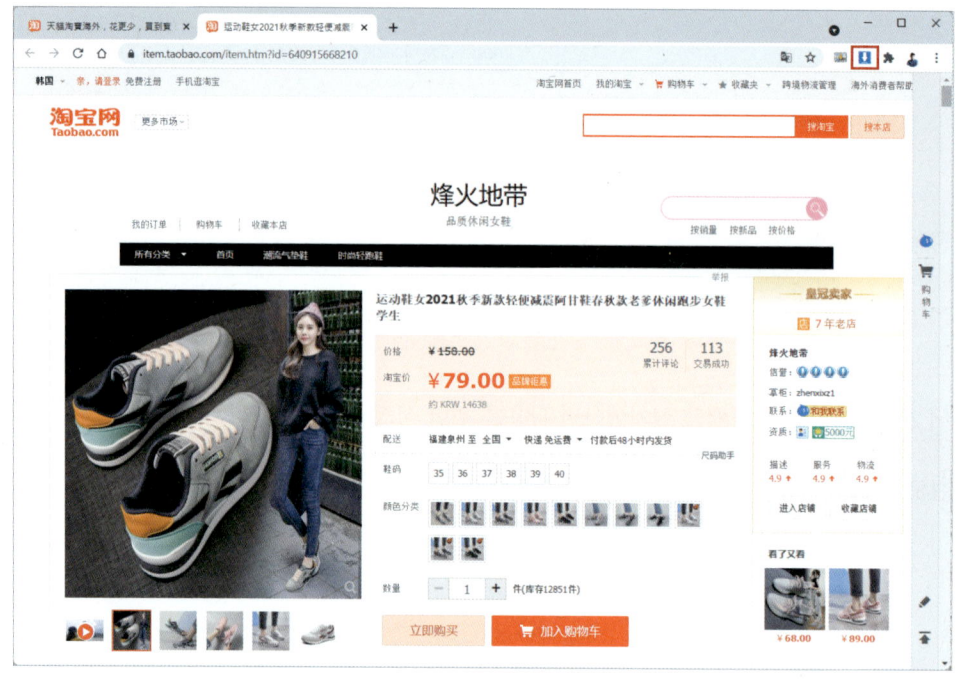

그림 12-43 타오바오 접속 화면

타오바오에서 상품의 페이지에 접속했다. 이곳에서 이미지 다운로더를 이용해서 이미지를 다운로드 받기 위해서 이미지 다운로더 아이콘을 눌러보자.

이미지 다운로더 프로그램은 내가 접속해 있는 웹페이지에 있는 모든 이미지를 다운로드 받을 수 있게 해준다. 그래서 이미지 다운로더 아이콘을 누르면 다음과 같은 화면이 나온다.

오른쪽 그림처럼 페이지에 있는 모든 이미지를 미리보기 형식으로 작게 보여주기 때문에 내가 원하는 이미지보다 많은 이미지를 보여준다. 빨간색 박스 안의 이미지와 아래쪽으로 스크롤 할 수 있는 스크롤바가 나타난다. 스크롤 바를 이용해서 아래로 내리면서 원하는 이미지가 있다면 이미지 위로 마우스를 올려보자.

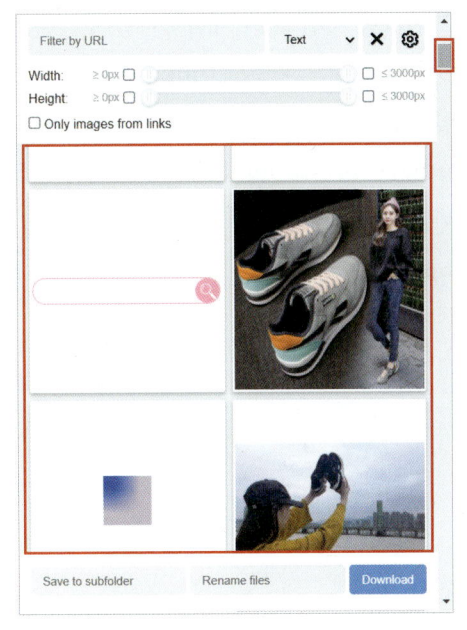

그림 12-44 이미지 다운로더 팝업 화면

다운로드 받고자 하는 이미지에 마우스를 올리면 그림처럼 이미지 위에 여러 가지 아이콘이 나타나는데, 이때 그림에 표시한 두 가지 아이콘의 기능을 이용한다.

먼저 오른쪽의 화살표 아이콘을 누르면 바로 이미지를 다운로드할 수 있다. 그리고 왼쪽의 체크 표시 아이콘을 누르면 여러 이미지를 선택해 한꺼번에 다운로드 할 수 있다.

그림 12-45 원하는 이미지 선택

그림처럼 사진 여러 개를 한 번에 다운로드 하기 위해서는 원하는 이미지를 체크하여 선택하고 화면 아래 [Download] 버튼을 누르면 된다. 이렇게 2가지 방법으로 이미지 다운로더를 이용해서 이미지를 다운로드 받을 수 있다.

그림 12-46 원하는 이미지 선택 체크

이미지 다운로더를 이용한 방법은 페이지에 있는 모든 이미지를 미리보기로 직접 보고 원하는 이미지만 선택해서 다운로드 받을 수 있기 때문에 상세 페이지의 이미지를 다운로드 받는 데도 사용하지만 페이지에서 이미지로 구현되는 아이콘 등을 받는 데도 적합한 프로그램이다.

Fatkun 활용하기

이미지 다운로더가 브라우저 상단에 핀 되어 있는 아이콘을 눌러서 사용하는 방식이라면 Fatkun 프로그램은 조금 더 직관적인 프로그램이다. 그럼 사용법을 알아보자.

이미지 다운로더 프로그램처럼 타오바오 상세 페이지에 접속한다. Fatkun 프로그램은 화면을 스크롤해서 내려가면서 내가 원하는 이미지가 나왔을 때 바로바로 선택하여 다운로드 받는 방식이다. 이미지를 마우스 왼쪽 버튼으로 클릭해서 드래그(마우스 버튼을 클릭한 상태에서 이동)해보자.

그림 12-47 타오바오 상품 접속 화면

이미지를 마우스로 드래그하면 다음 이미지처럼 반투명한 이미지와 함께 Drag and Drop 이라고 쓰여 있는 반투명한 파란색 상자가 나타난다. 그곳에 이미지를 올려보자.

그림 12-48 이미지 드래그 화면

그림처럼 파란색 상자가 반투명에서 불투명으로 변경되면 클릭하고 있는 마우스를 놓아보자.

그림 12-49 이미지 이동 화면

그러면 선택한 화면이 새로운 탭에서 열리는 것을 확인할 수 있다. 이곳에서 상단의 [Download] 버튼을 눌러 바로 이미지를 다운로드 받을 수 있다. 이때 다른 이미지도 같이 다운로드하고 싶다면 다시 원래 이미지를 다운로드 받은 타오바오 상세 페이지로 돌아간다.

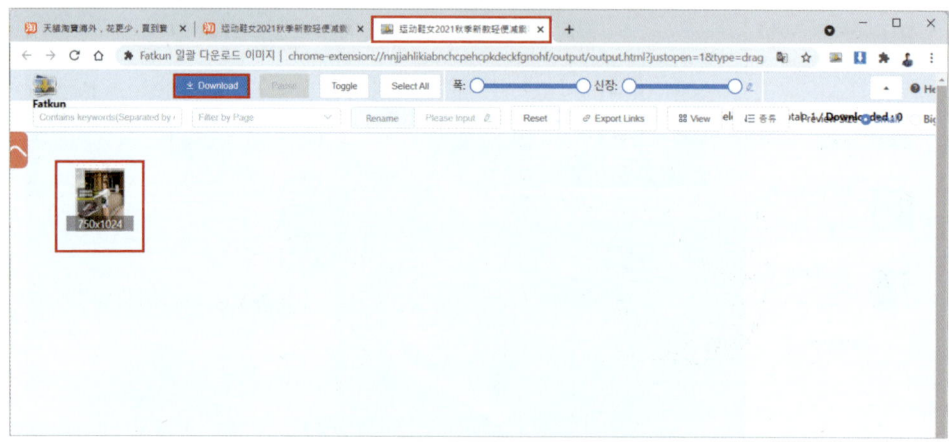

그림 12-50 이미지 다운로드 화면

다운로드 하고자 하는 이미지가 있다면 다시 한 번 이미지를 마우스로 드래그해서 Drag and Drop 상자 안으로 넣는다. 이렇게 원하는 이미지를 모두 선택해서 상자 속으로 넣은 후 이미지 리스트가 있는 탭으로 이동한다.

그림 12-51 추가 이미지 선택

탭을 이동한 후 선택한 이미지가 모두 맞는지 확인하고 [Download] 버튼을 누르면 이미지를 한꺼번에 다운로드할 수 있다.

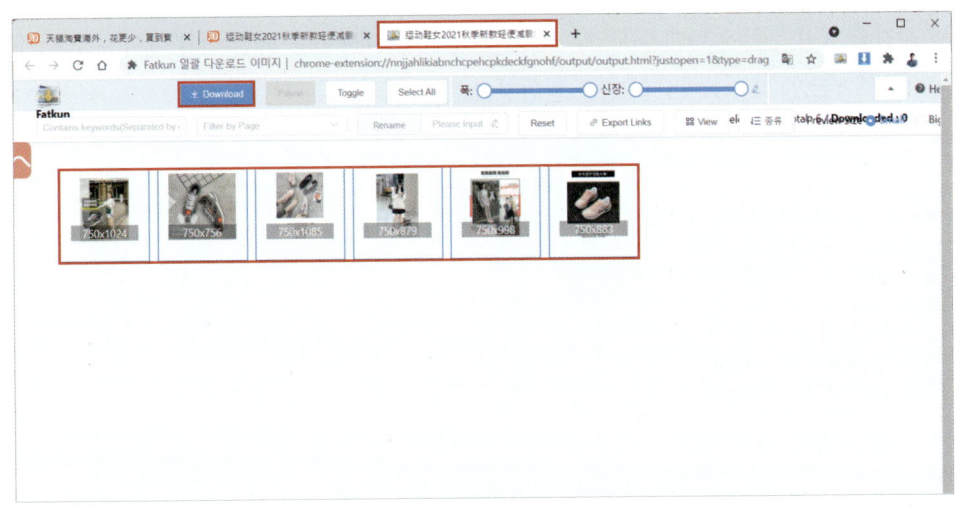

그림 12-52 여러 이미지 선택 화면

이미지 다운로더 프로그램과 Fatkun 프로그램은 비슷해 보이지만, 사용하다 보면 조금 다른 것을 알 수 있다. 이미지 다운로더의 경우 상품의 대표 이미지를 다운로드 받는 데 많이 사용하고 Fatkun 프로그램의 경우 상세 페이지 속 상품 이미지를 다운로드 받는 데 많이 사용한다.

이 2가지 프로그램을 이용하면 이미지를 하나하나 다운로드 받지 않고도 훨씬 적은 시간을 이용해서 이미지를 다운로드 받을 수 있고, 그로 인해 업무 효율을 높일 수 있다.

웨일 브라우저 활용하기

웨일 브라우저는 이미지 속 중국어를 번역하는 기능도 있지만, 이미지를 다운로드하는 기능도 가지고 있다. 또한 앞에서 다운로드 받았던 이미지 다운로더 프로그램과 Fatkun 프로그램도 모두 웨일 브라우저에서 사용이 가능하다.

웨일 브라우저는 개발할 당시부터 크롬 브라우저 시장을 가져오기 위해 개발되었기 때문에 크롬 브라우저에서 사용 가능한 대부분 기능을 포함하고 있다. 그래서 크롬 브라우저와 함께 웨일 브라우저도 꼭 사용하기를 권한다.

그럼 웨일 브라우저의 기능을 이용해서 간단하게 이미지를 다운로드 받는 방법을 알아보자.

그림 12-44는 웨일 브라우저로 타오바오에 접속한 화면이다. 브라우저 오른쪽 상단을 보면 빨간색 표시 부분에 카메라 모양 아이콘이 있다. 이 아이콘은 화면 캡처 아이콘이다. 이 아이콘을 누르면 그림 12-45와 같은 팝업창이 뜬다.

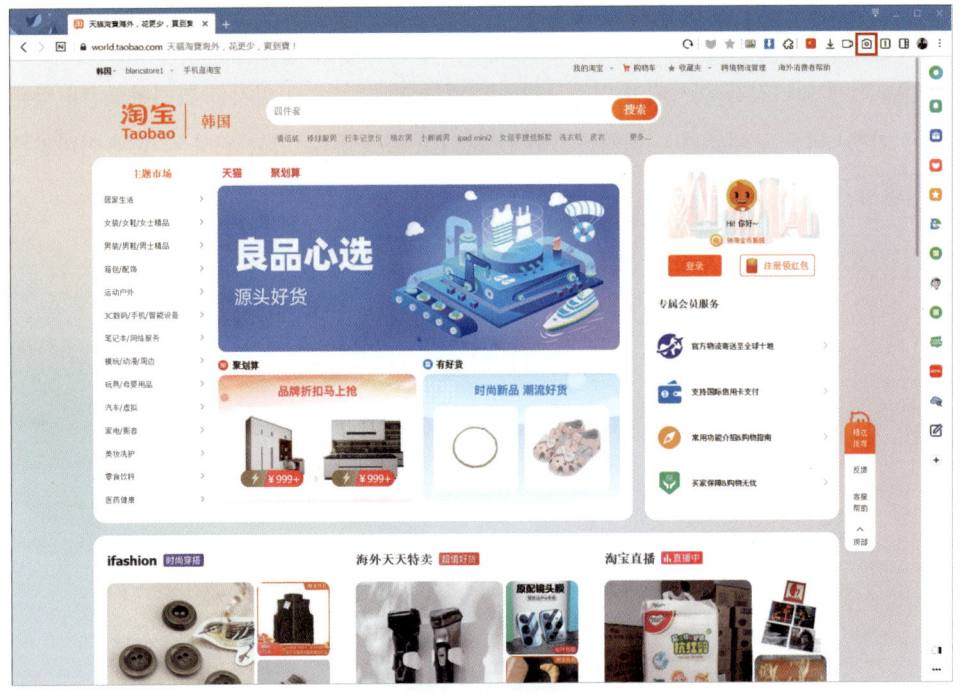

그림 12-53 웨일 브라우저 타오바오 접속 화면

그림처럼 직접지정, 영역선택, 전체페이지, 전체화면의 4가지 옵션이 있는 것을 볼 수 있다.

그림 12-54 웨일 브라우저 카메라 아이콘 클릭 팝업

- **직접지정**: 내가 마우스로 지정한 영역만 캡처
- **영역선택**: 브라우저 창이나 윈도우 화면 등 원하는 곳을 클릭하면 그 부분만 캡처
- **전체페이지**: 브라우저의 해당 페이지를 처음부터 끝까지 캡처
- **전체화면**: 윈도우 화면 전체 캡처

여기서는 그중 세 번째 **전체페이지** 기능을 사용할 것이다. 아이콘을 눌러보자.

그러면 전체 페이지가 캡처되어 미리보기 이미지를 제공한다. 이미지를 확인하고 [**내 컴퓨터에 저장**] 버튼을 누르면 이미지를 저장할 폴더를 선택할 수 있고 원하는 곳에 이미지를 저장할 수 있다.

그림 12-55 전체 페이지 캡처

이렇게 받은 이미지는 1개의 이미지로 캡처되기 때문에 실제로 사용하기 위해서는 원하는 부분만 선택해서 잘라 사용해야 한다. 이와 관련된 내용은 13장에서 자세히 다루겠다.

타오바오 동영상 다운로드 방법

타오바오 상품을 소싱하다 보면 상품의 대표 이미지 자리에 동영상이 있는 것을 종종 확인할 수 있다.

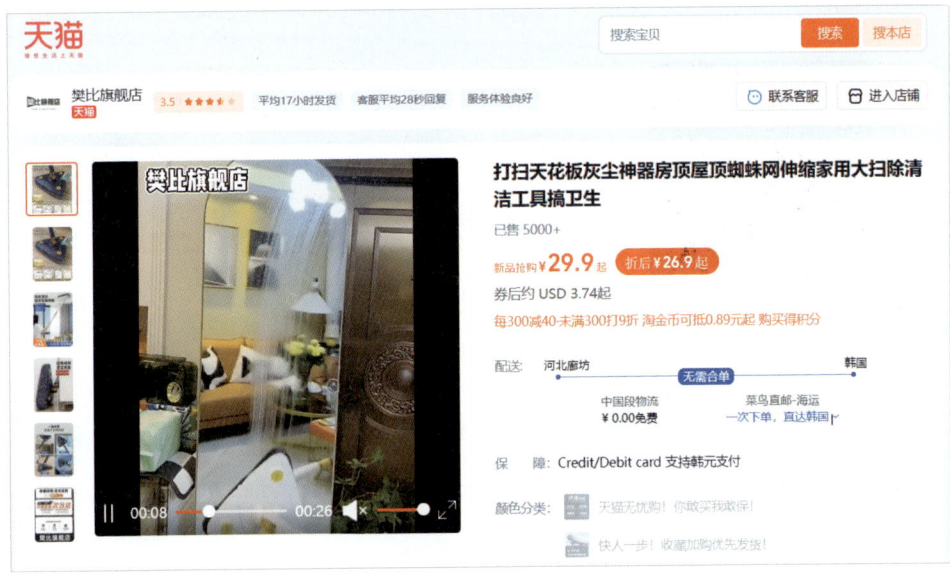

그림 12-56 대표 이미지 속 동영상

위 이미지는 대표 이미지가 있어야 할 자리에 동영상이 재생되는 상품이다. 요즘에는 네이버 스마트스토어에서도 동영상을 넣어줄 것을 권하고 있다. 물론 필수 사항은 아니지만 동영상을 넣으면 구매자가 제품을 확실히 볼 수 있고, 앞서 말했던 내 상품 페이지에서 고객이 최대한 오래 머물다 나가게 만드는 효과까지 볼 수 있는 일석이조의 효과가 있다.

이 동영상을 다운로드 받아서 사용해야 하는데, 타오바오 사이트에서는 동영상에서 마우스 오른쪽 버튼을 클릭하여 다운로드하는 기능을 지원하지 않는다. 그 방법으로는 동영상을 다운로드 받을 수 없다.

이때 동영상을 다운로드할 수 있는 방법이 있기는 한데, 처음 접하는 사람에게는 조금 복잡해 보일 수 있다. 화면을 보면서 하나하나 따라 해보자.

01. 영상을 저장하고자 하는 페이지에서 F12 키를 누른다.

해당 상품의 페이지를 열어놓고 F12 키를 누르면 다음과 같은 화면이 나온다.

그림 12-57 사이트에서 F12 키를 누른 모습

보다시피 원래 보이던 창 오른쪽에 새롭게 복잡한 창이 하나 나타나는 것을 볼 수 있다. 이 창을 통해 동영상을 다운로드 받을 수 있다.

02. 메뉴에서 [Network]를 찾아서 누른다.

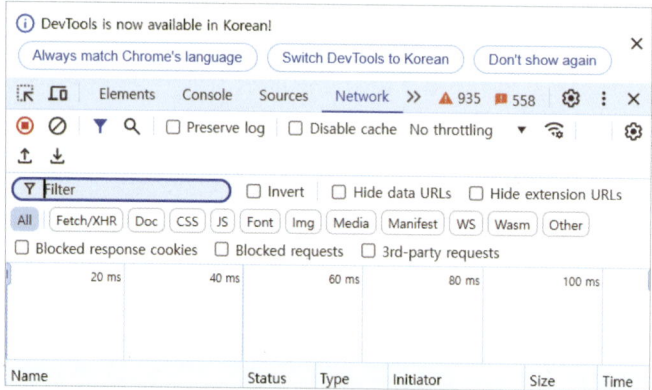

그림 12-58 [Network] 메뉴

03. [Network] 하단의 서브메뉴에서 [Media]를 누른다.

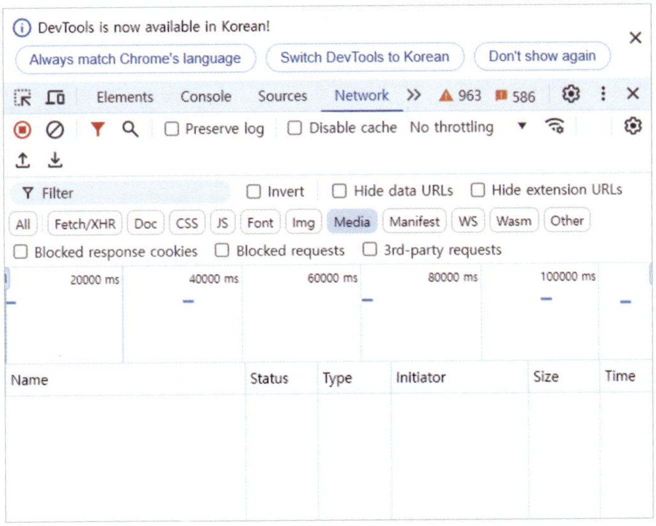

그림 12-59 [Media] 메뉴

04. F5 버튼을 누른다.

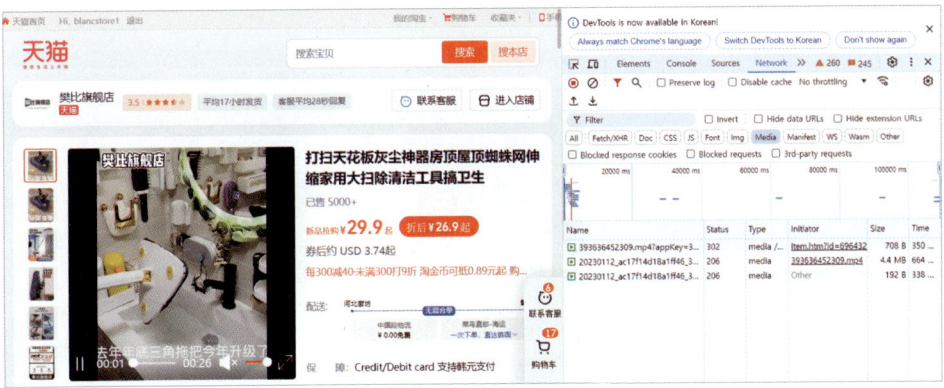

그림 12-60 F5 키를 누른 모습

그러면 위처럼 동영상이 재생되면서 오른쪽 화면에 영상 파일이 재생 중이라고 표시된다. 그리고 오른쪽 창 아래쪽에 파일 목록이 표시되는데, 그중 Size가 가장 큰 파일이 바로 동영상 파일이다.

05. [Open in new tab] 메뉴를 누른다.

이제 size가 가장 큰 동영상 파일에 마우스를 올려놓고 오른쪽 버튼을 클릭한 다음, [Open in new tab] 메뉴를 누른다.

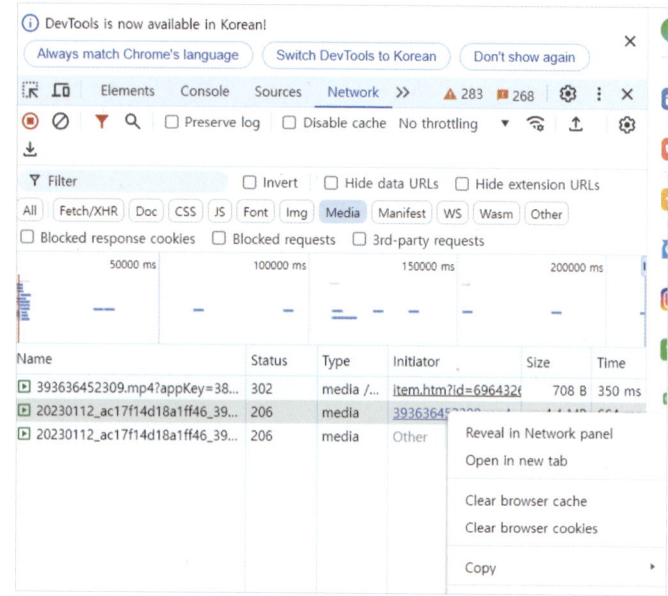

그림 12-61 [Open in new tab] 메뉴

06. 새로운 창에서 동영상이 열리는 것을 확인한다.

그러면 새로운 창에서 동영상이 열린다.

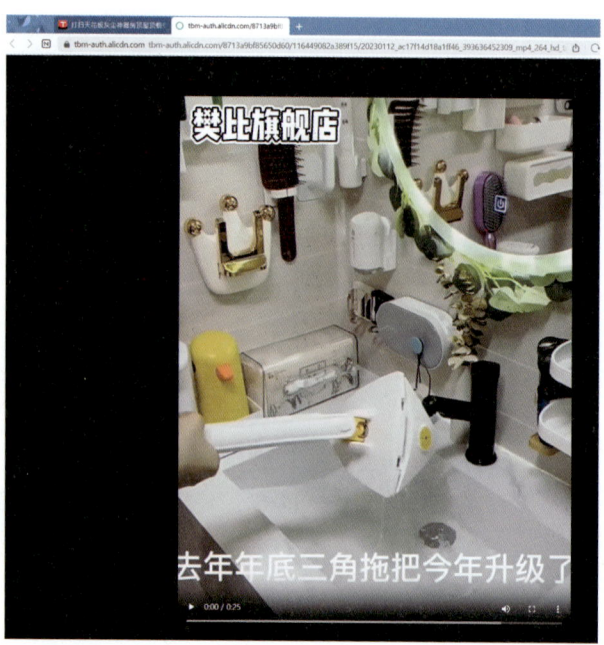

그림 12-62 새로운 탭으로 열리는 동영상

07. 동영상을 다운로드한다.

새 창에서 열린 동영상 화면 오른쪽 하단에 3개의 점으로 이루어진 버튼이 보일 것이다. 이 버튼을 눌러 동영상을 다운로드하면 된다.

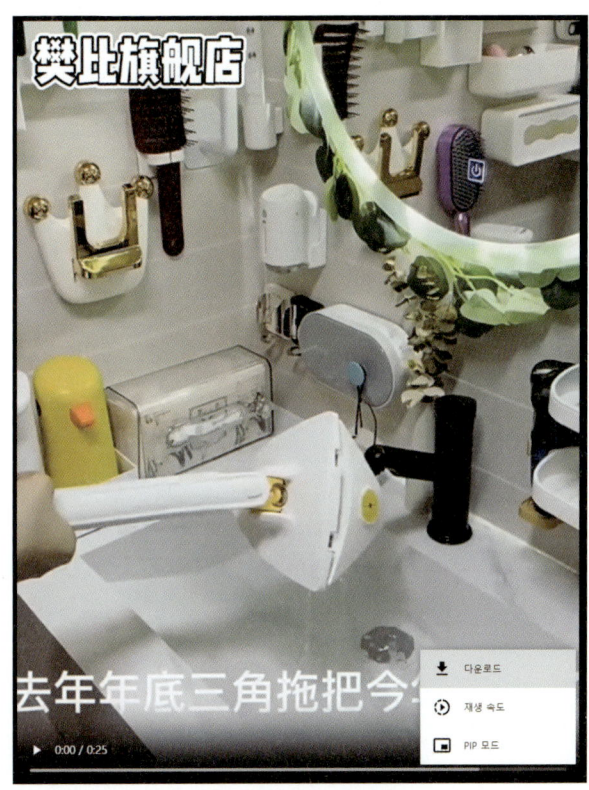

그림 12-63 동영상 다운로드

이 방법으로 타오바오 상품의 대표 이미지 자리에 있는 동영상을 다운로드할 수 있다. 이때 브라우저 버전에 따라 지원 여부가 달라질 수 있으므로 되도록 브라우저는 최신 버전을 사용하고, 그렇지 않은 경우 다양한 브라우저로 시도해볼 것을 권한다.

지금까지 구매대행 사업을 진행할 때 도움이 되는 다양한 툴과 활용 방법을 알아봤다. 다음 장에서는 구매대행 사업에서 중요한 것 중 하나인 상세 페이지를 제작하는 노하우를 알아보겠다.

나는 해외구매대행으로 한 달에 월급을 두 번 받는다

13

상세 페이지 제작 노하우

상세 페이지의 기본 구조
상세 페이지 제작 포토샵 꿀팁
무료 사이트를 이용한 상세 페이지 제작

구매대행 사업을 하면서 상품을 소싱 하는 것도 아주 중요하지만, 결국 소비자들에게 상품을 선보이고 구매하게 만들어야 한다. 그러기 위한 최전선에 있는 것이 바로 상세 페이지다. 물론 소비자는 대부분 대표 이미지를 보고 구매 페이지에 들어오지만, 결정적으로 구매를 결정하는 데 상세 페이지의 역할이 크다. 그래서 상세 페이지의 중요성은 아무리 강조해도 지나치지 않다. 그런데 의외로 상세 페이지의 기본 구성이나 꼭 있어야 하는 부분에 대해서 모르는 사람이 많다.

이번 장에서는 국내에서 사용하는 상세 페이지의 기본 구성부터 상세 페이지를 제작하는데 도움이 되는 툴과 조금 더 편하게 상세 페이지를 제작할 수 있는 꿀팁을 알아본다.

상세 페이지의 기본 구조

요즘처럼 온라인 구매에 대한 거부감이 없는 세상에서는 대부분 사람들이 상세 페이지를 보면서 물건을 구매한다. 그런데 이제 막 해외구매대행 사업을 시작하는 사람 중에는 상세 페이지가 다 똑같다고 생각하는 사람도 많다. 아마 비슷한 구성의 상세 페이지를 지속해서 접하면서 익숙하게 느꼈기 때문일 것이다.

하지만 직접 상세 페이지를 만들어야 하는 경우가 되면 그동안 봐왔던 상세 페이지는 전혀 기억나지 않는 것처럼 새로운 형식의 상세 페이지를 만들어낸다. 그렇게 기억에 의존해서 제작하거나 기존에 제작된 해외 상세 페이지를 가져와서 단순히 번역만 해서 사용하는 경우가 많다.

상세 페이지도 기본 구조가 있다. 이는 나라별로 다르고 지역별로도 조금은 다른 특징을 보인다. 미국이나 유럽의 사이트에 접속해서 상세 페이지를 보면 한 가지 큰 특징이 이미지보다 텍스트가 많은 것을 볼 수 있다. 서양권 사람들은 상품의 사진보다는 설명을 집중해서 보고 상품을 구매하기 때문이다.

그럼 우리나라 상세 페이지의 기본 구조는 어떨까? 다음 이미지는 우리나라 상세 페이지의 기본 구조를 구역별로 나눈 것이다.

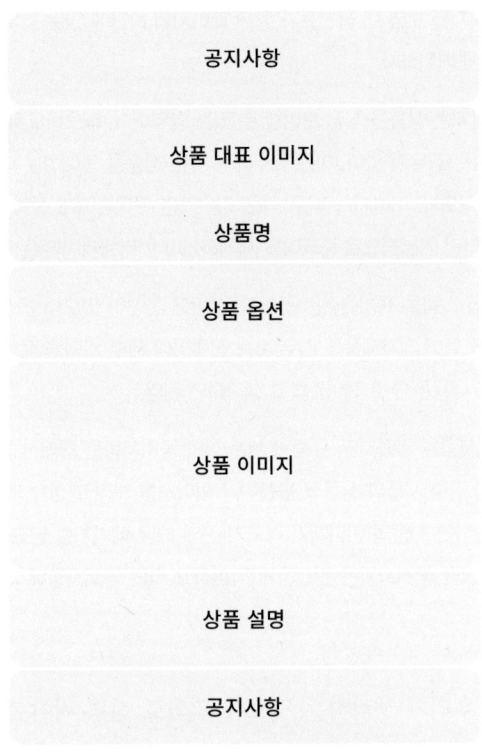

그림 13-1 상세 페이지의 기본 구성

위 그림이 전형적으로 한국인에게 익숙한 상세 페이지의 구조다. 그림 위에서부터 하나하나 구성요소를 살펴보자.

- 공지사항: 해외구매대행에서는 상단에 공지사항으로 넣어줘야 하는 내용이 있다는 것을 4장에서 배웠다. 해당 내용을 작성해서 상세 페이지의 가장 상단에 넣어준다.
- 상품 대표 이미지: 내가 판매하고자 하는 상품을 가장 잘 보여줄 수 있는 사진을 골라서 최상단에 배치하자. 최상단에 있는 이미지를 보고 페이지를 닫아버리는 구매자도 많다. 따라서 상품 대표 이미지에 중국어가 있다면 무조건 지워서 올린다.
- 상품명: 이것은 SEO를 위해서도 적어주면 좋은 내용이다. 상세 페이지에 있는 내용 중 상단에 직접 작성하는 부분은 네이버 SEO에도 도움이 되는 내용으로 상품명을 대표 이미지 하단에 넣어주는 것이 좋다.
- 상품 옵션: 상품의 색상, 사이즈, 디자인 등 옵션을 나타내는 표를 넣는 곳이다. 별거 아니라고 생각할 수 있지만, 구매자 입장에서는 실제 상품을 구매하려고 할 때 옵션이 있는 상품인지 몰랐다면 혼란을 초래할 수

있다. 중국의 상세 페이지를 보면 이 옵션표가 상세 페이지의 하단에 있는 경우가 많은데 이것은 상단 상품명 아래쪽으로 이동해서 배치하자.

- 상품 이미지: 상품 이미지는 상품을 직접 보여줄 수 있는 영역이다. 타오바오 특성상 한 판매자의 상세 페이지에 이미지가 너무 적은 경우가 있다. 이런 경우에는 같은 상품을 판매하는 다른 판매자의 상세 페이지도 참고해서 이미지를 가져오자. 이미지가 너무 적은 경우라면 구매자에게 선택 받을 확률이 적어진다. 또한 이미지에 중국어가 있다면 기본적으로 중국어를 제거하거나 번역해서 써주는 것이 좋다.

- 상품 설명: 상품의 상세 스펙을 표기해주는 곳이다. 상단에 옵션이 있으니 옵션에 해당하는 내용은 작성하지 않아도 좋지만, 예를 들어 전자제품의 경우 사용 전력이나 세부 스펙을 작성해주는 것이다. 상세 페이지에 표기되어 있지 않은 내용을 주로 적어준다고 생각하면 된다.

- 공지사항: 상단에 공지사항을 넣었지만, 요즘 추세는 상단 공지사항을 최대한 줄이고 하단에 공지사항을 넣는 형태로 바뀌고 있다. 구매자들이 상품의 옵션이나 이미지를 보려고 상세 페이지를 방문하게 되는데, 상단 공지사항이 너무 길다면 상품의 이미지가 나오기 전에 해당 페이지를 닫고 나가버릴 확률이 높다. 이를 방지하기 위해서라도 상단 공지사항은 간결하게 작성하고 하단 공지사항에 최대한 자세한 내용을 작성해주는 것이 좋다.

이렇게 상세 페이지는 우리가 생각하는 것보다 의외로 신경 써야 할 사항이 많다. 최소한 위에서 설명한 상세 페이지의 기본 구조를 지켜서 제작하면 좋다.

상세 페이지 제작 포토샵 꿀팁

Adobe사의 포토샵(Photoshop)이라는 프로그램을 사용해서 상세 페이지를 제작한다. 포토샵 프로그램을 이용하는 가장 큰 이유는 앞에서 언급한 상세 페이지의 기본 구조에 맞게 상세 페이지를 만들기 위함이 첫 번째 이유고, 두 번째 이유는 이미지 속 중국어를 편집하는 기능이 포토샵에 있기 때문이다. 사실 이 기능 한 가지 때문에 포토샵 프로그램을 사용한다고 봐도 무방하다. 포토샵 이외에도 무료 프로그램인 포토스케이프라는 프로그램이 있지만, 간편하게 사용할 수 있는 반면 이미지 속 중국어를 편집하기가 어렵다는 점에서 잘 사용하지 않는다. 그래서 상세 페이지 제작 프로그램으로는 포토샵을 추천한다.

- 포토샵 사이트 주소: https://www.adobe.com/kr/products/photoshop.html

포토샵 프로그램은 기본적으로 사이트에서 다운로드 후 설치하는 방식으로 사이트에 가서 구매해서 사용한다. 기본 7일의 무료 사용 기간을 주기 때문에 설치해서 사용해보고 구매할 것을 추천한다.

구매대행 사업에서 상세 페이지가 중요한 부분을 차지한다는 것은 이미 알고 있을 것이다. 그런데 상세 페이지에 중국어가 있다면 구매자들로 하여금 구매를 꺼리게 만드는 이유가 될 수 있다. 그래서 상세 페이지 속 중국어를 최대한 보이지 않게 작업하는 게 좋다.

상세 페이지를 제작할 때 가장 필요한 이미지 속 중국어를 편집하는 스킬이 필요한데, 이미지 속 중국어를 편집하는 방법은 크게 2가지로 나눠볼 수 있다. 중국어를 지울 수 있는 경우와 지울 수 없는 경우다. 이 2가지 방법에 대해서 알아보자.

이미지 속 중국어 지우는 팁

타오바오 이미지를 보면 중국어가 이미지 중간에 있는 것이 종종 있다. 이럴 때 중국어를 지우고 싶은데 다른 툴을 이용해서는 중국어만 지우는 것이 쉽지 않다. 이럴 때 어떻게 하면 좋을지 알아보자.

그림 13-2 포토샵 프로그램 실행 화면

위 그림은 포토샵 프로그램의 기본 실행 화면이다. 화면 왼쪽에 빨간색으로 표시한 부분에 작은 메뉴가 있다. 이곳을 보자.

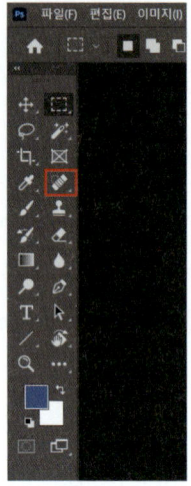

그림 13-3 포토샵 프로그램 왼쪽 메뉴

위 메뉴에서 네모로 표시한 스팟 복구 브러시 도구(Spot Healing Brush Tool)를 누른다.

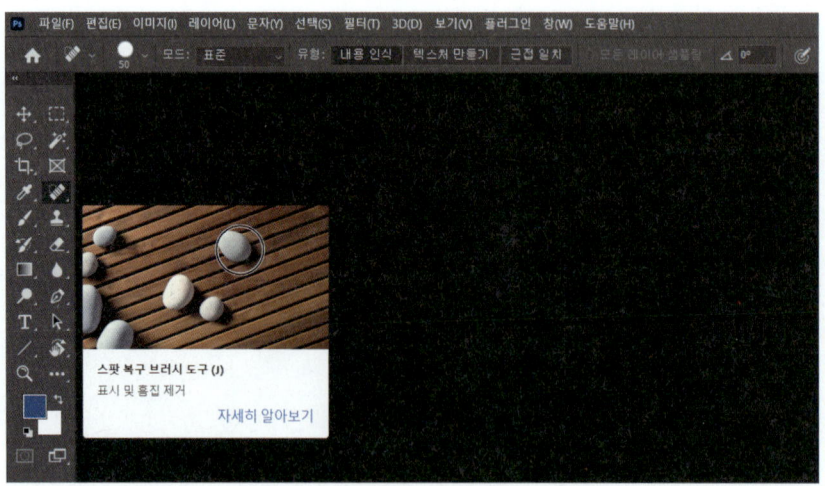

그림 13-4 포토샵 스팟 복구 브러시 도구(Spot Healing Brush Tool)

이 스팟 복구 브러시 도구(Spot Healing Brush Tool)를 이용하면 이미지 속의 중국어를 지울 수 있다. 포토샵으로 중국어가 있는 이미지를 불러오자.

그림 13-5 중국어가 쓰여 있는 이미지

위 이미지를 보면 이미지 중앙에 중국어가 쓰여 있다. 이 이미지를 그냥 사용하기엔 부담스럽고 다른 툴을 이용해서는 중국어를 지우기가 어렵다. 그런데 포토샵을 사용하면 스팟 복구 브러시(Spot Healing Brush)를 이용해 이미지 속 중국어를 삭제할 수 있다. 해당 아이콘을 누른 후 마우스 커서를 중국어가 쓰여 있는 부분으로 가져가서 마우스 왼쪽 버튼을 클릭한 상태에서 드래그해서 선택한다.

그림 13-6 스팟 복구 브러시(Spot Healing Brush) 사용

위 그림처럼 마우스로 중국어가 쓰여 있는 부분의 영역을 선택했다면 클릭했던 마우스를 놓아보자.

그림 13-7 스팟 복구 브러시 사용 완료

이미지의 표시 부분을 보면 이제 기존에 있던 중국어가 사라진 것을 확인할 수 있다. 물론 자세히 확인하면 완벽하게 자연스럽지는 않지만 중국어가 쓰여 있는 이미지를 그대로 사용하는 것보다는 훨씬 나은 이미지를 얻을 수 있다.

이 기능을 잘 활용하면 이미지 속 중국어를 지우고 그 위에 한국어를 적어 넣을 수 있다. 그렇게 하면 더 완벽한 상세 페이지 이미지를 얻을 수 있다.

중국어를 지울 수 없을 때의 팁

앞서 배운 방법으로 중국어를 지우다 보면 이미지가 너무 일그러져서 지우는 것이 오히려 자연스럽지 못한 경우가 발생한다. 다음과 같은 경우다.

그림 13-8 중국어가 들어간 이미지

위 이미지를 보면 이미지 중간에 중국어가 있다. 이것을 앞에서 배운 방법대로 지워보면 다음과 같은 이미지가 된다.

그림 13-9 중국어 이미지 수정

위 그림의 표시 부분을 보면 원래 있던 배경이 자연스럽지 않게 수정된 것을 확인할 수 있다. 이 이미지를 그냥 사용하게 되면 구매자들로 하여금 신뢰를 떨어뜨리는 요인으로 작용할 수 있다. 이럴 때는 이미지 속 중국어를 지우는 방법보다는 해당 부분을 다른 색으로 칠하고 번역된 한국어를 적어주는 방법을 사용한다. 그럼 어떻게 하는지 알아보자.

포토샵 왼쪽 메뉴를 보자.

이번에 사용할 기능은 사각형 선택 윤곽 도구(Rectangular Marquee tool)다. 이 도구를 이용해서 영역에 색상을 칠할 수 있다. 사각형 선택 윤곽 도구를 선택하고 이미지에서 색상을 칠하고자 하는 부분을 다음과 같이 마우스로 드래그한다.

그림 13-10 포토샵 사각형 선택 윤곽 도구

그림 13-11 사각형 선택 윤곽 도구 사용

원하는 영역이 선택되었다면 키보드에서 [Alt+Delete]를 동시에 눌러보자.

그림 13-12 사각형 선택 윤곽 도구 사용 후

그러면 마우스로 선택한 중국어가 쓰여 있던 부분이 검은색으로 칠해진 것을 볼 수 있다. 이때 검은색이 아닌 다른 색상을 넣고 싶을 수 있는데, 그럴 때는 도구 모음을 보자.

그림 13-13 포토샵 색상표 메뉴

그림에서 검은색과 흰색의 네모 상자가 보이는데, 그중 검은색 상자를 클릭해보자.

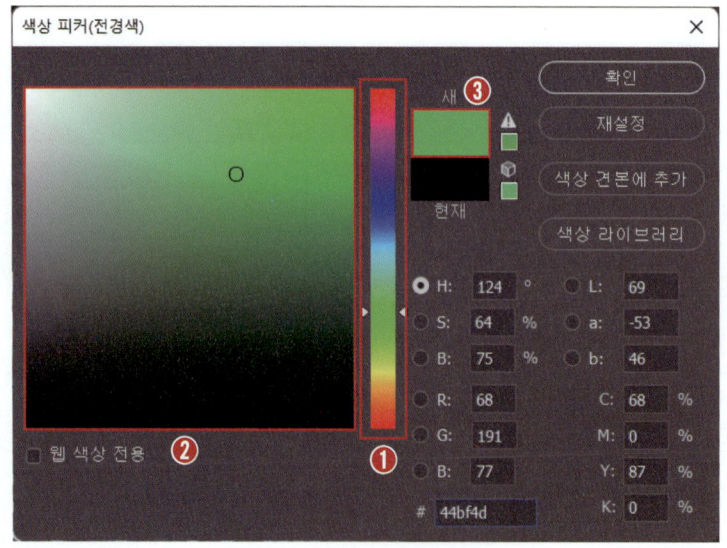

그림 13-14 포토샵 색상 피커

색상 피커가 나타나면 거기서 원하는 색상을 선택하면 된다. ❶번 영역에서 원하는 컬러를 선택하고, ❷번 영역에서 정확한 색상을 선택하면 ❸번 영역에 내가 선택한 색상이 보이게 된다. 이곳에서 원하는 색상이 선택되었다면 확인을 누른다.

색상 피커를 이용해서 원하는 색상을 제대로 선택했다면 다시 한 번 영역을 선택하고 [Alt+Delete] 키를 눌러 색상을 칠해준다.

그림 13-15 원하는 색상 칠하기

이렇게 원하는 색상을 넣었다면 그 위에 번역된 내용을 작성해주면 된다. 이때 글씨를 넣을 수 있는 방법은 문자 도구(Type tool)를 활용하는 것이다.

수평 문자 도구(Horizontal Type tool)를 활용하면 이미지 위에 글씨를 작성할 수 있다. 이 수평 문자 도구(Horizontal Type tool)를 클릭하고 이미지의 글씨를 작성하고 싶은 곳에 마우스 커서를 옮긴 뒤 클릭하고 키보드로 원하는 문구를 작성한다.

그림 13-16 포토샵 수평 문자 도구

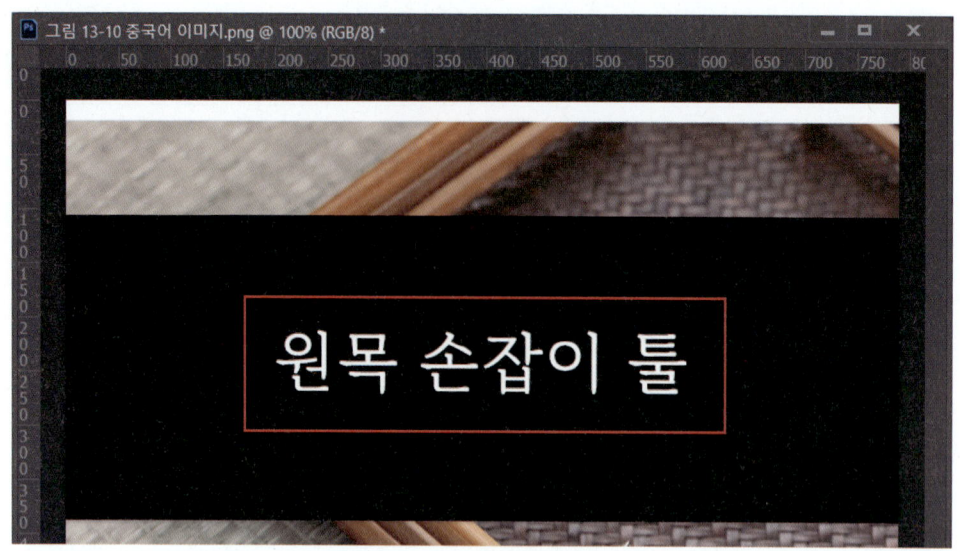

그림 13-17 수평 문자 도구 활용

그림처럼 한글로 번역된 내용을 작성해주면 상세 페이지를 제작할 준비가 된 것이다. 이 이미지를 사용해서 상세 페이지를 제작하면 된다.

생성형 AI를 이용한 이미지 속 중국어 지우는 팁

그동안 앞서 살펴본 두 가지 방법으로 이미지 속 중국어를 지웠다. 완벽히 깔끔하게 지워지는 부분도 있고, 그렇지 못한 부분이 있어 두 가지 방법을 적절히 섞어서 사용했다. 그런데 생성형 AI 시대가 오면서 포토샵에도 드디어 생성형 AI 기능이 생겼다.

이번에는 포토샵의 새로운 버전에서 활용 가능한 생성형 AI 기능을 이용해 이미지 속 중국어를 지우는 방법을 알아보겠다.

참고로 이 방법은 포토샵 최신 버전에서만 사용 가능한 방법으로, 구버전을 사용하는 사람은 포토샵을 최신 버전으로 업그레이드해야 사용할 수 있으니 참고하기 바란다.

먼저 포토샵에서 중국어를 지우고자 하는 이미지를 하나 불러온다.

이미지 속 중국어를 지우는 작업을 해볼 텐데, 먼저 기존 방법으로 중국어를 지우면 어떤 결과물이 나오는지 알아보자.

그림 13-18 이미지를 불러온 포토샵 화면

이미지 속 중국어가 지워진 곳을 보면 중국어가 지워지기는 했지만 어색하고 매끄럽지 않은 것을 볼 수 있다. 그래서 이때는 글자 위로 색상을 덮어서 새로 글씨를 적는 방법으로 사용했다. 그럼 생성형 AI를 활용해 중국어를 지우면 어떤 결과물을 얻을 수 있는지 알아보자.

그림 13-19 기존 방법으로 중국어를 지운 이미지

옆 이미지를 보면 사진 하단에 작은 창이 하나 있는 것을 확인할 수 있다. 이 창이 바로 생성형 AI를 활용할 수 있는 창이다. 이용 방법을 알아보자.

그림 13-20 포토샵 생성형 채우기창

1. 사각형 선택 툴을 사용해서 지우고 싶은 중국어를 선택한다.

그림 13-21 사각 툴로 삭제할 중국어를 선택

2. 하단의 생성형 채우기를 누른다.

그림 13-22 생성형 채우기 선택

3. [생성] 버튼을 누른다.

그림 13-23 생성 버튼 클릭

4. 생성형 채우기 완성

그림 13-24 생성형 채우기 완성

그림에서 보다시피 중국어가 있던 부분이 깔끔하게 사라진 것을 확인할 수 있다. 그런데 여기서 끝이 아니다. 생성형 채우기에는 3가지 채우기 버전 중 한 가지를 선택할 수 있는 기능이 있다. 생성형 채우기가 끝난 후 포토샵 오른쪽 창을 보면 다음과 같은 옵션을 확인할 수 있다.

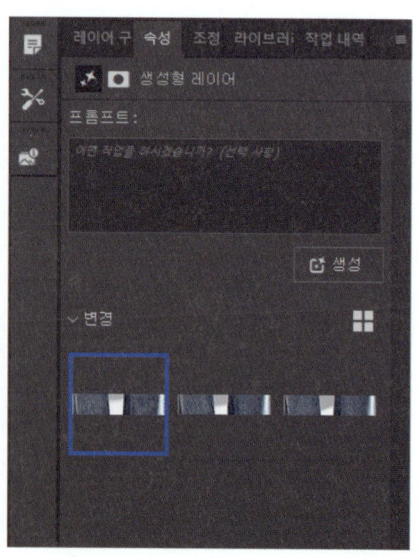

그림 13-25 생성형 채우기의 3가지 버전

이 3가지 버전 중 가장 자연스러운 버전을 선택해서 적용하면 된다. 나머지 중국어 부분도 생성형 채우기를 한 후 기존 방법의 결과물과 비교해보자.

그림 13-26 중국어 지우기 비교 사진

왼쪽은 기존 방법으로 중국어를 지운 이미지이고, 오른쪽은 생성형 AI를 활용해서 작업한 이미지다. 한눈에 봐도 자연스러운 정도가 심하게 차이가 나는 것을 확인할 수 있다. 기존 상세 페이지에서 중국어를 지우지 못해 색을 칠하고 글씨를 넣었을 때는 지저분해 보였지만, 생성형 AI를 활용해 더 깔끔한 상세 페이지를 만들 수 있게 되었다.

생성형 채우기로 AI 이미지 만들기

네이버 스마트스토어는 상품의 대표 이미지로 정사각형 이미지를 사용할 것을 권하고 있다. 하지만 타오바오에서 상품을 찾아보면 대표 이미지로 사용할 정사각형 이미지를 구하기 어려운 경우가 있다. 예를 들어 오른쪽과 같은 이미지를 사용해야 하는 때도 있다.

그림 13-27 직사각형 이미지

위와 같은 이미지를 사용해 네이버 스마트스토어의 대표 이미지를 만들려고 하면 부득이하게 위아래 부분을 잘라내서 정사각형의 이미지로 만들어야 한다. 그런데 그럴 경우 오른쪽과 같이 된다.

그림 13-28 정사각형으로 자른 이미지

위아래 부분을 잘라낼 경우 제품은 잘 보일 수 있지만 침대와 함께 놓여있는 전체적인 인테리어 느낌이 잘려 나간 이미지 부분으로 인해서 잘 살지 않는다. 이럴 때 포토샵의 생성형 AI 기능을 이용해 해결할 수 있다. 그 방법은 다음과 같다.

1. 이미지의 캔버스 크기를 변경한다.

    메뉴의 [이미지] → [캔버스 크기(S)]를 누른다.

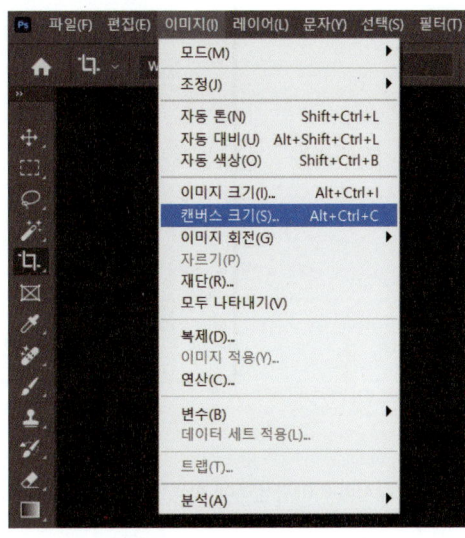

그림 13-29 캔버스 크기 조절 메뉴

2. 이미지의 높이 사이즈와 같아지도록 폭 사이즈를 변경한다.

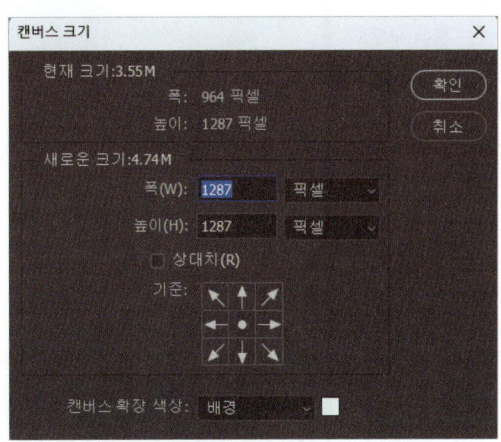

그림 13-30 정사각형 비율로 캔버스 크기 변경

폭과 높이를 동일한 사이즈로 만들면 다음과 같은 이미지가 된다.

그림 13-31 정사각형으로 변경된 이미지

보다시피 이미지 양쪽에 흰색으로 색상이 칠해져 있는 정사각 이미지로 변경된 것을 확인할 수 있다.

3. AI로 만들어내야 하는 부분을 선택한다.

   그림에서 추가로 생성되어 생성형 AI로 채워줄 필요가 있는 흰색 부분을 선택한다.

그림 13-32 생성형 AI로 채울 부분을 선택

4. [생성형 채우기] 선택 후 [생성] 버튼을 누른다.

그림 13-33 생성형 채우기로 생성 중

그러면 생성형 AI가 이미지 양쪽에 있는 흰색 부분을 자동으로 채워준다. 결과 이미지를 확인해보자.

그림 13-34 생성형 채우기 결과

위처럼 포토샵의 생성형 AI가 이미지의 흰색 부분에 새로운 이미지를 만들어서 넣어줬다. 사진을 자세히 봐도 어색하지 않게 채워진 것을 확인할 수 있다. 이렇게 하면 기존에 이미지가 잘려 나가 느껴지지 않던 인테리어 분위기는 살리면서 자연스러운 이미지를 만들어낼 수 있다.

정사각형의 이미지가 없을 때는 이 방법을 활용해 직사각형의 이미지를 정사각형의 이미지로 변경해서 사용해보자.

무료 사이트를 이용한 상세 페이지 제작

단순히 그림+글씨 조합으로 상세 페이지를 제작해도 좋지만, 조금 더 완성도 높은 상세 페이지를 제작하기 위해 사용하는 사이트가 있다. 무료 요금제와 유료 요금제가 있지만, 무료 요금제에서도 다양한 템플릿을 사용할 수 있고, 활용도가 정말 좋으니 꼭 사용해 보도록 하자.

- 미리캔버스: https://www.miricanvas.com

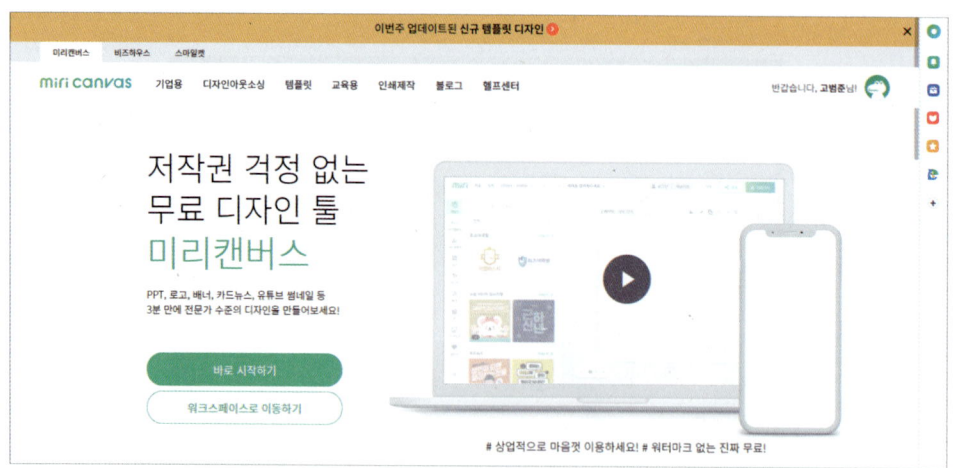

그림 13-35 미리캔버스 사이트

바로 미리캔버스라는 사이트다. 이 사이트의 장점은 팝업 이미지부터 상세 페이지, 카드 뉴스, 유튜브 섬네일 등 다양한 이미지를 제작할 수 있다는 데 있다. 네이버 아이디가 있다면 간편하게 가입이 가능하다는 점도 장점이다.

그림 13-36 미리캔버스 사이트 메인 화면

미리캔버스에 로그인하면 위와 같은 메인 화면이 나오는데, 이곳에서 ❶모든 템플릿을 누른 후 ❷상세 페이지를 눌러보자.

상세 페이지를 선택하면 보다시피 여러 가지 카테고리의 상세 페이지 예제가 나온다. 옆쪽에 더보기 버튼을 누르면 해당 카테고리의 더 많은 상세 페이지 예시를 볼 수 있다. '심플한 상세 페이지'에 있는 더보기 버튼을 눌러보자.

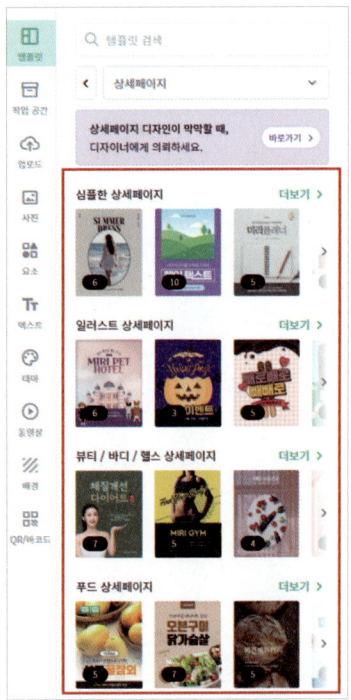

그림 13-37 미리캔버스 사이트 메뉴 화면

옆 그림처럼 심플한 상세 페이지 예시가 많이 나온다. 원하는 상세 페이지가 있다면 선택해보자. 예를 들어 첫 번째에 있는 상세 페이지를 눌러보자.

그림 13-38 미리캔버스 상세 페이지

옆 상세 페이지 구성이 마음에 든다면 [이 템플릿으로 덮어쓰기] 버튼을 누른다.

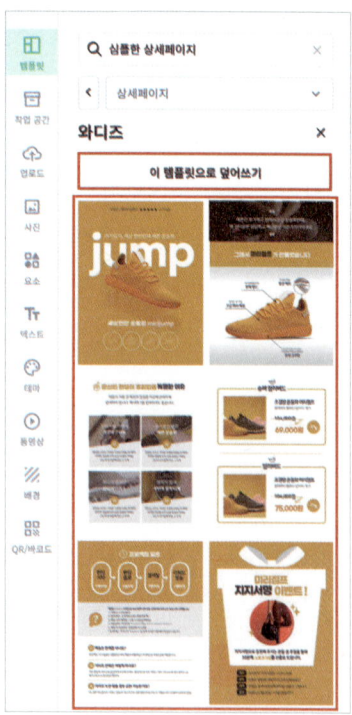

그림 13-39 미리캔버스 상세 페이지 예시

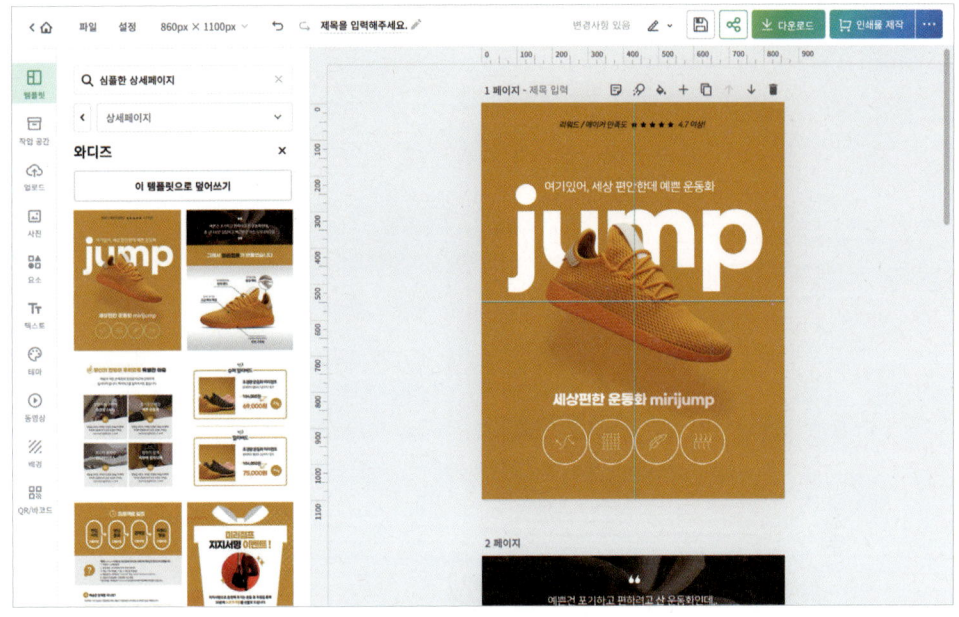

그림 13-40 미리캔버스 상세 페이지 적용

그러면 그림처럼 상세 페이지가 오른쪽 편집 창에 적용된다. 이 편집 창에서 이미지나 텍스트를 선택해서 수정하면 기본적으로 깔끔한 스타일의 상세 페이지를 제작할 수 있다. 더 자세한 미리캔버스 사용 방법은 사이트에 방문하면 확인할 수 있다.

미리캔버스를 활용한 상세 페이지 제작의 경우 이미 만들어져 있는 템플릿을 활용해서 제작하다 보니 원하는 템플릿이 있을 경우 사진과 텍스트만 변경해서 높은 퀄리티의 상세 페이지를 제작할 수 있다는 장점이 있다. 그리고 수정도 어렵지 않게 할 수 있기 때문에 템플릿을 수정해서 저장해 놓는다면 지속해서 같은 형태의 상세 페이지 제작이 가능하다. 다만 템플릿이 무궁무진한 것은 아니기 때문에 마음에 드는 상세 페이지 템플릿을 찾지 못할 가능성도 있다.

이렇게 2가지 방식으로 상세 페이지를 제작하는 데 도움이 되는 팁을 살펴봤다. 다음 장에서는 중국 구매대행 사업을 하면서 중국 판매자와 대화할 일이 있을 때 도움이 되는 중국어 문장을 알아보자.

나는 해외구매대행으로 한 달에 월급을 두 번 받는다

APPENDIX

부록

구매대행에서 많이 사용하는 중국어 문장 모음
구매대행 초보들이 가장 많이 하는 질문 모음

구매대행에서 많이 사용하는 중국어 문장 모음

중국 구매대행 사업을 하다 보면 중국 사이트를 이용해서 물건을 구매하기 때문에 중국 사람과 대화할 확률이 높다. 물론 타오바오 사이트에 외국인이 가입해서 판매하는 경우도 많다. 한국인 판매자도 많다.

그래도 대부분 판매자가 중국인이기 때문에 중국어로 대화해야 하는 경우가 많다. 영어를 사용하는 판매자도 있지만 그 숫자가 현저히 적다. 그런데 중국어를 번역에만 의지에서 대화하려고 하면 매번 같은 문장이라도 모두 기억할 수가 없기도 하고 번역기로 번역이 수월하지 않은 문장이나 번역은 되지만 상대방에게 기분 나쁘게 들릴 수 있게 번역되는 경우도 있기 때문에 일반적으로 사용하는 문장을 알고 있는 게 중요하다.

이번 장에서는 구매, 배송, 환불 등 구매대행 사업을 하면서 여러 가지 상황에서 사용할 수 있는 중국어를 간단히 학습해 보자.

상품 구매 전 문의하는 상황

사이즈 ** 있나요?
[중국어] 有** 号码的吗?

몇 개나 주문 가능한가요?
[중국어] 我能买多少个呢?

배송은 언제 되는 건가요?
[중국어] 什么时候发货呢?

택배 배송 현황을 알아봐 주세요.
[중국어] 您帮我查一下快递状态

상세 사이즈 좀 알 수 있을까요?
[중국어] 请您告诉我详细的尺寸

배송할 때 총 무게가 어떻게 되나요?
[중국어] 发货的时候重量是多少呢?

무료배송 가능한가요?
[중국어] 可以免运费吗?

이 상품 살 수 있나요?
[중국어] 这货能买吗?

이 상품 재고가 있나요?
[중국어] 这个有货吗?

사이즈 OO가 있나요?
[중국어] 有OO号码的吗?

판매자와 가격을 흥정하는 상황

몇 개 구매부터 택배비가 면제되나요?
[중국어] 买几个才能包邮呢?

저 물건 많이 샀는데, 택배비를 할인해줄 수 있나요?
[중국어] 我买这么多, 能包邮吧?

판매자님 저 배송비 면제해주세요.
[중국어] 店主, 请你给我包邮吧

가격을 할인해 줄 수 있나요?
[중국어] 打折吗?

제가 저번에 살 때는 00위안이었는데, 지금은 가격이 바뀌었네요? 재구매 시 지난번 가격으로 살 수 있을까요?

중국어 上次我买的时候00元，但是现在价格涨了。 我是再次购买的，可以上次的价格买这个吧?

상품 배송을 독촉하는 상황

번거롭게 해서 죄송하지만 언제 물건을 받을 수 있나요?

중국어 麻烦您再确认一下，我大概什么时候能收货呢?

내 주문번호는00000000입니다.

중국어 我的下单号码是0000000000。

제 물건을 보내셨나요?

중국어 我的货寄给我没有?

물건이 아직 안 왔습니다.

중국어 我还没收到货

언제 보낼 수 있나요? 숫자로 알려주세요.

중국어 什么时候能寄给我。请告诉我日子。

최대한 빨리 보내주시면 감사하겠습니다.

중국어 如果能尽快送货的话会非常感谢。

판매자와 일반 대화하는 상황

감사합니다

중국어 谢谢

좋아.
중국어 好的

맞아.
중국어 是的

응응~ (우리나라 '응~' 젊은 판매자들이 많이 씀)
중국어 恩恩

잘 알겠습니다.
중국어 知道了

그래요.
중국어 好的

왜죠?
중국어 为什么？

대단히 죄송합니다.
중국어 非常抱歉

확인 후 다시 연락하겠습니다.
중국어 确认后再联系。

실례지만
중국어 抱歉,

하나만 여쭈어 보겠습니다.
중국어 请问一下

다시 연락 드리겠습니다.
`중국어` 我以后再跟你联系吧

그럼 그렇게 처리해주세요.
`중국어` 那就那样把。

상품 교환 및 환불하는 상황

제품 색상이 잘못 왔습니다. 교환해주세요
`중국어` 您颜色发错了，交换一下

제품 사이즈가 잘못 왔습니다. 교환해주세요.
`중국어` 您大小发错了，交换一下

제품에 하자가 있습니다. 환불해 주세요.
`중국어` 东西坏了，给我退款吧。

(교환, 환불이) 안 된다는 말인가요?
`중국어` 您说是不可以（交换，退换)的意思吗?

중복으로 결제되었어요. 이 요금을 환불 받고 싶어요.
`중국어` 重复结算了, 我想获得退款的这些指控。

환불 신청할 테니 확인해주세요.
`중국어` 我申请退款吧，你确认一下

결제했다.
`중국어` 我支付完了

사진을 보여주겠다.
`중국어` 我给你看看照片

298

재입고되는 제품인가요?

[중국어] 以后会再卖吗?

재고입고가 구체적으로 언제 되나요?

[중국어] 宝贝具体什么时候再进货呢?

배송 온 물건이 판매하는 사진과 다르다.

[중국어] 收到的跟照片完全不一样。

주소를 알려주세요.

[중국어] 请告诉我地址。

선불? 후불?

[중국어] 预付？后付费？

송장 오류 및 배송지연 상황

당신 손님 대하는 서비스가 왜 이런가요?

[중국어] 您这是什么态度呀?

송장번호 조회가 안 되는데 송장번호를 다시 확인해주세요.

[중국어] 查不到快递单号，你再确认一下单号

당신이 알려준 송장번호는 검색이 안 됩니다. 택배 송장 번호를 다시 한 번 확인해주세요.

[중국어] 您告诉我的快递单号查不到，请您再确认一下快递单号吧

도대체 언제 배송한다는 건가요?

[중국어] 你到底什么时候要发货?

주문을 취소하고 환불을 받고 싶습니다.

[중국어] 我想取消订单，退款。

재고 없는 것 빼고 보내주세요. 재고 없는 건 환불해주세요.
- 중국어 能发的先发给我，没有的就退款给我吧。

이번주 내로 배송이 안 된다면 모두 환불하겠습니다.
- 중국어 这星期内没发货的话，我要全部退款。

배송 지연으로 주문 취소했으니 물건 보내지 말고 빠른 환불 승인 부탁합니다.
- 중국어 因为发货太慢所以要退款，别发货确认退款好吗？

상품을 못 받았으니 환불해주세요. 환불 신청 다시 했습니다.
- 중국어 因为没有收到货，所以我申请了退款。请你尽快受理我的退款申请。

저는 이 상품을 사용하고 싶지 않습니다.
- 중국어 我不要使用这货

바로 보냈는데 환불 언제 되나요?
- 중국어 配送期限是多长呢？

당신 지금 나하고 장난하나요?
- 중국어 你现在跟我开个玩笑吗？

타오바오에 신고하겠습니다.
- 중국어 我向淘宝客服申报吧

타오바오에 직접 고객 불만 신고를 접수하는 게 좋겠네요.
- 중국어 我还是向淘宝客服直接投诉吧

당신 말은 환불을 못해주겠다는 얘기인가요?
- 중국어 你的意思是不能退款的意思吗？

평점 별 5개 드리고 구매 후기에 좋은 리뷰 남기겠습니다.
중국어 我肯定给您好评了

배송 및 입고 관련 상황

2개를 주문했다.
중국어 我买了2个

보낼 때 따로 보내줄 수 있나요?
중국어 发货的时,分开发送可以吗?

받는 사람이 다르다.
중국어 因为收到的人是不一样

합배송 해줄 수 있나요?
중국어 一起发货可以吗?

확인하고 보내주세요.
중국어 请检查并发送。

송장번호 2개 필요하다.
중국어 我要两个运单号

결제하면 배송은 언제 되나요?
중국어 结算的话,什么时候配送?

오늘 주문하면 배송은 언제 되나요?
중국어 今天订购的话,什么时候可以配送?

배송 언제 되나요?
중국어 什么时候能配送呢?

주문한 지 1주일이 다 되어가는데 도대체 언제 배송이 되는 건가요?
중국어 订购快1个星期了到底什么时候配送到啊?

배송은 금방 되나요?
중국어 会很快配送吗?

배송 안 되나요?
중국어 不可以配送吗?

입고 언제쯤 되나요?
중국어 什么时候能进货呢?

내일은 배송이 되나요?
중국어 明天能配送吗?

만약 주문하면 언제쯤 배송될까요?
중국어 如果订购的话那大概什么时候能配送呢?

언제쯤 배송 시작될지 예정일 없나요?
중국어 大概什么时候能开始配送，没有预定日期吗?

배송 도착은 언제쯤 인가요?
중국어 大概什么时候能送到呢?

헉, 언제 다시 재입고되나요?
중국어 呵，什么时候再入库呢?

재고가 없다고 하셨는데 지금 입금하면 언제쯤 배송 가능한가요?
중국어 说了没有库存，那现在汇款的话大概什么时候可以配送呢?

구매대행 초보들이 가장 많이 하는 질문 모음

해외구매대행 사업을 처음 접하는 사람이라면 궁금한 것도 많고 알아야 할 것도 많을 텐데, 물어볼 곳이 없어서 혼자 자료를 찾기 위해 이곳 저곳을 찾아다니기 일쑤다. 그래서 이 장에서는 해외구매대행 사업을 하려는 사람들이 많이 궁금해하는 질문을 모아 소개한다.

질문 1 구매대행 사업은 누구나 할 수 있나요?

답변 구매대행 사업은 사업자등록증과 신용카드가 발급 가능하다면 누구나 시작할 수 있습니다. 미성년자를 기준으로 보면 사업자등록증은 발급이 가능하지만, 신용카드는 발급 받을 수 없습니다. 하지만 체크카드로도 상품의 구매는 가능하기 때문에 미성년자도 해외구매대행 사업이 가능하기는 합니다.

질문 2 구매대행 사업의 자본금은 많이 필요한가요?

답변 흔히 구매대행 사업을 무자본 창업이라고 말하기도 하는데, 사실 구매대행 사업이 완전한 무자본 창업은 아닙니다. 소자본 창업으로 분류해야 합니다. 그 이유를 보면 상품의 주문을 받고 자본금으로 상품을 구매해서 고객에게 보낸 뒤 비용을 후에 정산 받는 시스템이기 때문입니다. 물론 신용카드를 사용해서 구매하기 때문에 당장 현금이 들지 않는 것처럼 보일 수 있지만, 배대지 비용은 카드로 결제할 수 없는 경우가 많고 그 밖의 화물 비용 등의 변수가 발생했을 때 현금을 사용해야 하는 경우도 있습니다. 또한 신용카드를 사용해서 물품을 구매하고 나면 신용카드 대금 결제일까지 정산 받은 금액이 충분하지 않을 수 있는데, 이 경우 현금으로 신용카드 대금을 결제해야 합니다. 그래서 최소 200만 원 정도의 자금을 가지고 시작하는 것을 추천합니다.

질문 3 구매대행 사업을 하려면 많은 시간이 필요한가요?

답변 구매대행 사업을 전업으로 하는 것인지, 부업으로 하는 것인지에 따라서 시간 분배를 해야 합니다. 전업으로 하는 사람의 경우 일반 회사원만큼의 시간을 투자해서 구매대행 사업을 진행하는데, 대략 8~9시간은 최소로 일하는 것이 좋습니다.

그러나 부업으로 하는 사람이라면 그렇게 많은 시간을 할애할 수가 없기 때문에 남는 시간을 투자해서 진행해야 합니다. 그래도 최소 하루에 4시간 정도는 투자하는 것을 권합니다. 물론 이 시간이 충분한 시간은 아니지만, 기본적인 업무를 하는 최소한의 시간을 4시간으로 생각합니다. 하루에 1~2시간만 투자해서 구매대행 사업을 할 수는 없습니다.

질문 4 구매대행 사업은 해외에서도 할 수 있나요?

답변 구매대행 사업의 최대 장점으로 꼽히는 것이 시간과 장소의 구애를 받지 않고 일을 할 수 있다는 것입니다. 그래서 디지털노마드 생활을 하시는 분들 중에서 구매대행 사업을 운영하면서 해외에 체류하는 사람도 많습니다. 실제 인터넷이 연결된 곳이라면 어느 곳에서든 사업을 진행할 수 있고, 필자도 미국, 호주, 동남아 등 여러 나라를 옮겨 다니면서 구매대행 사업을 진행했습니다.

질문 5 구매대행 사업은 위탁판매와 같이 할 수 없나요?

답변 함께 할 수 있습니다. 구매대행 사업과 위탁판매 사업은 다른 사업이라고 생각하기 쉽지만 기본적인 구조는 같습니다. 다만 한 가지 다른 점이라면 상품의 출발지인데요. 구매대행 사업은 해외에서 출발하고, 위탁판매는 국내에서 출발한다는 점을 제외하면 같은 구조의 사업이라고 할 수 있습니다.

질문 6 구매대행 사업자는 재고를 보유하면 안 되나요?

답변 구매대행 사업의 기본은 고객에게 주문을 받은 후에 현지에서 구매해서 보내주는 시스템이라고 생각해야 합니다. 그래서 소량이라도 재고를 보유하고 있다가 주문이 들어오면 발송해주는 방식으로 사업을 진행하면 구매대행 사업으로 인정받지 못하게 됩니다. 이렇게 되면 크게 2가지 문제가 생길 수 있습니다.

첫 번째로 세금 문제입니다. 구매대행으로 인정받지 못하면 매입과 매출 증빙이 되지 않습니다. 그렇게 되면 실제 내가 남긴 순이익에 대해서만 세금을 내는 구매대행과 달리 총 매출액에서 세금을 내야 하는 문제가 발생합니다. 1억 매출에 1천만 원이 순이익이라면 구매대행으로 인정되면 1천만 원에 대해서만 세금을 납부하지만, 그렇지 않은 경우 1억 원에 대한 세금을 납부해야 합니다.

두 번째로는 인증 문제입니다. 구매대행 사업의 특성상 KC인증을 받지 않고 상품을 고객에게 보내주게 되는데, 구매대행 사업으로 인정받지 못하면 KC인증을 받지 않고 상품을 보낸 것 자체가 문제가 됩니다. 이렇게 되면 안전 인증을 받지 않는 상품을 판매한 위법 행위가 됩니다.

질문 7 구매대행 상품을 반품 받으면 어떻게 처리하나요?

답변 구매대행 상품을 반품 받게 되면 해당 제품은 다시 원래 구매했던 국가로 다시 돌려보내는 것이 맞습니다. 반품 절차를 통해서 해외 배송비를 지불하고 현지 판매자에게 상품을 돌려보낸 후 해당 금액을 환불을 받는 형식으로 처리하게 됩니다.

질문 8 구매대행으로 명품도 판매가 가능한가요?

답변 구매대행 사업으로 명품을 판매하는 것도 가능합니다. 하지만 한 가지 주의할 점이 있습니다. 바로 이미지입니다. 우리가 해외 상품을 판매할 때 상세 페이지에 사용되는 이미지는 상품의 제작사에 올라와 있는 이미지를 사용하는 경우가 대부분입니다. 그렇기 때문에 해당 이미지의 저작권이 상품의 제작사에 있습니다. 그래서 이미지를 함부로 사용하게 되면 이미지 저작권에 걸리게 됩니다. 이런 문제를 해결하기 위해서 명품이나 브랜드 제품의 경우 제품의 사진을 매장에서 직접 찍어서 사용하는 방식으로 문제를 해결합니다.

질문 9 대량 등록 솔루션을 사용하면 좋은 가요?

답변 초보 사업자 기준에서는 대량 등록 솔루션을 추천하지 않습니다. 사업 초보분들의 경우 상품의 소싱이 어려워서 대량 등록 솔루션을 사용하면 좋다고 업체에서는 홍보하지만, 실제 구매대행을 해보면 상품의 소싱보다는 현지에서 주문을 처리하고 배송하는 과정을 처리하는 것이 더욱 어렵다는 것을 알게 됩니다. 그리고 상품을 등록하는 과정을 제대로 알지 못하면 상품에 문제가 있을 때 등록된 상품의 수정

등에 어려움을 겪습니다. 그래서 초보일수록 더더욱 기본적인 상품등록이나 주문 처리 프로세스를 직접 해보고 충분히 수월하게 진행할 수 있을 때까지는 대량 등록 솔루션의 사용을 권하지 않습니다.

질문 10 구매대행의 다음 단계는 뭔가요?

답변 구매대행 사업만 계속해서 진행하는 분들이 많긴 하지만, 구매대행 사업을 몇 년 간 해오면서 다음 단계로 꼭 사입이나 브랜딩을 하라고 말씀드리고 싶습니다. 구매대행 시장도 현 시점에서는 경쟁이 적은 편에 속합니다. 특히나 중국 구매대행의 경우 경쟁의 강도가 상당히 낮은 편입니다. 하지만 시간이 지남에 따라 경쟁이 심화되는 것은 당연한 일이기에 구매대행을 하면서 상품을 발굴하고 수입해서 판매하거나 제품을 독점 계약해서 브랜딩한 후 판매하는 것이 구매대행의 다음 단계로 생각할 수 있습니다.